総合ブラジル・ポルトガル語文法

富野 幹雄
伊藤 秋仁

朝日出版社

まえがき

　ポルトガル語の重要性は、現在、成長著しいブラジルの発展とともに、一段と増しています。歴史のあるヨーロッパのポルトガルはもちろん、ポルトガル語を母語とするアフリカ（アンゴラ、モサンビークなど）やアジア（東チモール）の国々の存在感も、このグローバル化した世界の中で、どんどん高まっていくでしょう。可能性も含めたその重要性に比べ、現在、日本におけるポルトガル語学習者の数は決して多くなく、文法書や教本の全体的なレベルも高くはありません。日本とのかかわりは古く、キリシタンの時代にさかのぼりますが、現在のポルトガル語は、日本にとって、まさに、これからの、未来の言語であり、その学習に対する需要は確実に高まっていくでしょう。

　本書は、そのような現状の中で、私たちが高校に入学したときに手にした、小ぶりでありながら充実し、高校3年間はもちろんのこと、大学時代や、ときに社会人になっても、しばしば座右にあった英語の文法書のような文法書を作りたいという動機で作り上げた、ポルトガル語の総合文法書です。ポルトガル語学習者の傍らにあって、いつでも役に立つ文法書を作りたいという意図で書き上げました。もちろん英語のように非常に多くの先達が研鑽を積み重ねて出来上がった、まさに大きな工場のハイテク技術で作り上げたような文法書に比べると、本書は、家内工業の製品のようなもので、試行錯誤を繰り返しながら、限られた労力と能力で作り上げたものです。至らぬ点は多々あると思いますが、ポルトガル語学習の未来に向けて、本書がいくらかの指針を示すことができれば、それは望外の大きな喜びです。

　本書は発音編を除いて、全体は10章（各章に2課、全体で20課）から構成されています。おおよそ第1章から順に学ぶことができるような構成になっています。発音については大まかな指針は示してありますが、付属のCDの生きた発音もぜひ参考にしてください。内容については初学者が、独学でも学べるように配慮してあります。それに加えて、一通り初級文法を学習された方が参照できるような中級に属するような文法内容や語彙・表現などにも触れてあります。また各課には練習問題が出題されています。初学者が辞書なしで解くことは不可能なレベルの問題も含まれています。辞書を使いながら文法問題を解くことで、各課の文法事項の内容をより深く理解できるだけでなく、語彙力の養成にもつながるように配慮してあります。

　なお、本書はブラジルのポルトガル語を標準として記述してあります。ヨーロッパや世界のポルトガル語とは発音を中心に異なる面もありますが、基本はほとんどが共通していますので、ブラジル以外の国のポルトガル語を学ぶ方々にも参考になると思います。

　本書の出版にあたって、朝日出版社第一編集部の山田敏之氏には一方ならぬお世話になりました。同氏の深い知識と経験、優れた見識と感覚に、筆者一同、大いに助けられました。心より感謝いたします。

著　者

目　次

ブラジル全図
序　章
文字と発音 2
1 アルファベット　2 記号と句読点　3 母音　4 子音
5 注意すべき綴り　6 音節の切り方　7 アクセント　8 品詞

第1章
第1課 24
1 名詞の性　2 名詞の数　3 通常、複数形で用いられる名詞
4 複数形で異なる意味を持つ名詞　5 合成語の複数形

第2課 36
1 冠詞　2 主格人称代名詞　3 **ser** の直説法現在
4 形容詞
「日常の挨拶」 45

第2章
第3課 50
1 動詞の活用のしくみ　2 直説法現在　3 指示詞
4 平叙文と疑問文のイントネーション

第4課 60
1 **estar** の直説法現在　2 **ser** と **estar** の相違　3 場所を表わす副詞
4 文型　5 文の種類と接続詞
「時を表わす副詞（句）①②」 66

第3章
第5課 72
1 冠詞の用法　2 人称代名詞：弱勢代名詞

第6課 … 83
1 基本動詞の用法（1）：**ter**・**haver** の直説法現在　**2** 所有詞
3 基数　**4** 加減乗除
生きた会話を聞いてみよう！［幼な友達］ … 91
「異なる対応語：ブラジル―ポルトガル」 … 92

第4章

第7課 … 100
1 基本動詞の用法（2）：**ir**・**fazer** の直説法現在　**2** 再帰動詞
3 序数　**4** 現在分詞と進行形

第8課 … 113
1 基本動詞の用法（3）：**poder**・**saber** の直説法現在　**2** 疑問詞
3 不定形容詞・不定代名詞
「街中で見かける表示」 … 122

第5章

第9課 … 128
1 直説法現在の不規則動詞　**2** 時間・日付の表現
3 曜日・月・季節の表現　**4** 関係代名詞

第10課 … 144
1 関係形容詞　**2** 関係副詞　**3** 直説法完全過去　**4** 過去分詞と受身形
読みましょう！［人体］ … 149
「身体に関する語（句）」 … 150

第6章

第11課 … 158
1 直説法完全過去の不規則動詞　**2** 直説法現在完了
3 形容詞・副詞の比較級　**4** 手紙の名宛人に対する敬称と結語
5 尊称を表わす人称代名詞

第12課 170
1 直説法不完全過去　**2** 形容詞・副詞の最上級　**3** 単人称動詞
4 感嘆の表現　**5** 不定主語文
「職業・職場などを表わす語（句）」 180

第7章
第13課 188
1 直説法未来　**2** 直説法未来完了　**3** 分数・倍数
4 縮小辞・増大辞　**5** 否定語
生きた会話を聞いてみよう！[電話でご招待] 195

第14課 200
1 直説法過去未来　**2** 直説法過去未来完了　**3** 直説法過去完了
4 前置詞 **para** と **por**　**5** 前置詞を伴った **ser** と **estar** の慣用表現
「家族・親族関係を示す語（句）」 207

第8章
第15課 214
1 不定詞　**2** 命令・依頼などの表現　**3** 命令表現に続く接続詞 **e** と **ou**

第16課 225
1 接続法現在の用法　**2** 動詞活用と弱勢代名詞の位置
生きた会話を聞いてみよう！[レストランにて] 236
「野菜・果物」 237

第9章
第17課 244
1 接続法過去　**2** 接続法現在完了　**3** 接続法過去完了
4 接続法未来　**5** 接続法未来完了

第18課 256
1 仮定文　**2** 小数　**3** 距離、期間、時間の幅、空間などの表現
4 重要な動詞の用例：**ficar**・**dar**
「コンピュータ・メールの用語」 260

第10章

第19課 266
1 話法　**2** 主語と動詞
読みましょう！[ブラジルの気候①②] 275

第20課 279
1 分詞構文　**2** 2009年の新正書法
「サッカー用語」 283

補　遺
「ポルトガル語の諺」「世界の主要国・民族・首都名①②③」 288
練習問題解答 296
生きた会話を聞いてみよう！・読みましょう！　各日本語訳例 323

装丁・イラスト　－　メディアアート
吹込　－　三浦マリエ
　　　　　　Geraldo Ribeiro

ブラジル全図

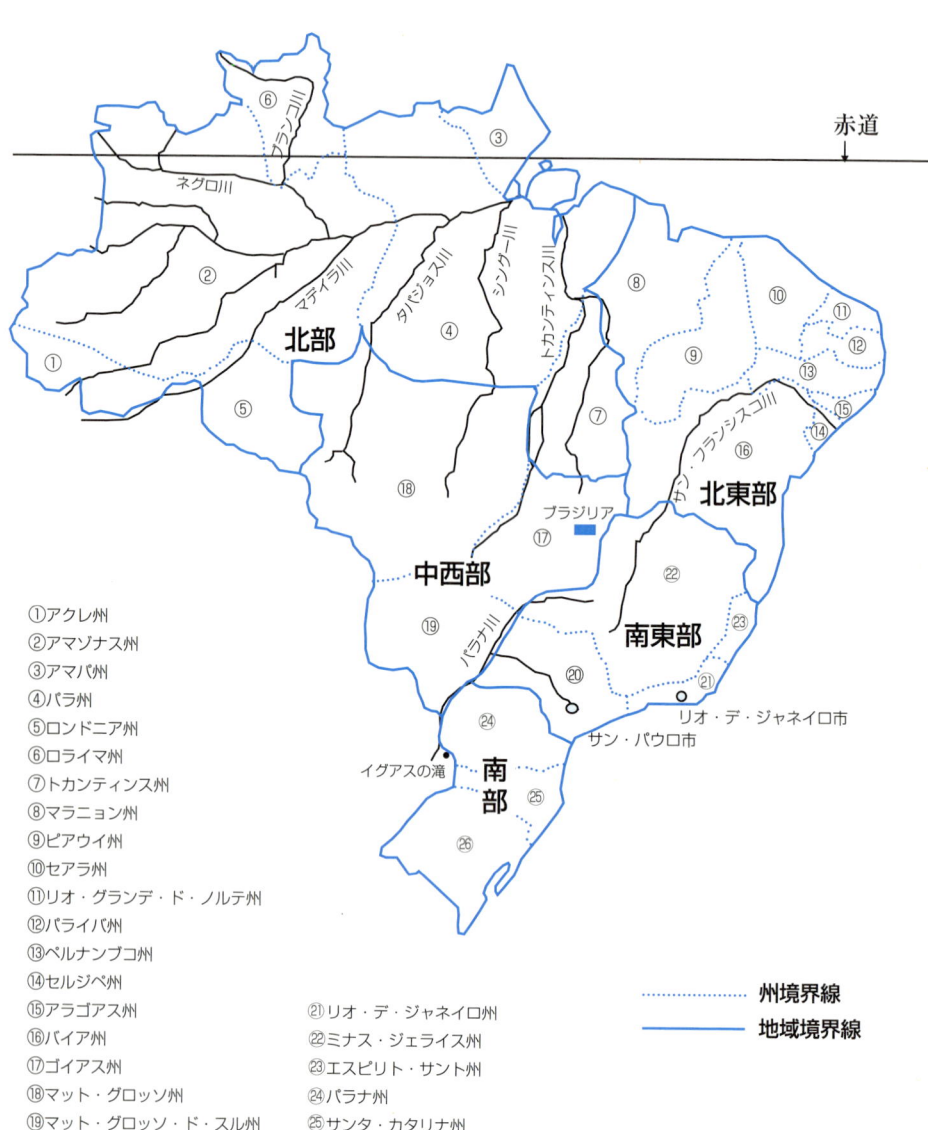

序章

文字と発音

1 アルファベット
2 記号と句読点
3 母音
4 子音
5 注意すべき綴り
6 音節の切り方
7 アクセント
8 品詞

文字と発音

1 アルファベット CD-2

A	a	[a]	アー	O	o	[ɔ]	オー
B	b	[be]	ベー	P	p	[pe]	ペー
C	c	[se]	セー	Q	q	[ke]	ケー
D	d	[de]	デー	R	r	['ɛxi]	エヒ（エレ）
E	e	[ɛ]	エー	S	s	['ɛsi]	エスイ
F	f	['ɛfi]	エフィ	T	t	[te]	テー
G	g	[ʒe]	ジェー	U	u	[u]	ウー
H	h	[a'ga]	アガー	V	v	[ve]	ヴェー
I	I	[i]	イー	W	w	['dabliu（または ve do'bradu)]	
J	j	['ʒɔta]	ジョタ			ダブリュ（またはヴェー・ドブラード）	
K	k	[ka]	カー	X	x	['ʃis]	シス
L	l	['ɛli]	エリ	Y	y	['ipsilõ（または i'gregu)]	
M	m	['emi]	エミ			イプスイロン（またはイ・グレーゴ）	
N	n	['eni]	エニ	Z	z	[ze]	ゼー

【注】発音記号にある（'）は、「次の音節にアクセントがあること」を示している。

* i) アルファベット（alfabeto [alfa'bɛtu]）のうち、K・W・Y は外国人の名前や外来語、地名、国際的な略号などにのみ用いられる。例：**Kant, Wagner, Byron；km (quilômetro)** など。

  ii) ブラジルのポルトガル語では、大文字は、文章の最初の文字、固有名詞、ある種の宗教行事、敬称などの略された場合の頭文字に用いられる。英語と異なり、月名、曜日、国語名、国籍を表わす名詞・形容詞、天体などの頭文字は小文字を用いる。例：**Natal**「クリスマス」、**Páscoa**「復活祭」、**D.**（← **Dom** 貴族の名などにつける尊称、または、← **Dona** 婦人の名につける敬称）、**Da.**（← **Dona**）、**Ilmo. Sr.**（← **Ilustríssimo Senhor**「…様・殿」、**Ilma. Sra.**（← **Ilustríssima Senhora**「…様（女性に）」）、**Pe.**（**Padre**「神父」）など。

  iii) それぞれの文字の正確な読み方は、後の発音の説明や CD の発音に従うが、初学者用に日本語のカナ書きが、参考のために、一部、添えてある。カナ書きのうち、太字はアクセントのある箇所を表わしている。[l]と[r]の発音を区別するため、[l]はひらがな、[r]はカタカナで記してある。

  【注】カナ書きはあくまで大まかな目安である。また、発音記号はいわゆる正統的な発音を表わしている。

2

iv) 前記のアルファベット表には載っていないが、音価としては1文字として扱われる3つの複子音：ch（セー・アガ）, lh（エリ・アガ）, nh（エニ・アガ）が存在している。辞書では、それぞれ、c, l, n の項に載っている。

2 記号と句読点
2-1 アクセント記号と綴り字記号
ポルトガル語ではアルファベットの 26 文字のほかに、次のような記号が使われる。

(´) **acento agudo**（アセント・アグード）
a, e, o に添えられ、この母音にアクセントがあると同時に、開口音〔3-1 参照〕であることを示す。例：**país**

(^) **acento circunflexo**（アセント・スィルクンフれクソ）
a, e, o に添えられ、この母音にアクセントがあると同時に、閉口音〔3-1 参照〕であることを示す。例：**câmara**

(~) **til**（チウ）
a, o に添えられ、この母音にアクセントがあると同時に、鼻母音であることを示す。ただし **sótão**（ソタゥ）「屋根裏」のように他の音節にアクセント記号が用いられている場合は、その音節にアクセント記号がある。例：**irmã**

(`) **acento grave**（アセント・グラーヴィ）
二つの **a** が重なっていることを示す。前置詞の **a** と定冠詞の **a(s)** または指示詞 **aquele(s), aquela(s), aquilo** などの頭文字の **a** が重なっていることを示す。 例：**àquele**
ブラジルのポルトガル語では、発音には関係なく、文法上の機能を果たすだけである。

(¸) **cedilha**（セヂーリャ）
ca, co, cu の c の下に添えて、ça, ço, çu（サ、ソ、ス）のように[s]の音であることを示す。例：**moça**

(¨) **trema**（トレーマ）
gue, gui, que, qui などの中の **u** に添えられ、**u** が発音されることを示す。しかし、2009 年に発効した新正書法によって、用いられなくなった。ただし外国人の名前やその派生語を表記する場合には例外的に残る。
例：**Müller**

3

2-2 句読点とよく見る記号

(,)	**vírgula**（ヴィルグラ）		コンマ
(;)	**ponto e vírgula**（ポント イ ヴィルグラ）		セミ・コロン
(:)	**dois pontos**（ドイス ポントス）		コロン
(.)	**ponto final**（ポント フィナウ）		終止符
(?)	**ponto de interrogação**（ポント デ インテホガサンウ）		疑問符
(!)	**ponto de exclamação**（ポント デ エスクらマサンウ）		感嘆符
(...)	**reticências**（ヘチセンスィアス）		連続符
( )	**parênteses**（パレンテゼス）		丸カッコ
[ ]	**colchetes**（コウシェッテス）		角カッコ
{ }	**chaves**（シャーヴェス）		中カッコ
(" ")	**aspas**（アスパス）		引用符
(–)	**travessão**（トラヴェサンウ）		ダッシュ
(-)	**hífen**（イーフェン）		
	または **traço de união**（トラソ デ ウニアンウ）		ハイフン
(_)	**sublinhado**（スブリニャード）		アンダーバー
(')	**apóstrofo**（アポストロフォ）		アポストロフィ
(*)	**asterisco**（アステリスコ）		アステリスク
(/)	**barra**（バーハ）		スラッシュ
(@)	**arroba**（アホーバ）		アットマーク
(#)	**cerquilha**（セルキーリャ）		番号記号
(♯)	**sustenido**（ススッテニード）		シャープ
(&)	**"e" comercial**（イ・コメルスィアウ）		アンパサンド

3 母音

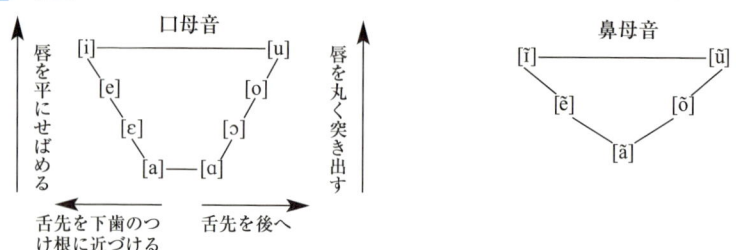

ポルトガル語の母音には、呼気が口腔を通って発音される口母音（7種類）と呼気が口腔だけでなく鼻孔も通って発音される鼻母音（5種類）がある。

文字と発音

3-1 口母音

a, e, i, o, u の5文字で表わされる。その内で、**a, e, o** には開口音と閉口音という2通りの発音がある。

3-1-1 単口母音　CD-3

a　[a]　開口音。á と、**m, n, nh** の前を除くアクセントのある **a**。口を大きく開き、後舌を高める。

  água ['agwɑ]「水」　　casa ['kazɑ]「家」
  アーグ↗　　　　　　　　カーザ

 [ɑ]　閉口音。**m, n, nh** の前のアクセントある **a**、アクセントのない **a** ならびに、**l, u** の前にくる **a** のすべて。前舌を少し高める。

  camarada [kɑmɑ'radɑ]「仲間」　café [kɑ'fɛ]「コーヒー」
  カマラーダ　　　　　　　　　　　カフェ

  caudal [kɑu'dał]「急流」　　cama ['kɑma]「ベッド」
  カウダゥ　　　　　　　　　　カーマ

 ＊ i) アクセントのない a は [ɐ] で表わしたほうが良いとする考えもある。この説に従えば、casa, falar などは、それぞれ、['kazɐ], [fɐ'lar] となる。

  ii) a には上記のように、実際の発音上では [a] と [ɑ] があるが、意味の区別が生じず、音素としては1つであると考えられるため、以下の発音記号では、l, u の前にくる a 以外はすべて [a] で表記してある。

e　[ɛ]　開口音。é と、アクセントのある **e** の一部（その語による）。口を大きく開き、[ɑ]より前舌を少し上げる。

  férias ['fɛrias]「休暇」　　sede ['sɛdi]「本部」
  フェーリアス　　　　　　　セーヂ

  ela ['ɛla]「彼女」　　pedra ['pɛdra]「石」
  エーら　　　　　　　ペドラ

 [e]　閉口音。ê と、アクセントのない **e**、アクセントのある **e** の一部（その語による）。[ɛ]よりもさらに前舌を上げる。

  êxito ['ezitu]「結果」　　fechado [fe'ʃadu]「閉じた」
  エズィト　　　　　　　　フェシャード

  ele ['eli]「彼」　　sede ['sedi]「(喉の)渇き」
  エり　　　　　　　セーヂ

 ＊ブラジルでは、e はアクセントのない語末、あるいは語頭のとくに s の後で、[i]と発音されることが多い。口を強く横に引き、前舌を[e]よりも高くする。

  doce ['dosi]「甘い」　　escola [is'kɔla]「学校」
  ドースィ　　　　　　　イスコーら

  pequeno [pi'kenu]「小さい」
  ピケーノ

i [i] アクセントに関係なくすべての **i**。
  aqui [a'ki] 「ここに」 igreja [i'gɾeʒa] 「教会」
  アキー   イグレージャ

o [ɔ] 開口音。**ó** と、アクセントのある **o**（その語による）。口を大きく開き、後舌を [a] より少し上げる。
  avó [a'vɔ] 「祖母」 nora ['nɔɾa] 「嫁」
  アヴォー   ノーラ

 [o] 閉口音。**ô** と、アクセントのない **o**、アクセントのある **o** の一部（その語による）。口を小さく丸めて突き出し、[ɔ] よりも後舌を上げる。
  avô [a'vo] 「祖父」 bolo ['bolu] 「ケーキ」
  アヴォー   ボーろ

 ＊ブラジルではアクセントのない語末（あるいはそれ以外の位置）の o は、[u] に近似した音になることが多い。
  ovo ['ovu] 「卵」 bonito [bu'nitu] 「きれいな」
  オーヴゥ   ブニートゥ

u [u] アクセントに関係なくすべての **u**。
  chuva ['ʃuva] 「雨」 cogumelo [kogu'mɛlu] 「キノコ」
  シューヴァ   コグメーろ

CD-4

3-1-2 二重母音

連続した2つの母音を一息で発音する、つまり2つの母音が同一の音節に属するものを二重母音という。

① 「強母音（a, e, o）＋弱母音（i, u）」
  ai [ai] caixa（カィシャ） 「箱」
  au [au] causa（カゥザ） 「理由」
  ei [ei] lei（れィ） 「法律」
  éi [ɛi] papéis（パペィス） 「紙（複数）」
  eu [eu] meu（メゥ） 「私の」
  éu [ɛu] céu（セゥ） 「空」
  oi [oi] coisa（コィザ） 「物」
  ói [ɔi] heróis（エロィス） 「英雄（複数）」
  ou [o] vou（ヴォー） 「私は行く」

 ＊ou は [ou] と発音されることもある。

② 「弱母音＋弱母音」
  ui [ui] cuidado（クィダード） 「注意」
  iu [iu] partiu（パルチゥ） 「出発した」

* i) 音節末の l, m, n, r, z の前と、nh の前の i, u は二重母音を作らない。この場合、i, u にアクセント記号をつけず、下記の母音接続になる。
   sa-ir（サイール）「出かける」　　ra-inha（ハイーニャ）

ii) 母音接続とは、2つの母音が並んでいても二重母音とならない場合を指す。それぞれの母音は別々の音節に属すことになる。その例としては、「強母音＋強母音」、「弱母音＋強母音」の組み合わせの場合がある。ただし、母音接続の i, u とアクセント記号のついた í, ú は強勢を持ち、発音上は強母音となる。
   coelho（コエーリョ）「ウサギ」　　pessoa（ペソーア）「人」
   frio（フリーオ）「寒い」　　hospedaria（オスペダリーア）「旅館」
   saúde（サウーヂ）「健康」　　país（パイース）「国」

iii) 母音接続になっていても、2つの母音のどちらにもアクセントがない時には、準二重母音と呼ばれ、二重母音と母音接続との中間のあいまいな発音で、同一の音節に属す。
   água（アーグワ）「水」　　história（イストーリア）「歴史」

【注】①の二重口母音は下降二重口母音、②のような i や u が他の母音の前にある場合には上昇二重口母音という。ポルトガル語において安定して一音節をなす二重口母音は下降二重母音だけであるが、口語においては、qua・quo・que・qui・gua・guo・gue・gui のような二重母音も安定している。
   quase（クワーズイ）「ほとんど」　　quota（クォータ）「割当て」
   tranquilo（トランクィーろ）「静かな」　　igual（イグワウ）「等しい」
   lingueta（リングエッタ）「指針」　　linguiça（リングイサ）「腸詰め」

* que と qui, gue と gui とは、語によって [ke] か [kwe]、[ki] か [kwi]、[ge] か [gwe]、[gi] か [gwi] の音を有することに注意すること。

3-1-3 三重口母音　CD-5

連続した3つの母音を一息で発音する、つまり3つの口母音が1つの音節に属するものを三重口母音という。組み合わせは、「弱母音＋強母音＋弱母音」である。この組み合わせを含む語はあまり多くない。
Uruguai（ウルグァイ）　　　　「ウルグアイ」
aguei（アグェイ）　　　　　　「私は水をまいた」

3-2 鼻母音

鼻母音は、息を、口腔からだけでなく、唇を閉じることなく鼻腔からも抜きながら発音する。

3-2-1 単鼻母音 CD-6

[ã]　ã および音節末（後に母音が続かない場合）の（語尾以外の）**an・am**。

　　　ímã [ˈimã]「磁石」　　　　　　tampa [ˈtãpa]「蓋」
　　　イーマン　　　　　　　　　　　タンパ

　　　ângulo [ˈãgulu]「角度」
　　　アングろ

[ẽ]　音節末の **en・em**（語尾の場合は除く）。

　　　pente [ˈpẽti]「くし」　　　　　embarque [ẽbaɾki]「搭乗」
　　　ペンチ　　　　　　　　　　　　エンバルキ

[ĩ]　音節末の **in・im**。

　　　sim [ˈsĩ]「はい」　　　　　　　lindo [ˈlĩdu]「美しい」
　　　スィン　　　　　　　　　　　　リンド

[õ]　音節末の **on・om**。

　　　conto [ˈkõtu]「短編小説」　　　ombro [ˈõbru]「肩」
　　　コント　　　　　　　　　　　　オンブロ

[ũ]　音節末の **un・um**。

　　　mundo [ˈmũdu]「世界」　　　　umbigo [ũˈbigu]「へそ」
　　　ムンド　　　　　　　　　　　　ウンビーゴ

3-2-2 二重鼻母音 CD-7

[ãĩ]　ãe と ãi（後者の綴りを持つ語はまれである）。

　　　cães [ˈkãĩs]「犬（複数）」　　　cãibra [ˈkãĩbɾa]「痙攣」
　　　カンイス　　　　　　　　　　　カンイブラ

[ãũ]　ão と語尾の **am**。

　　　pão [ˈpãũ]「パン」　　　　　　cantam [ˈkãtãũ]「彼らは歌う」
　　　パンウ　　　　　　　　　　　　カンタンウ

[ẽĩ]　語尾の **em・ens**。

　　　porém [poˈɾẽĩ]「しかし」　　　bens [ˈbẽĩs]「財産（複数）」
　　　ポレイン　　　　　　　　　　　ベインス

[õĩ]　õe。

　　　botões [boˈtõĩs]「ボタン（複数）」　limões [liˈmõĩs]「レモン（複数）」
　　　ボトンイス　　　　　　　　　　　　りモンイス

[ũĩ]　ui（次の2語のみ）。

　　　mui [ˈmũĩ]「とても」　　　　　muito [ˈmũĩtu]「多くの」
　　　ムンイ　　　　　　　　　　　　ムンイト

3-2-3 三重鼻母音 CD-8

ごく少数の語、「弱母音＋二重鼻母音」の組み合わせが１つの音節を形成する場合がある。それを三重鼻母音と呼ぶ。

saguão [sa'guãũ]（サグアンゥ）　　「ロビー」
saguões [sa'guõĩs]（サグオンイス）　「ロビー（複数）」

4 子音 CD-9

すでに述べた複子音（**ch, lh, nh**）と二重子音（**bl, br, cl, cr, dr, fl, fr, gl, gr, pl, pr, tl, tr, vr**）は、発音上、１つの子音と考えられ、同一の音節に属する。

b [b]　破裂音、[p]の有声音：**ba**（バ）**bi**（ビ）**bu**（ブ）**be**（ベ）**bo**（ボ）
　　　　bala ['bala]「弾丸」　　　buraco [bu'ɾaku]「穴」　　bolo ['bolu]「ケーキ」
　　　　バーら　　　　　　　　　ブラーコ　　　　　　　　　ボーろ
　　　　bloco ['blɔku]「塊」　　　bravo ['bɾavu]「勇ましい」
　　　　ブろーコ　　　　　　　　ブラーヴォ

p [p]　破裂音、[b]の無声音：**pa**（パ）**pi**（ピ）**pu**（プ）**pe**（ペ）**po**（ポ）
　　　　pai ['pai]「父」　　　　pequeno [pe'kenu]「小さい」
　　　　パイ　　　　　　　　　ペケーノ
　　　　pomar [po'maɾ]「果樹園」
　　　　ポマール
　　　　plástico ['plastiku]「プラスチック」　prato ['pɾatu]「皿」
　　　　プらスチコ　　　　　　　　　　　　　プラト

c　①[k]：破裂音、[g]の無声音：**ca**（カ）**cu**（ク）**co**（コ）
　　　　caro ['kaɾu]「高価な」　　　discurso [dis'kuɾsu]「演説」
　　　　カーロ　　　　　　　　　　ヂスクルソ
　　　　costume [kos'tumi]「習慣」
　　　　コストゥーミ
　　　　claro ['klaɾu]「明るい」　　crise ['kɾizi]「危機」
　　　　クらーロ　　　　　　　　　クリーズィ
　　②[s]：摩擦音、[z]の無声音：**ce**（セ）**ci**（スィ）
　　　　cerimônia [seɾi'monia]「儀式」　círculo ['siɾkulu]「サークル」
　　　　セリモーニア　　　　　　　　　　スィルクロ

ç [s]　摩擦音、[z]の無声音：**ça**（サ）**ço**（ソ）**çu**（ス）
　　　　praça ['pɾasa]「広場」　moço ['mosu]「若者」　açude [a'sudi]「ダム」
　　　　プラサ　　　　　　　　モソ　　　　　　　　　アスーヂ

ch [ʃ]　摩擦音、[ʒ]の無声音：**ch**（シャ）**che**（シェ）**chi**（シィ）**cho**（ショ）**chu**（シュ）
　　　　chá ['ʃa]「茶」　chocolate [ʃoko'lati]「チョコレート」　chuva ['ʃuva]「雨」
　　　　シャ　　　　　　ショコらーチ　　　　　　　　　　　　シューヴァ

9

CD-10

g ① [g]：破裂音、[k]の有声音：**ga**（ガ） **gu**（グ） **go**（ゴ）

gato ['gatu]「猫」　agulha [a'guʎa]「針」　amigo [a'migu]「友人」
ガート　　　　　　アグーりゃ　　　　　　　アミーゴ

granizo [gɾa'ni'zu]「あられ」　glória ['glɔɾia]「栄光」
グラニーゾ　　　　　　　　　　グろーリア

② [ʒ]：摩擦音、[ʃ]の有声音：**gi**（ジィ） **ge**（ジェ）

gíria ['ʒiɾia]「俗語」　　gênio ['ʒeniu]「天才」
ジィーリア　　　　　　　　ジェーニオ

gu + 母音 ① [g]：破裂音、[k]の有声音：**gui**（ギ） **gue**（ゲ）

guia ['gia]「案内」　　guerra ['gɛxa]「戦争」
ギーア　　　　　　　　ゲーハ

② [gw]：**gua**（グヮ） **guo**（グォ） **gui**（グイ） **gue**（グエ）

água ['agwa]「水」　　ambíguo [ã'bigwo]「あいまいな」
アーグァ　　　　　　　アンビーグォ

linguística [lĩ'gwistika]「言語学」　lingueta [lĩ'gweta]「指針」
リングイスチカ　　　　　　　　　　　リングェッタ

j [ʒ] 破裂音、[ʃ]の有声音：**ja**（ジャ） **ji**（ジィ） **ju**（ジュ） **je**（ジェ） **jo**（ジョ）

jato ['ʒatu]「ジェット機」　junta ['ʒũta]「つなぎ目」
ジャト　　　　　　　　　　　ジュンタ

jogo ['ʒogo]「ゲーム」
ジョーゴ

＊ ji と gi、je と ge の発音は同一である。

d [d] 破裂音、[t]の有声音：**da**（ダ） **di**（ディ） **du**（ドゥ） **de**（デ） **do**（ド）

dado ['dadu]「さいころ」　dedo ['dedu]「指」　dúvida ['duvida]「疑い」
ダード　　　　　　　　　　デード　　　　　　　ドゥヴィダ

＊ ブラジルの地方によっては、di とアクセントのない de、主として語末の de は、[dʒi]と発音されることが多い。

dia ['dʒia]「昼」　　　　cidade [si'dadʒi]「都市」
ヂア　　　　　　　　　　スィダーヂ

depois [dʒi'pois]「〜のあとで」
ヂポイス

t [t] 破裂音、[d]の無声音：**ta**（タ） **ti**（ティ） **tu**（トゥ） **te**（テ） **to**（ト）

tato ['tato]「触覚」　　tema ['tema]「主題」　outono [ou'tonu]「秋」
タート　　　　　　　　テーマ　　　　　　　　オウトーノ

atleta [a'tlɛta]「アスリート」　atrás [a'tɾas]「後ろに」
アトれータ　　　　　　　　　　アトラス

＊ ブラジルの地方によっては、ti とアクセントのない te、主として語末の te は[tʃi]と発音されることが多い。

tia ['tʃia]「叔母」　　　　leite ['leitʃi]「牛乳」
チア　　　　　　　　　　　れイチ

文字と発音

f [f]　摩擦音、[v]の無声音：**fa**（ファ）**fi**（フィ）**fu**（フゥ）**fe**（フェ）**fo**（フォ）

　　　fama ['fɑma]「名声」　　filho ['fiʎu]「息子」　　mofo ['mofu]「かび」
　　　ファーマ　　　　　　　　　　　フィーリョ　　　　　　　　　　　モーフォ

　　　flor ['flor]「花」　　fraco ['fɾaku]「弱い」
　　　フろール　　　　　　　　フラコ

v [v]　摩擦音、[f]の有声音：**va**（ヴァ）**vi**（ヴィ）**vu**（ヴゥ）**ve**（ヴェ）**vo**（ヴォ）

　　　vaca ['vaka]「雌牛」　　aviso [a'vizu]「通知」　　vulto ['vuɫtu]「顔」
　　　ヴァカ　　　　　　　　　　アヴィーゾ　　　　　　　　　　ヴゥト

　　　velho ['vɛʎu]「老年の」　　ovo ['ovu]「卵」　　palavra [pa'lavɾa]「言葉」
　　　ヴェーリョ　　　　　　　　　　オーヴォ　　　　　　　　　パらーヴら

l　① [l]：側面音、有声音。舌先と歯茎で舌の中央を閉鎖し、舌の両側の隙間から息を出して発音する。：**la**（ら）**li**（リ）**lu**（る）**le**（れ）**lo**（ろ）

　　　lado ['ladu]「側面」　　livro ['livru]「本」　　luz ['lus]「光」
　　　らード　　　　　　　　　リーヴロ　　　　　　　　　るス

　　　clínica ['klinika]「診療」　　plural [plu'ɾaɫ]「複数の」
　　　クリニカ　　　　　　　　　　　プるラウ

　　② [ɫ]：側面音、有声音：「音節末の l」

　　　saldo ['sɑɫdu]「差引残高」　　Brasil [bɾa'ziɫ]「ブラジル」
　　　サウド　　　　　　　　　　　　ブラズィウ

　　　sol ['sɔɫ]「太陽」
　　　ソウ

　　　＊南東部を中心とする地域で、この音節末の [l] は母音化して [u] と発音される。

lh [ʎ]　側面音、有声音：**lha**（リャ）**lhi**（リィ）**lhu**（リュ）**lhe**（リェ）**lho**（リョ）

　　　toalha [to'aʎa]「タオル」　　mulher [mu'ʎɛɾ]「女」　　trabalho [tɾa'baʎu]「労働」
　　　トアーリャ　　　　　　　　　　ムりェール　　　　　　　　　　トラバーリョ

m　① [m]：鼻音、有声音、音節始め：**ma**（マ）**mi**（ミ）**mu**（ム）**me**（メ）**mo**（モ）

　　　fama ['fɑma]「名声」　　medo [medu]「恐怖」
　　　ファーマ　　　　　　　　　メード

　　　camisa [ka'miza]「シャツ」
　　　カミーザ

　　② [~]：音節末では、前の母音の鼻音化を示す：

　　　-am（アン・アゥン）**-im**（イン）**-um**（ウン）**-em**（エン・エィン）**-om**（オン）

　　　âmbar ['ãbaɾ]「琥珀」　　limpeza [lĩ'peza]「清潔」　　ombro ['õbɾu]「肩」
　　　アンバル　　　　　　　　　　リンペーザ　　　　　　　　　　オンブロ

　　　param ['paɾãũ]「彼らは止まる」　　bem ['bẽĩ]「よく」
　　　パーランゥ　　　　　　　　　　　　　　ベンィ

11

n ① [n]：鼻音、有声音、音節の始め：**na**（ナ）　**ni**（ニ）　**nu**（ヌ）　**ne**（ネ）　**no**（ノ）

nada ['nada]「無」　nuvem ['nuvẽĩ]「雲」　cano ['kɑnu]「管」
ナーダ　　　　　　ヌーヴェンイ　　　　　　カーノ

② [~]：音節末では、前の母音の鼻音化を示す：

-an（アン）　**-in**（イン）　**-un**（ウン）　**-en**（エン・エンイ）　**-on**（オン）

dança ['dãsa]「ダンス」　　engano [ẽ'gɐnu]「誤り」
ダンサ　　　　　　　　　　エンガーノ

＊音節末の m は次に b・p が続く場合か語尾にあるときに限られ、n はそれ以外のときに使われる。

nh [ɲ]　鼻音、有声音：**nha**（ニャ）　**nhi**（ニィ）　**nhu**（ニュ）　**nhe**（ニェ）　**nho**（ニョ）

linha ['liɲa]「糸」　conhecer [koɲe'seɾ]「知る」　pinho ['piɲu]「松材」
リーニャ　　　　　コニェセール　　　　　　　　　ピーニョ

q　q は後に u を常に伴う。

① [k]：**qui**（キ）　**que**（ケ）

química ['kimika]「化学」　　ataque [a'taki]「攻撃」
キーミカ　　　　　　　　　　アターキ

② [kw]：**qua**（クヮ）　**qui**（クイ）　**que**（クエ）　**quo**（クォ）

quadro ['kwadɾu]「額」　　quota ['kwɔta]「割当て」
クヮードロ　　　　　　　　クォータ

tranquilo [trã'kwilu]「静かな」　cinquenta [sĩ'kwẽta]「50」
トランクィーろ　　　　　　　　　スィンクェンタ

r ① [x]：摩擦音、有声音：語頭、**n・s・l** の直後、**rr**:

rra（ハ）　**rri**（ヒ）　**rru**（フ）　**rre**（ヘ）　**rro**（ホ）

rato ['xatu]「ネズミ」　honra ['õxa]「名誉」　guerra ['gɛxa]「戦争」
ハト　　　　　　　　　オンハ　　　　　　　　ゲーハ

＊多くの場合、喉の奥から出す日本語のハ行音に近い摩擦音であるが、いわゆる巻き舌で発音する人もいる。

② [ɾ]：はじき音、有声音：①以外の場合は、舌先で歯ぐきを軽くはじく。

caro ['kaɾu]「高価な」　porta ['pɔɾta]「ドア」　grama ['gɾɑma]「グラム」
カーロ　　　　　　　　ポルタ　　　　　　　　グラーマ

＊直後に母音がない音節末の r の発音は、①でも②でも良いし、無音化する場合もある。

perto ['pɛɾtu] あるいは ['pɛxtu]　comer [ko'meɾ] あるいは [ko'mex]

文字と発音

s　① [z]：摩擦音、[s]の有声音：母音間、有声子音 (**b・d・g・j・l・m・n・r・v・z**) の前

母音＋**sa**（ザ）母音＋**si**（ズィ）母音＋**su**（ズ）母音＋**se**（ゼ）
母音＋**so**（ソ）

caso ['kazu]「場合」　　　　mesa ['meza]「食卓」
カーゾ　　　　　　　　　　　　メーザ

presidente [pɾezi'dẽti]「議長」
プレズィデンチ

desde ['dezdi]「…以来」　　mesmo ['mezmu]「同じ」
デズヂ　　　　　　　　　　　　メズモ

＊i) 例外として、次の語とその派生語がある．

obséquio [ob'zɛkiu]　「親切」　　trânsito ['trãzitu]　「通行」
オビゼーキオ　　　　　　　　　　　トラゥンズィト

ii) 次の例のように、語尾の s の後に続く母音または有声子音の影響を受けて、速く発音されると [s] が [z] となることがある。

os japoneses「日本人たち」
オス ジャポネーゼス（→ オズ ジャポネーゼス）

todos os dias「毎日」
トードス オス ヂーアス（→ トードズ オズ ヂーアス）

② [s]：摩擦音、[z]の無声音：①以外の場合と **ss**:

ssa（サ）　**ssi**（スィ）　**ssu**（ス）　**sse**（セ）　**sso**（ソ）

sapato [sa'patu]「靴」　casca ['kaska]「殻」　nosso ['nɔsu]「我々の」
サパート　　　　　　　　カスカ　　　　　　　　ノッソ

＊i) 主にリオ・デ・ジャネイロ市周辺の人々は、語尾および無声子音の前の s を[ʃ]、有声子音の前の s を[ʒ]と発音することがある。

ii) sci・sce の綴りは、それぞれ、[si]・[se]、sç は [s]と発音される。

nascido [na'sidu]「生まれた」　seiscentos [sei'sẽtus]「600」
ナスィード　　　　　　　　　　　セイセントス

desça ['desa]「降りなさい」
デッサ

iii) [s] で終わる語で、最後の音節にアクセントのあるとき、その音節の母音の後に [i] の音が追加されることがある。

japonês [ʒapo'neis]「日本人」
ジャポネィス

13

z ① [s]：語末

paz ['pas] 「平和」　　luz ['lus] 「光」　　feroz [fe'rɔs] 「凶暴な」
パース　　　　　　　　るース　　　　　　　　フェロース

* i) [s] で終わるときには、s の ② の ⅲ) の場合と同じことが起こる。

rapaz [xa'pais] 「若者」
ハパィス

ii) s と同様に、語尾の z が後に続く語頭の母音・有声音の影で [z] と発音されることがある。

Feliz　Natal [fe'liz na'taɫ] 「メリー・クリスマス」
フェリーズ　ナタウ

② [z]：語尾以外

zona ['zona] 「地帯」　　　　　doze ['dozi] 「12」
ゾーナ　　　　　　　　　　　　ドーズィ

infelizmente [ĩfeliz'mẽti] 「残念ながら」
インフェリズメンチ

x　x には4つの発音がある。x を含む単語はそれほど多くないので、規則を覚えるよりも各語の発音を覚えるほうが良い。

① [ʃ]：語頭（例外なし）、**en** の後(例外なし)、二重母音＋x＋母音、母音＋x＋母音（語頭の ex＋母音を除く）

xarope [ʃa'rɔpi] 「シロップ」　　enxada [ẽ'ʃada] 「鍬」
シャローピ　　　　　　　　　　エンシャーダ

peixe ['peiʃi] 「魚」　　　　　　luxo ['luʃu] 「贅沢」
ペイシ　　　　　　　　　　　　るーショ

＊例外として。

auxílio [au'siliu] 「助け」　　máximo ['masimu] 「最大の」
アウスィリォ　　　　　　　　マスィモ

② [s]：子音の前

extrair [estra'iɾ] 「引き抜く」　sexto ['sestu] 「6番目の」
エストライール　　　　　　　　セスト

＊ exce・exci の発音は、それぞれ、[ese]・[esi]となる。また、exs の発音は[es]となる。

exceder [ese'deɾ] 「超える」　excitar [esi'taɾ] 「刺激する」
エセデール　　　　　　　　　エスィタール

exsudar [esu'daɾ] 「しみ出す」
エスダール

14

文字と発音

③ [ks]：母音 + **x** + 母音、語末
 anexo [a'nɛksu] 「付録」 sexo ['sɛksu] 「性」
 アネクソ   セクソ
 fénix ['feniks] 「不死鳥」 látex ['lateks] 「ラテックス」
 フェニクス   ラテクス

＊ ex-（「前」の意の接頭辞）が付いた場合は、[is] あるいは [eis]、母音が続くときには [iz] あるいは [eiz] となる。
 ex-ministro [is-mi'nistɾu] あるいは [eis-mi'nistɾu] 「前大臣」
 イスミニストロ   エイスミニストロ

④ [z]：語頭の **ex** + 母音（例外なし）
 exame [e'zɑmi] 「試験」 exército [e'zɛɾsitu] 「軍隊」
 エザーミ   エゼルスイト

h [ ] 語頭で無音：**ha**（ア） **hi**（イ） **hu**（ウ） **he**（エ） **ho**（オ）
 hábil ['abiɫ] 「器用な」 híbrido ['ibridu] 「雑種の」
 アービゥ   イーブリド
 hora ['ɔɾa] 「1時間」
 オーラ

5 注意すべき綴り　CD-15

[k] :	ca（カ）	qui（キ）	cu（ク）	que（ケ）	co（コ）
[kw] :	qua（クワ）	qui（クィ）	―	que（クェ）	quo（クォ）
[s] :	ça（サ）	ci（スィ）	çu（ス）	ce（セ）	ço（ソ）
[g] :	ga（ガ）	gui（ギ）	gu（グ）	gue（ゲ）	go（ゴ）
[gw] :	gua（グワ）	gui（グィ）	―	gue（グェ）	guo（グォ）

6 音節の切り方

音節とは、発音されるときの最小の単位のことである。複数の音節から成る語の場合、音節の分け方は次のとおりである。

CD-16
6-1 二重母音、三重母音は同一の音節に属する。
 pei–xe「魚」 can–ção「歌」 U–ru–guai「ウルグアイ」

CD-17
6-2 母音接続の場合、2つの母音は異なる音節に属する。
 co–e–lho「ウサギ」 na–vi–o「船」 co–pi–ar「書き写す」

6-3 母音間の２つの子音字は異なる音節に属する。 CD-18

　　cas–ca「外皮」　　des–gos–to「嫌悪」　　ver–bo「動詞」

* i) 発音上１文字と考えられる複子音 (ch, lh, nh) と二重子音 (bl, br, cl, cr, dr, fl, fr, gl, gr, pl, pr, tl, tr, vr) は１つの子音とみなされる。
  mar–char「進む」　　co–lhei–ta「収穫」　　ni–nho「巣」
  Bra–sil「ブラジル」　　flor「花」　　vi–dro「ガラス」

  ii) l, m, n, r, s, z 以外の子音が音節末に現れる子音接続のとき、前の子音の後に[i]を入れて発音されることが多い。また語頭の同一の音節に属している pn, ps の p の後や、略号や人名などが子音字で終わるときにも同じことが起こる。
  ad–vo–ga–do [adivo'gadu]「弁護士」　　as–pec–to [as'pɛkitu]「外観」
  　アヂヴォガード　　　　　　　　　　　　　　アスペキト
  pneu [pi'neu]「タイヤ」　　psi–co–pa–ta [pisiko'pata]「精神病者」
  　ピネゥ　　　　　　　　　　　　ピスイコパータ
  USP ['uspi]「サンパウロ大学」　　MEC ['meki]「教育省」
  　ウスピ　　　　　　　　　　　　　　メッキ

  iii) 表記上では、rr・ss・sc・sç・xc[s]・xs[s] は別々の音節に属するが、実際の発音は一息に発音される。

6-4 接頭辞 bis・des・dis・trans・ex など。 CD-19

① 次に母音が来るときは、異なる音節に属する。
　bi–sa–vô「曾祖母」　　de–su–so「不使用」
　tran–so–ce–â–ni–co「大洋横断の」

② 次に子音が来るときは、同一の音節に属する。
　bis–se–xual「雌雄同体の」　　dis–por「並べる」
　ex–cên–tri–co「奇妙な」

6-5 母音間の３子音字は、前の２つが前の音節に属する。 CD-20

　abs–tra–ir「分離する」　　cons–tru–ir「建設する」

文字と発音

7 アクセント

ポルトガル語のアクセントは音の強弱による。

7-1 アクセントの位置　CD-21

① **a(s)・am, e(s)・em・ens, o(s)** で終わる単語は最後から2番目の音節にある。

caneta [ka'neta]「ペン」
カネータ

ganham ['gaɲãũ]「彼らは稼ぐ」
ガーニャゥ

viagem [vi'aʒẽĩ]「旅行」
ヴィアージェンイ

dedos ['dedus]「指（複数）」
デードス

② **i・u**（**s・m・ns** がついていても）、**ã(s), ão(s), õe(s), ãe(s), l・r・x・z** に終わる単語は最後の音節にある。

aqui [a'ki]「ここに」
アキー

tatu [ta'tu]「アルマジロ」
タトゥー

irmãos [ir'mãus]「兄弟（複数）」
イルマゥンス

metal [me'tɑɫ]「金属」
メタゥ

xerox [ʃe'roks]「複写」
シェロークス

rapaz [xa'pas]「若者」
ハパース

＊ アクセントのある語尾の om・ons は数少ない外来語などにのみ見られる。

bombom [bõ'bõ]「糖菓」
ボンボン

③ 前記の規則から外れるアクセントの位置を持つ単語には (′) あるいは (ˆ) のアクセント記号をつける。

café [ka'fɛ]「コーヒー」
カフェー

ônibus ['onibus]「バス」
オニブス

você [vo'se]「君」
ヴォセー

hábito ['abitu]「習慣」
アビト

órfão ['ɔrɐ̃ũ]「孤児」
オルファンゥ

férias ['fɛrias]「休暇」
フェリアス

＊ i) 単音節の単語にはアクセントのあるものとないものがある。単音節の定冠詞・冠詞・目的格の代名詞・前置詞・接続詞・疑問詞・関係詞にはない。

ii) 形容詞からつくられた副詞や名詞から作られた合成語などのような派生語には第2アクセントがある。元の単語のアクセントのある位置が第2になる（下線部）。

feliz [fe'lis]　→　felizmente [feliz'mẽti]「幸せに」
フェリース　　　　フェリスメンチ

café [ka'fɛ]　→　cafezinho [kafe'ziɲu]「デミタスコーヒー」
カフェー　　　　カフェズィーニョ

17

7-2 アクセント記号の意味 CD-22

① **á・é・ó** はアクセントの位置と開口音（[a]・[ɛ]・[ɔ]）を表わす。ただし **m・n** の前の **é** はアクセントの位置のみを示している。

② **â・ê・ô** はアクセントの位置と閉口音（[ɑ]・[e]・[o]）を表わす。

③ **à** は前置詞 **a** と女性定冠詞などとの縮合を表わす。

④ **í・ú** はアクセントの位置のみを示している。

⑤ 同綴り字の単語を区別するために、アクセントの位置の規則に従っていても、下記のような語にはアクセント記号をつけることになっていたが、新正書法では、この際の区別のためのアクセント記号を付けないこととなった。

pára（動詞 parar「止まる」の活用形）　－　para（前置詞）

péla（名詞「ボール」）　－　pela（前置詞と定冠詞の縮合形）

pélo（動詞 pelar「皮をむく」の活用形）・pêlo（名詞「毛」）　－　pelo（前置詞と定冠詞の縮合形）

pêra（名詞「ナシ」）　－　pera（前置詞の古形）

pólo（名詞「極地」）　－　polo（前置詞と定冠詞の縮合形の古形）

＊ 例外として、poder（動詞「できる」）の直説法現在の活用形 pode と直説法完全過去の活用形 pôde、前置詞 por と動詞 pôr（「置く」）の区別は残る。

⑥ 文法上、複数表記が認められている語が若干存在する。

aluguel / aluguer　「賃貸・賃借」

alparcata / alpercata / alpargata　「サンダル」

amídala / amígdala　「扁桃腺」

assobiar / assoviar　「口笛を吹く」

assobio / assovio　「口笛」

bêbado / bêbedo　「酔っ払い」

infarto / enfarte　「梗塞」

laje / lajem　「石板」

nenê / nenem / nenen　「赤ちゃん」

nhambu / inhambu / nambu / inambu　「シギタチョウ」

quatorze / catorze　「14」など

8 品詞

ポルトガル語の単語は、その機能にしたがって、次のような8種類に分類できる。

名詞（Substantivo）	副詞（Advérbio）
代名詞（Pronome）	前置詞（Preposição）
形容詞（Adjetivo）	接続詞（Conjunção）
動詞（Verbo）	間投詞（Interjeição）

以上のうちで、左の欄の4つの品詞は使われる状況（単数か複数か、男性か女性か、時制が何かなど）によって変化するのに対して、右の欄の4品詞はいつも同じ形を保つ。左の4品詞にさらに冠詞 (**Artigo**) と数詞 (**Numeral**) を加える分類もある。

練習問題

1. 例のように、各語を音節に分けなさい。

例：exceto → ex-ce-to

1) chave   2) aquele   3) manhã   4) emblema
5) abraço   6) flagelo   7) drama   8) atleta
9) correr   10) desçam   11) passar   12) Paraguai
13) saúde   14) rainha   15) enjoo   16) núpcias
17) técnica   18) perspicaz   19) pneumático   20) psicologia

2. 各語のアクセントのある音節に下線をつけなさい。

1) contaminado   2) papel   3) sangria
4) situação   5) sentem   6) alemã
7) pinguim   8) cantaram   9) esperarei
10) cantarão   11) arroz   12) nenhuns
13) simpatizam   14) guarani   15) chuchus

3. 各語を発音しなさい。

1) turista   2) revisão   3) retórica   4) ironia   5) linguagem
6) gênero   7) xadrez   8) perder-se   9) costume   10) favor
11) viajar   12) época   13) trampolim   14) tropical   15) países
16) habituais   17) regulares   18) dia   19) sanduíche   20) exame
21) restaurante   22) museu   23) velho   24) divórcio   25) inglês
26) cidades   27) física   28) indelével   29) alemão   30) cresceu
31) sangrento   32) ator   33) britânico   34) após   35) péssimo
36) queixar-se   37) capítulo   38) gaiola   39) mudança   40) já

41) tesouro	42) ficou	43) oração	44) enterrar	45) vantagem	CD-26
46) curiosa	47) diarreia	48) gerado	49) forte	50) vezes	
51) tato	52) mapa	53) árabe	54) cama	55) pancada	
56) banho	57) pauta	58) seda	59) cabelo	60) bebeu	
61) doze	62) ideia	63) comi	64) escova	65) senhora	
66) coro	67) muda	68) teima	69) pastéis	70) ateu	
71) chapéu	72) oito	73) caracóis	74) pouco	75) uivo	
76) uísque	77) caíram	78) triunfo	79) coala	80) trio	

81) poeta	82) criatura	83) tautofonia	84) saúva	85) caída	CD-27
86) légua	87) estória	88) quando	89) quiabo	90) querido	
91) esquina	92) aguentar	93) ambiguidade	94) equipendência	95) seguir	
96) alguém	97) paraguaio	98) ânglico	99) tanto	100) irmã	
101) tentar	102) ninguém	103) conta	104) nunca	105) pães	
106) alemão	107) amam	108) trens	109) bem	110) breve	
111) bloqueio	112) pleno	113) caça	114) açougue	115) açúcar	
116) cedo	117) cinto	118) chapéu	119) chicle	120) cheque	

121) chupar	122) gambá	123) gentil	124) gigantesco	125) jeito	CD-28
126) jiló	127) didático	128) poste	129) filme	130) fluente	
131) vegetação	132) lente	133) calças	134) memorial	135) colhimento	
136) milho	137) pepino	138) onça	139) inhame	140) riqueza	
141) terra	142) Israel	143) honra	144) guerra	145) couro	
146) carta	147) especial	148) preciso	149) mesmice	150) cisne	
151) passeio	152) socorro	153) zoológico	154) cartaz	155) civilização	
156) xingar	157) enxergar	158) queixa	159) expansão	160) contexto	

161) exceção	162) taxa	163) boxe	164) tórax	165) próximo	CD-29
166) exercício	167) história	168) mãe	169) parabéns	170) opiniões	

21

notas

第1章

第1課
1. 名詞の性
2. 名詞の数
3. 通常、複数形で用いられる名詞
4. 複数形で異なる意味を持つ名詞
5. 合成語の複数形

第2課
1. 冠詞
2. 主格人称代名詞
3. **ser** の直説法現在
4. 形容詞

1 名詞の性

すべての名詞は男性名詞か女性名詞のいずれかになる。中性名詞は存在しない。意味と同様に、性は重要である。定冠詞（男性名詞には **o**、女性名詞には **a**）を付けて覚えるようにするとよい。ポルトガル語では男性名詞を **o substantivo masculino**（**s.m.**と略す）と女性名詞を **o substantivo feminino**（**s.f.**と略す）という。

名詞の性の識別の方法

1） 生き物を表わす名詞は、自然の性と文法上の性が一致する。

① 男性形と女性形が異なる語を用いる場合

zangão	「雄の蜜蜂」	→	abelha	「蜜蜂」
cão	「犬」	→	cadela	「メス犬」
cavalheiro	「紳士」	→	dama	「淑女」
avô	「祖父」	→	avó	「祖母」
genro	「婿」	→	nora	「嫁」
homem	「男」	→	mulher	「女」
marido	「夫」	→	esposa	「妻」
pai	「父」	→	mãe	「母」
rei	「王」	→	rainha	「女王」
bode	「雄ヤギ」	→	cabra	「雌ヤギ」
boi	「雄牛」	→	vaca	「雌牛」
carneiro	「雄羊」	→	ovelha	「雌羊」
cavalo	「雄馬」	→	égua	「雌馬」
galo	「雄鶏」	→	galinha	「雌鶏」
padrasto	「継父」	→	madrasta	「継母」
príncipe	「王子」	→	princesa	「王女」

＊ 動物などの総称は、地方によって違いはあるが、ブラジルでは総称を示す語は下線を付した語が使われる。

② 男性形の語尾を変えると女性形になる語

[-o → -a]

amigo	「男友達」	→	amiga	「女友達」
menino	「少年」	→	menina	「少女」

24

primo	「従弟」	→	prima	「従妹」
sobrinho	「甥」	→	sobrinha	「姪」
tio	「叔父」	→	tia	「叔母」
gato	「雄猫」	→	gata	「雌猫」

例外

espanhol	「男のスペイン人」	→	espanhola	「女のスペイン人」
galo	「雄鶏」	→	galinha	「雌鶏」
maestro	「(オーケストラの) 指揮者」	→	maestrina	「女の指揮者」

[-ão → -ã, -oa, -ana, -ona]

campeão	「男のチャンピオン」	→	campeã	「女のチャンピオン」
cidadão	「男の市民」	→	cidadã	「女の市民」
irmão	「兄弟」	→	irmã	「姉妹」
ladrão	「男の泥棒」	→	ladroa/ladrona/ladra	「女の泥棒」
leão	「オスのライオン」	→	leoa	「メスのライオン」
solteirão	「中年を過ぎた独身男」	→	solteirona	「中年を過ぎた独身女」

例外

barão	「男爵」	→	baronesa	「男爵夫人」
lebrão	「オスの野ウサギ」	→	lebre	「メスの野ウサギ」
perdigão	「オスの鶉」	→	perdiz	「メスの鶉」

[-e → -a, -esa, -essa, -isa]

elefante	「象」	→	elefanta	「メスの象」
hóspede	「男の泊り客」	→	hóspeda	「女の泊り客」
duque	「公爵」	→	duquesa	「公爵夫人」
conde	「伯爵」	→	condessa	「伯爵夫人」

例外

poeta	「詩人」	→	poetisa	「女流詩人」
profeta	「預言者」	→	profetisa	「女の預言者」

[-or → -ora, -eira, -triz]

cantor	「男性歌手」	→	cantora	「女性歌手」
pintor	「男性画家」	→	pintora	「女性画家」
senhor	「紳士」	→	senhora	「婦人」

apanhador	「収穫する男」	→	apanhadeira	「収穫する女」
arrumador	「整頓する男」	→	arrumadeira	「整頓好きな女」
ator	「男優」	→	atriz	「女優」
embaixador	「大使」	→	embaixatriz	「女性大使」
imperador	「皇帝」	→	imperatriz	「女帝」

例外

juiz	「裁判官（男）」	→	juíza	「裁判官（女）」

[-ês → -esa]

burguês	「中産階級の男」	→	burguesa	「中産階級の女」
inglês	「イギリス人男性」	→	inglesa	「イギリス人女性」
japonês	「日本人男性」	→	japonesa	「日本人女性」
francês	「フランス人男性」	→	francesa	「フランス人女性」

[-eu → -eia]

europeu	「ヨーロッパ人男性」	→	europeia	「ヨーロッパ人女性」
ateu	「男の無神論者」	→	ateia	「女の無神論者」

* i) この型の語は少ない。

　ii) 例外として、次の語がある。

judeu	「男のユダヤ人」	→	judia	「女のユダヤ人」
peru	「オスの七面鳥」	→	perua	「メスの七面鳥」

③ 男女同形の語

o[a] artista	「芸術家」		o[a] caçula	「末っ子」
o[a] cliente	「顧客」		o[a] colega	「同僚」
o[a] camarada	「仲間」		o[a] dentista	「歯医者」
o[a] estudante	「学生」		o[a] florista	「花屋」
o[a] herege	「異端者」		o[a] imigrante	「移住者」
o[a] indígena	「先住民」		o[a] jornalista	「新聞記者」
o[a] jovem	「若者」		o[a] pianista	「ピアニスト」

④ 男女同形であるが、性別によって意味の異なる語

| o cabeça | 「中心人物」 | a cabeça | 「頭」 |
| o caixa | 「現金出納帳」 | a caixa | 「箱」 |

　　＊ o[a] caixa「出納係」

o capital	「資本」	a capital	「首都」
o cisma	「分裂」	a cisma	「不信」
o crisma	「聖油」	a crisma	「聖油式」
o corte	「切断」	a corte	「宮廷」
o cura	「司祭」	a cura	「治療」
o grama	「グラム」	a grama	「芝草」
o guia	「ガイドブック」	a guia	「案内」

　　＊ o[a] guia「案内人」

| o lente | 「教師」 | a lente | 「レンズ」 |
| o língua | 「通訳」 | a língua | 「舌」 |

　　＊ o[a] língua「よくしゃべる人」

o modelo	「手本」	a modelo	「モデル嬢」
o moral	「士気」	a moral	「道徳」
o rádio	「ラジオ」	a rádio	「ラジオ放送局」

⑤ 実際には男女の区別があっても、文法上は1つの性となる単語

o bebê	「赤ちゃん」	o cônjuge	「配偶者」
a criança	「子供」	a criatura	「人間」
a cobra	「蛇」	a foca	「アザラシ」
o indivíduo	「個人」	o jacaré	「ワニ」
a onça	「ジャガー」	a pessoa	「人」
a raposa	「キツネ」	a vítima	「犠牲者」

　　＊ 動物のオス、メスを区別するときには、後ろに macho「オス」、fêmea「メス」を付けるだけでよい。名詞の性に合わせて macha、fêmeo になることもある。
　　　例：o abutre fêmea「メスのハゲワシ」
　　　　　a baleia macho「オスの鯨」
　　　　　o camelo macho「オスのラクダ」
　　　　　o polvo macho「オスのタコ」
　　　　　o tigre fêmea「メスのトラ」

このタイプの名詞（通性名詞）には、a águia「鷲」、a barata「ゴキブリ」、a borboleta「蝶」、a girafa「キリン」、a minhoca「ミミズ」、a pulga「蚤」、a sardinha「鰯」、a mosca「ハエ」、o peixe「魚」、などがある。

2）自然の性別を持たない名詞は、語尾によって性が決まる。
① 一般に語尾が **-o** で終わる語は男性名詞、**-a** で終わる語は女性名詞になることが多い。

  o carro「車」 o livro「本」   o vento「風」
  a casa「家」 a mesa「テーブル」 a porta「扉」

* 例外： o clima「気候」、o dia「日」、o jesuíta「イエズス会士」、o mapa「地図」、o programa「プログラム」、o sistema「システム」、o telegrama「電報」、o tema「テーマ」；a foto「写真」、a tribo「種族」など。

② -e, -dade, -ção, -gem, -ice[ise], -z で終わる単語の大部分は女性名詞になる。

  a gente「人々」 a noite「夜」 a cidade「都市」
  a canção「歌」 a viagem「旅行」 a velhice「老齢」
  a análise「分析」 a luz「光」

* i) 例外： o dente「歯」、o leite「ミルク」、o sangue「血」、o coração「心臓」、o arroz「米」、o nariz「鼻」、など。とくに -e で終わる語の場合は、女性名詞である単語のほうが多いという程度である。但し、-ão に終わる名詞は、mão「手」を除いて、一般に具象名詞の場合は男性名詞に、抽象名詞の場合は女性名詞となる。
  o limão「レモン」、o algodão「綿」、a razão「理性」、a aflição「苦悩」など。

 ii) 湖 (lago)、山 (monte)、大洋 (oceano)、川 (rio)、風 (vento) などの名を示す語は、男性名詞となる。
  o (rio) Amazonas「アマゾン河」 o (oceano) Pacífico「太平洋」
  o (lago) Ládoga「ラドガ湖」 os (montes) Alpes「アルプス山脈」

 iii) 都市 (cidade) や島 (ilha) の名を示す語は、女性名詞となる。
  a antiga Ouro Preto「昔のオウロ・プレトの町」
  a aprazível Paquetá「風光明媚なパケタ島」

3）以下の名詞のように、男性名詞としても女性名詞としても用いられる名詞が存在する。

o[a] diabetes「糖尿病」　　　　o[a] íris「虹」
o[a] laringe「喉頭」　　　　　　o[a] personagem「著名人」
o[a] soprano「ソプラノ歌手」　　o[a] tapa「叩くこと」

2 名詞の数

名詞には単数と複数の区別があり、複数形の語尾は **-s** となる。形容詞の複数形も名詞の場合に準ずる。

複数形への変え方

1）母音（二重鼻母音 -ão の場合を除いて）で終わる単語には -s を付ける。

filho　→　filhos　「息子」　　chapéu　→　chapéus　「帽子」
maçã　→　maçãs　「リンゴ」　　mãe　→　mães　「母」

2）-m で終わる単語は、-m を -ns に変える。

homem　→　homens　「男」　　jardim　→　jardins　「庭」
jovem　→　jovens　「若者」　　ordem　→　ordens　「命令」

＊音節末の m はその直前の母音を鼻音化する記号の働きをしているにすぎないので、m を n に変える点を除けば、1) の場合と同じと考えられる。

3）-r, -s, -z で終わる単語には、-es を付ける。

mulher　→　mulheres　「女性」　　mês　→　meses　「月」
chinês　→　chineses　「中国人」　　giz　→　gizes　「チョーク」

＊ i) -s で終わる単語で、その音節にアクセントのない場合は単数形と複数形が同じである。
　　例：o[os] atlas「地図帳」、o[os] cais「波止場」、o[os] lápis「鉛筆」、o[os] ônibus「バス」、o[os] pires「受け皿」など。
　ii) -s, -z で終わる語では発音が [s] から [z] になることに注意すること。
　　例：luz [lus]　→　luzes ['luzis]
　iii) -ês で終わるものは、複数形でアクセント記号 (^) が脱落する。
　　例：inglês　→　ingleses

iv) 次の3語は複数形になると、アクセントの位置が変わる。
数少ない例：
caráter → caracteres「性格」　　júnior → juniores「ジュニア」
sênior → seniores　「シニア」

v) -x で終わる語の中には、単数と複数が同形になるものがある。
o[os] tórax「胸郭」、o[os] xérox「（ゼロックスによる）複写」、o[os] fax「ファックス」など。

4）**-al, -el, -ol, -ul** で終わる単語は、**-l** を **-is** に変える。
jornal → jornais　「新聞」　　　anel → anéis　「指輪」
móvel → móveis　「家具」　　　lençol → lençóis「シーツ」
paul → pauis　「沼地」

* i) アクセントのある -el, -ol で終わるときには、-éis, -óis となる。

ii) 例外は古い形を残している単語である。
cônsul → cônsules　「領事」　　mal → males　「悪事」
fel → feles[féis]　「不機嫌」

5）**-il** で終わる単語の場合は、アクセントの有無によって2通りになる。
① アクセントがあるとき、**-il** を **-is** に変える。
barril → barris「樽」　　fuzil → fuzis「銃」
② アクセントがないとき、**-il** を **-eis** に変える。
fóssil → fósseis「化石」　　réptil → répteis「爬虫類」

6）**-ão** で終わる単語は、次の3通りになるが、①の形になるものが多い。
① **-ões** に変える。
ação → ações「行為」　　coração → corações「心臓」
② **-ães** に変える。
capitão → capitães「隊長」　　pão → pães「パン」
③ **-ãos** に変える。
cristão → cristãos「キリスト教徒」　mão → mãos「手」

＊ -ão で終わる語の内で、複数形が -ões 以外の形を持つものもあるが、-ões の方が好まれる。

anão「小人」　　　　→　anãos / anões
ancião「お年寄り」　→　anciãos / anciães / anciões
charlatão「ペテン師」→　charlatães / charlatões
verão「夏」　　　　　→　verãos / verões
vulcão「火山」　　　→　vulcãos / vulcões

3 通常、複数形で用いられる名詞

bodas「結婚式」、calças「ズボン」、cãs「白髪」、cócegas「くすぐったさ」、costas「背中」、exéquias「葬式」、felicitações「祝意」、luvas「手付け金；仲介手数料」、nádegas「臀部」、núpcias「結婚（式）」、óculos「メガネ」、parabéns「祝い、祝いの言葉」、pêsames「哀悼、弔辞」、など。

4 複数形で異なる意味を持つ名詞

amor「愛」→ amores「情事」　　　ânsia「苦悩、熱望」→ ânsias「気分の悪さ」
bem「善」→ bens「財産、財」　　　cobre「銅」→ cobres「小銭、銅製品」
copa「樹冠」→ copas「（トランプの）ハート」　corte「宮廷」→ cortes「国会」
costa「海岸」→ costas「背中」　　espada「刀」→ espadas「（トランプの）スペード」
feição「様子、恰好」→ feições「顔つき」　　ferro「鉄」→ ferros「鉄製品」
haver「貸方」→ haveres「財産」　letra「文字」→ letras「文学」
ouro「金」→ ouros「（トランプの）ダイヤ」　pai「父親」→ pais「両親、父親たち」
pau「棒」→ paus「（トランプの）クラブ」　resto「残り」→ restos「遺跡、遺体」
trem「汽車」→ trens「台所用品」　zelo「熱意」→ zelos「嫉妬」

5 合成語の複数形

1）「動詞＋名詞」あるいは「接頭辞など造語成分＋名詞」のときには、後ろの語に〜s をつける。

passatempo → passatempos「娯楽」　guarda-chuva → guarda-chuvas「傘」
vice-presidente → vice-presidentes「副大統領」

＊ただし、「動詞＋複数名詞」の場合は、単複同形になる。
saca-rolhas「コルク栓抜き」

2)「名詞＋名詞」あるいは「名詞＋形容詞／形容詞（数詞）＋名詞」の場合は、両者に〜s をつける。

couve-flor	→ couves-flores	「カリフラワー」
obra-prima	→ obras-primas	「傑作」
cachorro-quente	→ cachorros-quentes	「ホットドック」
sexta-feira	→ sextas-feiras	「金曜日」

＊ ただし、2つの名詞が de で結ばれていたり、後の名詞が前の語を修飾しているときは、前の語のみが複数形になる。

estrada-de-ferro	→ estradas-de-ferro	「鉄道」
estrela-do-mar	→ estrelas-do-mar	「ヒトデ」
navio-escola	→ navios-escola[navios-escolas]	「練習船」
pão-de-ló	→ pães-de-ló	「カステラ」

練習問題

1. 各名詞に対応する性の名詞を書きなさい。

   例：amigo 男友達 → amiga 女友達

   1) galinha 2) rainha 3) abelha 4) cavalo 5) tio

   6) cantor 7) inglês 8) judeu 9) embaixador 10) estudante

   11) cristão 12) pintora 13) bode 14) funcionário 15) príncipe

   16) madrasta 17) conde 18) colega 19) duque 20) leão

   21) aluna 22) menina 23) diretora 24) juíza 25) portuguesa

   26) atriz 27) imperador 28) presidente 29) parenta 30) espanhol

2. 名詞の数を変えなさい。

   例：livros 本（複数）→ livro 本（単数）

   1) mês 2) mãe 3) chineses 4) hotel 5) barris

   6) anzol 7) botão 8) raízes 9) bambus 10) talher

   11) canetas 12) mão 13) país 14) mulheres 15) opiniões

   16) fóssil 17) cães 18) pães 19) irmã 20) bens

   21) pires 22) fuzis 23) órfão 24) jardim 25) ônibus

   26) réptil 27) móvel 28) estrangeiro 29) espanhol 30) pés

33

3. 名詞の性を指摘し、その意味を答えなさい。

　　1) mulher　　2) mesa　　3) mapa　　4) cabelo　　5) cidade

　　6) viagem　　7) lua　　8) estação　9) carro　　10) mão

　　11) gente　　12) japonesa　13) irmão　14) genro　　15) dente

　　16) pai　　17) prima　　18) atriz　　19) artista　　20) clima

　　21) ideograma　22) roupa　　23) monte　24) tema　　25) amigdalite

　　26) universidade　27) assalto　28) noite　29) jardim　30) confusão

　　31) lampião　　32) origem　33) mente　34) guarda-louça　35) norte

4. 単数形を書きなさい。

　　1) mesas　　2) ações　　3) museus　　4) barracas　　5) nações

　　6) mãos　　7) pães　　8) fácieses　　9) sondagens　　10) gols

　　11) flores　　12) lençóis　　13) luzes　　14) mísseis　　15) lápis

　　16) pontes　　17) barris　　18) milhões　　19) túneis　　20) quadros-negros

　　21) coquetéis　　　　22) guarda-roupas　　　　23) cartazes

　　24) calças　　　　25) tira-manchas

5. 名詞の性を指摘し、その意味（果物名）を答えなさい。

1) acerola　　2) abacaxi　　3) banana　　4) abacate

5) castanha　　6) cereja　　7) coco　　8) figo

9) laranja　　10) limão　　11) maçã　　12) manga

13) melancia　　14) mamão　　15) morango　　16) melão

17) mexerica　　18) pera　　19) maracujá　　20) pêssego

6. 関連のある語の記号と線で結びなさい。

1) a lanchonete　　・　　・ア) a carne
2) a padaria[panificadora]　　・　　・イ) a flor
3) a tabacaria　　・　　・ウ) o selo
4) a farmácia　　・　　・エ) a roupa
5) a frutaria　　・　　・オ) o pão
6) a livraria　　・　　・カ) o sanduíche
7) a lavanderia　　・　　・キ) a fruta
8) o correio　　・　　・ク) o remédio
9) o açougue　　・　　・ケ) o cigarro
10) o florista　　・　　・コ) o livro

第2課

1 冠詞

冠詞には、定冠詞と不定冠詞の2種類が存在する。その置かれる位置はいつも名詞の前で、その性と数に一致する。基本的に、前者は状況的に既知の名詞に付けられ、後者はその内容が聞き手に了解されていない名詞の前に置かれる。より詳細なその用法については、先で（→第5課）見ることにして、ここでは性数の形と前置詞との縮合形を掲げる。

1）定冠詞

	単数	複数
男性	o	os
女性	a	as
中性	o	

＊ポルトガル語には、特別に中性の定冠詞はなく、男性の単数形と同形のoを用いる。

2）定冠詞と前置詞との縮合形

定冠詞	o	os	a	as
前置詞 a	ao	aos	à	às
de	do	dos	da	das
em	no	nos	na	nas
por	pelo	pelos	pela	pelas

＊ i) 上記の前置詞と定冠詞の縮合は、主格の名詞に付けられた場合のような例外的なときを除いて、必ず起こる。
o amor pela pátria 「祖国愛」
no Japão 「日本において」

ii) ブラジルにおいては、à、às と a、as の発音は全く同じである。

3）不定冠詞

	単数	複数
男性	um	uns
女性	uma	umas

4）不定冠詞と前置詞との縮合形

不定冠詞	um	uns	uma	umas
前置詞 de	dum	duns	duma	dumas
前置詞 em	num	nuns	numa	numas

* de と em 以外の前置詞は不定冠詞と縮合することなく、また de と em の場合には分離して書くこともできる。
o acidente duma [de uma] semana 「ある週の出来事」
num [em um] país 「ある国において」

2 主格人称代名詞

人称代名詞のうちで、主語として用いられるのが主格人称代名詞である。ポルトガル語の代名詞には、主格代名詞の他に目的格（直接目的格と間接目的格）の代名詞と前置詞の後で用いられる前置詞格代名詞とが存在する（→第5課）。
主格人称代名詞は、文意が不明瞭にならない限りにおいて、省略することができるが、最近の傾向として省略されないことが多い。

	単数		複数	
1人称	eu	私	nós	私たち
2人称	tu	お前	vós	お前たち
3人称	você	君	vocês	君たち
	o senhor	あなた（男）	os senhores	あなたがた（男・男女）
	a senhora	あなた（女）	as senhoras	あなたがた（女）
	ele	彼、それ	eles	彼ら、それら
	ela	彼女、それ	elas	彼女たち、それら

① **eu・nós・tu・vós・você・vocês** には男女の別がないので、複数形の **nós・vós・vocês** の場合には、すべて男性、すべて女性、男女混合の3通りの可能性がある。また、口語では **a gente** を **nós**（状況においては **eu**）の代わりに用いる。

② 2人称を示す **tu** と **vós** は、ブラジルではあまり使われない。**tu** は限られた地方（南部や北部の一部）や親密な間柄の人々の間で用いられることはあるが、**vós** は特殊な状況（祈祷の言葉や古典的な文献など）においてしか使われない。

③ 普通名詞から由来した **você・vocês・o senhor・os senhores・a senhora・as senhoras** は、意味上は2人称であるが、普通名詞から由来した語であるために、3人称として扱われることに注意する必要がある。

④ **você・vocês** は対等あるいは親しい間柄の人に対して使われる。したがって、目上や初対面の人には使わないほうが無難である。

⑤ **o(s) senhor(es)・a(s) senhora(s)** の略号は、それぞれ **o(s) Sr(es).・a(s) Sra(s).** となる。

⑥ ブラジルでは、尊敬の気持ちを持って呼びかける際に未婚女性には **senhorita**、既婚（あるいは年配）女性には **senhora** を用いるが、主語としては **a senhorita** ではなく、**a senhora** が、通常使われる。

⑦ 男女の混ざった複数形は男性複数形となる。

⑧ **ele(s)・ela(s)** は、それぞれ男性名詞・女性名詞も受けることができる。漠然と「それ」「そのこと」を示す場合は指示代名詞の **isso** を使う。

3 ser の直説法現在

不規則動詞 **ser** は基本的には2つのものを結びつける働きをし、文型としては「主語 + **ser** 動詞 + 補語（名詞・形容詞）」となる。

1）活用

	単数	複数
1人称	sou	somos
2人称	és	sois
3人称	é	são

2）用法
① 人・動物・物などの永続的性質を示す。
Você é inteligente e bondoso. 君は賢くて優しい。
O gato é muito bonito. その猫はとてもかわいい。
A casa é grande. その家は大きい。
Ele é uma boa pessoa. 彼はよい人です。

* i) 主格補語の名詞[形容詞]は主語の性・数と一致するが、文法上1つの性しか持たない名詞の場合は例外である。

ii) boa は bom の女性形である（→ **4** 形容詞）。

iii) 主格補語の働きをしている名詞（この場合は pessoa）が形容詞を伴っているとき、通常、不定冠詞が置かれる。

② 身分・職業・国籍などを表わす。
(Eu) Sou estudante. 私は学生です。
Ela é japonesa. 彼女は日本人です。
Eles são italianos. 彼らはイタリア人です。
Nós somos turistas mas vocês são negociantes.
　　私たちは観光客ですが、君たちは商人です。

* i) 1人称の主格代名詞は省略されることも多い。

ii) 単に職業・身分・国籍を示す場合は、冠詞は省略されるのが普通である。

iii) 上の2例文の eles, italianos, nós, vocês の内容は、すべて男性なのか女性も混じっているのか判然としない。とくに nós と vocês は、さらに女性のみの場合もありうる。

③ 建物・都市などの場所を示す。
Quioto é no Japão. 京都は日本にある。
O cinema é perto(longe) daqui.
　　その映画館はここから近く(遠く)にあります。

* i) 副詞 aqui（ここに），aí（そこに），ali（あそこに）は、前置詞 de と縮合して、それぞれ、daqui, daí, dali となることが多い。場所を示して、「ここから、そこから、あそこから」の意味だけでなく、時間的に「今から、その時から、あの時から」、理由を示して「この理由から、その理由から、あの理由から」の意味で用いられることもある。

ii)「ser + de（前置詞）~」で、「~」に人・物・場所を示す語を伴って、それぞれ、所有・材料・出身[出所]を表わす。
　　　　　O carimbo é de Graça.　その印鑑はグラッサのです。
　　　　　As casas do Japão são principalmente de madeira.
　　　　　　日本の家は主に木で出来ています。
　　　　　Almeida é do estado de São Paulo.
　　　　　　アルメイダはサンパウロ州の出身です。
　　　　　O vinho é da ilha de Madeira.
　　　　　　そのワインはマデイラ島産です。
　④　会合・催事などが行われる場所や時を示す。
　　　　A festa é no restaurante do subsolo.
　　　　　パーティーは地下のレストラン（において）です。
　　　　A matrícula é amanhã às dez (horas).　履修申し込みは明日 10 時です。
　⑤　過去分詞を従えて受身を表わす（→ 第5章）。

4 形容詞

ポルトガル語の形容詞は、叙述用法（補語になる場合）では主語の性・数に、限定用法（名詞を修飾する場合）では修飾する名詞の性・数に合わせて変化する。数変化は名詞と同じであるので、ここでは形容詞の性変化と位置を見ることにする。

1）性変化（男性形 → 女性形）
　①　**-o** で終わるものは **-a** に変える。
　　　branco → branca「白い」　　novo → nova「新しい」

　　＊Santo「聖~」は子音ではじまる名詞の前では São になるが、母音ではじまる名詞の前では Santo となる。ただし、女性名詞の場合は、Santa である。
　　　São Paulo　　　「聖パウロ」
　　　Santo Antônio　「聖アントニオ」
　　　Santa Maria　　「聖マリア」

　②　**-ão** で終わるものは **-ã**、または **-ona** に変える。
　　　alemão → alemã 「ドイツの」　　são → sã 「健康な」
　　　chorão → chorona 「泣き虫の」　glutão → glutona 「大食いの」

③ -ês・-or・-u に終わるものには **a** を付ける。
　　japonês　→　japonesa　「日本の」　　traidor　→　traidora　「裏切りの」
　　cru　　→　crua　　「生の」　　　　　nu　　→　nua　　　「裸の」

* i) -or に終わるものには、2つの女性形を持つ語もある。
　　　trabalhador　→　trabalhadora[trabalhadeira]「よく働く；労働の」
　　　motor　→　motora[motoriz]「発動の」

ii) -or で終わる形容詞で、比較級的な意味をもつものは性変化をしない。
　　　melhor「より良い」　　superior「より高い」

iii) -ês と -u で終わる語の例外として、次のような語がある。
　　　cortês「礼儀正しい」、hindu「インドの」は男女同形。
　　　europeu　→　europeia　　「ヨーロッパの」
　　　judeu　　→　judia　　　「ユダヤの」
　　　pigmeu　→　pigmeia　　「小人の」
　　　ilhéu　　→　ilhoa　　　「島の」
　　　mau　　→　má　　　　「悪い」

④ その他のもの（-a・-e・-l・-m・-r・-s・-z）は、男女同形である。
　　agrícola「農業の」　　grande「大きな」　　fácil「容易な」
　　comum「普通の」　　regular「規則的な」　simples「単純な」
　　feroz「恐ろしい」

* i) 例外：bom　→　boa「よい」、espanhol　→　espanhola「スペインの」

ii) 形容詞として名詞が使われたときは、性・数変化しない。
　　　macacões creme　　　「クリーム色のつなぎ服」
　　　terno cinza　　　　　「灰色の背広」
　　　dois vestidos rosa　　「2着のバラ色のドレス」
　　　duas malas laranja　　「2個のオレンジ色のトランク」

iii) grande は、通常、男女同形であるが、名詞の前に置かれて合成語を作る grão, grã の男女別の省略形がある。
　　　Grão-Duque　　　「大公爵」
　　　Grã-Bretanha　　「グレートブリテン」

⑤ 複合形容詞の場合は、2番目の形容詞のみが女性形となる。
　　a cultura luso-brasileira「ポルトガル・ブラジルの文化」

2） 位置
　① 形容詞は一般に修飾する名詞の後に置かれる。しかし、強調するために前に置かれることもある。
　　o moço alto「その背の高い青年」　　os moços altos「それらの背の高い青年」
　　a moça alta「その背の高い娘」　　　as moças altas「それらの背の高い娘」
　② 単音節の形容詞や指示・所有・不定形容詞などは、通常、名詞の前に置かれる。
　　bom tempo「よい天気」　　　má vontade「悪意」
　③ 形容詞は、通常、名詞の後に置かれて、本来の意味を表わすので、前置されると、その意味が強調・拡大されたり抽象化されたりすることがある。
　　o agricultor pobre「貧しい農民」　　　o pobre agricultor「可哀想な農民」
　　a casa nova「新築の家」　　　　　　a nova casa「今度の家」
　　a história triste「悲しい物語」　　　　a triste salário「僅かな給料」
　　o pescador simples「純朴な漁師」　　o simples pescador「単なる漁師」
　　o professor novo「若い先生」　　　　o novo professor「新任の先生」
　　o soldado grande「大柄な兵士」　　　o grande soldado「偉大な兵士」
　　＊ 上記のような用法を有する形容詞は他にも存在する。alto, bom, caro, certo, estranho, mesmo, rico, único, último, velho などである。

3） 複数の名詞を修飾する形容詞の性・数は、大体、次の規則に従う。
　① 名詞の前にあるときは、最初の名詞の性・数に一致する。
　　velha casa e carro「前の家と車」
　　novos livros e revistas「新しい本と雑誌」
　② 複数の名詞の後にあるときは、修飾する名詞の性・数によって、次のようになる。
　　a) 名詞が単数形で、性が同一の場合は、形容詞はその性で、一般に単数形[複数形]になる。
　　　a economia e a sociedade chinesa [chinesas]
　　　「中国の経済と中国の社会」

b) 名詞に複数形が混じっていて、性が同一の場合は、形容詞はその性で複数形になる。
　　três lápis e um caderno belos
　　「美しい3本の鉛筆と1冊の美しいノート」

c) 名詞の数が同一で、性が異なる場合は、形容詞は最後の名詞の性・数に一致するのが普通である。
　　um bolo e uma maçã gostosa
　　「おいしい1つのケーキとおいしい1個のリンゴ」
　　os carros e as bicicletas japonesas
　　「日本製の車と日本製の自転車」

d) 性も数も異なる場合は、形容詞は男性複数形になる。
　　os diademas e a aliança caros
　　「高価な髪飾りと高価な婚約指輪」

4）複合形容詞

① 「形容詞＋形容詞」の場合、通常、後の形容詞のみが性・数変化をする。
　　blusa verde-clara「明るい緑色のブラウス」
　　olhos azul-claros「水色の目」
　　cabelos castanho-escuros「黒っぽい茶色の髪の毛」
　　origem suíço-alemã「スイス・ドイツ系」
　　mulher franco-canadense「フランス系カナダ人の女性」
　　cooperação teuto-espanhola「ドイツ・スペイン間の協力」
　　transações ítalo-brasileiras「イタリア・ブラジルの諸取引」
　　convênio anglo-americano「イギリス・アメリカの協定」
　　intercâmbio cultural nipo-brasileiro「日本・ブラジル文化交流」
　　interesses asiático-europeus「アジア・ヨーロッパの利害関係」
　　problemas diplomáticos luso-africanos「ポルトガル・アフリカの外交問題」

＊ i) azul-marinho は変化しない。
　　　duas calças azul-marinho「2本のマリーンブルーのズボン」

ii) 2つの国名を表わす形容詞がハイフン（－）で結ばれる場合：lusitano ＞ luso のように、前者は縮小形が用いられる
　　acordo luso-brasileiro　ポルトガルとブラジル間の協定

以下、国名を表わすその他の縮小形を示す。

アフリカ：afro, ドイツ：germano / teuto, オーストラリア：australo,
オーストリア：austro, ベルギー：belgo, 中国：sino, スペイン：hispano,
ヨーロッパ：euro, フランス：franco, イギリス：anglo,
イタリア：ítalo, 日本：nipo, など。

② 「名詞＋名詞」の形の場合は、性・数変化をしない。

　　camisa cinza-rato　　　　　「ネズミ色がかった灰色のシャツ」
　　estátuas amarelo-ouro　　　「黄金色の彫像」
　　vestido amarelo-gema　　　「真黄色のドレス」

第２課

[日常の挨拶] CD-30

Bom dia.	おはよう/こんにちは（午前中に）。
Boa tarde.	こんにちは（午後に）。
Boa noite.	こんばんは/おやすみなさい（別れる際に）。
Oi! / Olá!	やあ（親しい人に）！
Obrigado. / Obrigada.	ありがとう（男）/ ありがとう（女）。
Tudo bem[bom]?	元気？変わりない？
Tudo bem[bom].	元気だよ。
Mais ou menos.	まあまあです。
Adeus!	さようなら（長い別れに）！
Até logo! / Até já!	また今度！
Até a próxima (vez).	また次に会うまで。また近いうちに。
Até amanhã.	またあした。
Até a próxima semana.	また来週。
Até a vista.	またお会いするときまで。
Até outro dia.	今度また。
Tchau.	バイバイ。
(Muito) Prazer.	はじめまして（初対面の相手に）。
Igualmente.	こちらこそ。
Desculpe. / Perdão.	すみません。
De nada.	どういたしまして。
Com licença.	失礼します。
Por favor.	すみませんが/どうぞ（ものを頼む際に）。

45

練習問題

1. (　　)内の形容詞を名詞の性・数に一致させなさい。

   1) cortinas　(marrom)　　2) cabeça　(pequeno)　　3) testa　(largo)

   4) garagem　(estreito)　　5) obstáculos　(superável)　　6) narizes　(chato)

   7) cozinha　(amplo)　　8) luzes　(aceso)　　9) dente　(fraco)

   10) orelhas　(bonito)　　11) olhos　(grande)　　12) bocas　(peuqeno)

   13) sopa　(salgado)　　14) garfos　(curto)　　15) facas　(afiado)

   16) gavetas　(branco)　　17) jardim　(comprido)　　18) moças　(alto)

2. 形容詞の反意語の記号と線で結びなさい。

   1) grande　　・　　　　　　　・ア) quente
   2) bonito　　・　　　　　　　・イ) vazio
   3) feliz　　・　　　　　　　・ウ) desconfortável
   4) lento　　・　　　　　　　・エ) magro
   5) grosso　　・　　　　　　　・オ) pouco
   6) curto　　・　　　　　　　・カ) pequeno
   7) bom　　・　　　　　　　・キ) estreito
   8) cheio　　・　　　　　　　・ク) sujo
   9) confortável ・　　　　　　　・ケ) comprido
   10) gordo　　・　　　　　　　・コ) feio
   11) muito　　・　　　　　　　・サ) infeliz
   12) limpo　　・　　　　　　　・シ) rápido
   13) frio　　・　　　　　　　・ス) mau
   14) largo　　・　　　　　　　・セ) fino

3. 日本語に訳しなさい。

1) Eu sou australiana.
2) O senhor é japonês.
3) Ele é belga.
4) A senhora é chinesa.
5) Ele é canadense.
6) Elas são solteiras.
7) Lisboa é em Portugal.
8) O carro bonito é do Japão.
9) A ponte é de madeira.
10) A casa grande é do doutor Mendes.

4. 各語に不定冠詞をつけ、意味を書きなさい。

1) carros   2) cidades   3) dia   4) sistemas

5) ladrões   6) fogão   7) tribo   8) mapa

9) viagem   10) selo   11) sementes 12) fotos

13) televisão 14) mão   15) óculos   16) papelaria

5. 下線の語を男性形にして書き変え、意味を書きなさい。

例：uma deusa má → um deus mau   悪い神様

1) uma leoa feroz   2) uma atriz famosa

3) uma escritora afegã   4) uma heroína espanhola

5) uma imigrante irlandesa   6) uma princesa belga

7) uma imperatriz romana   8) uma poetisa europeia

9) uma professora brincalhona   10) a maior maestrina

6. ポルトガル語に訳しなさい。

1) 東京は日本の首都です。

2) 彼は先生ではなくて、画家です [não...mas...]。

3) 私は大阪の出身です。

4) 君（女）は看護師（enfermeira）で、彼女は店員（balconista）です。

5) あなた（男）はカトリック教徒（católico）ではありません。

6) 彼らは仏教徒（budistas）です。

7) 彼は消防士（bombeiro）でもなく、商人（comerciante）でもない [não...nem...]。

8) マリオは運転手（motorista)です。

9) 私たち（男女）は独身（solteiros）で、彼女らは既婚者（casadas）です。

10) それらのテーブルは鉄（ferro）でできています。

第2章

第3課
1. 動詞の活用のしくみ
2. 直説法現在
3. 指示詞
4. 平叙文と疑問文のイントネーション

第4課
1. estar の直説法現在
2. ser と estar の相違
3. 場所を表わす副詞
4. 文型
5. 文の種類と接続詞

第３課

1 動詞の活用のしくみ

ポルトガル語では、人称・数・法・時制・態などにしたがって、動詞は形を変える。

１）動詞の分類

ポルトガル語の動詞の原形［不定詞］の語尾は、**-ar**・**-er**・**-ir**・**-or** の４通りある。

① **-or 動詞は pôr**「置く」とその派生語の動詞しかないため、本書では不規則動詞としている。

②「人称」には、文法的に１人称・２人称・３人称の区別があり、それぞれ単数形と複数形とがある。

③「態」は主語が動作をする(能動態)のか、受ける(受動態)のかを示す動詞の形態である。

２）動詞の法

話者が叙述内容を聞き手に伝える際に、その内容に対する話者の心的な態度・性格を示す動詞の語形変化のことである。ポルトガル語では、次の３種類がある。

① **直説法**：話者がある行為や状態を事実と見なして行う客観的な表現法。

② **接続法**：話者がある行為や状態を主観的に表現する方法。

③ **命令法**：命令・希望・勧告などを示す表現法。

３）時制

① 単純時制と複合時制

動詞の表わす行為・状態の時間的関係を示すのが時制である。すべてについて、必ずしも名称が統一されてはいない。時制は「助動詞(ter あるいは haver) ＋過去分詞」から成る「複合時制」、と語形変化を持つ「単純時制」との２通りの変化形があるが、以下に見るように２通りの形を有する時制もある。

		単純時制	複合時制
直説法	現　在		
			現在完了
	不完全過去	
	完全過去	
	過去完了単純形	過去完了複合形
	未　来	
		未来完了
	過去未来	
		過去未来完了
接続法	現　在	
	過　去	
		現在完了
		過去完了
	未　来	
		未来完了

② 完了時制・不完了時制、絶対時制・相対時制
　動作・状態の完了を基準として、時制を分類すると完了時制と不完了時制とになり、さらに時制自体で一定の時を示す絶対時制と他の動詞や副詞などによって時が決定される相対時制とに大別される。

			不完了時制	完了時制
直説法	絶対時制	現　在	
		現在完了（継続）	現在完了（完了）
		未　来	
			完全過去
	相対時制	不完全過去	
			過去完了
			未来完了
		過去未来	過去未来完了
接続法	相対時制	現　在	
			現在完了
		過　去	過去完了
		未　来	未来完了

51

2 直説法現在
1）活用

	-ar(ach-ar / 思う)		-er(beb-er / 飲む)		-ir(abr-ir / 開く)	
	単数	複数	単数	複数	単数	複数
1人称	ach-**o**	ach-**amos**	beb-**o**	beb-**emos**	abr-**o**	abr-**imos**
2人称	ach-**as**	ach-**ais**	beb-**es**	beb-**eis**	abr-**es**	abr-**is**
3人称	ach-**a**	ach-**am**	beb-**e**	beb-**em**	abr-**e**	abr-**em**

* i) 3人称複数形の語尾、-amと-em の発音は、それぞれ、二重鼻母音の [-ãũ] と [-ẽĩ] であることに注意すること。

  ii) 1人称単数形で、以下のような注意の必要な準規則動詞がある。

  a) -cer で終わる動詞の場合、常に c を ç に変えなければならない。
     例：parecer「見える」→ pareço
         vencer「負かす」→ venço

  b) -guer・-guir で終わる動詞の場合は、gu の u を取る。
     例：erguer「上げる」→ ergo
         distinguir「区別する」→ distingo

  c) -ger・-gir で終わる動詞では、g を j に変える。
     例：reger「支配する」→ rejo
         exigir「要求する」→ exijo

2）用法

① 現在の行為・状態、（現在に）近い未来の行為

Elas moram em Ipanema. 　彼女らはイパネマに住んでいる。

Ligo para você amanhã muito cedo. 　私は、明日早く君に電話する。

   * ligar para ～ 「～に電話をかける」

② 現在の習慣的・反復的行為

Os alunos estudam muito todos os dias.
　　生徒たちは、毎日、よく勉強している。
   * todos os dias (=todo dia)「(副詞句) 毎日」

O rapaz sempre aparece aqui no fim de semana.
　　その若者は週末にいつもここに現れる。

第 3 課

③ 普遍の真理

A Terra gira em torno do sol.　地球は太陽の周りを回っている。
* em torno de ~「~の周りを(= ao redor de ~)」

Todos são iguais perante a lei.　すべての人々は法の前で平等である。
* iguais「形容詞 igual の複数形」、perante「~の前で（前置詞）」

④ 歴史的な現在

Cristóvão Colombo chega no Novo Mundo em 1492.
クリストファー・コロンブスは 1492 年に新世界に到達する。
* 1492 : mil, quatrocentos e noventa e dois（→第 6 課 **3**）

O Brasil fica independente de Portugal em 1822.
ブラジルは 1822 年に独立する。
* 1822:mil, oitocentos e vinte e dois（→第 6 課 **3**）
  ficar independente de ~「~から独立する」

⑤ 命令や未来の行為を婉曲に示す

O senhor me resolve isso amanhã.
あなたは、明日、そのことを私のために解決してください［くださるでしょう］。

Vocês, alunos, só falam português aqui na sala de aula. O.K.?
君たち学生はこの教室ではポルトガル語だけを話すんですよ。いいですね。

3 指示詞

指示詞には、性・数変化しない中性の指示代名詞と、通常、名詞の前に置かれて、冠詞を伴わない性・数の変化をする指示形容詞とがある。指示形容詞は代名詞としても使われる。

1）中性の指示代名詞

isto	これ、このこと
isso	それ、そのこと
aquilo	あれ、あのこと

上表のように、この代名詞は具体的な物を指して、1 人称の人(私)の近くのもの「これ」、2 人称の人(話し相手)の近くのもの「それ」、3 人称の人の近くのもの「あれ」を、それぞれ指して使われる。抽象的な内容や状況などを指すこともできるだけなく、複数のものを指すこともできる。

53

例： Isto parece muito bom.　このことはとても良いように思われる。
　　por isso　それゆえに
　　Aquilo são memórias tristes.　あれは悲しい思い出です。

2） 指示形容詞・代名詞

意味	指示する名詞	
	男性名詞（複数）	女性名詞（複数）
この（これらの）、これ（これら）	este(s)	esta(s)
その（それらの）、それ（それら）	esse(s)	essa(s)
あの（あれらの）、あれ（あれら）	aquele(s)	aquela(s)

指示形容詞は冠詞を伴わず、通常、名詞の前に置かれて性・数変化をする。また、指示する名詞を省略して指示代名詞としても使われる。前出の２つの名詞について、este は「後者」、aquele は「前者」の意味で使われることもある。

例： este país「この国」　estes negócios「これらの取引」　essa causa「その原因」
　　aquele gato「あの猫」　aquelas laranjas「あれらのオレンジ」
　　esses meninos e meninas「それらの少年と少女」

Este é o senhor Nunes.　この方はヌーネスさんです。
Aqui estão uma menina alta e uma menina baixa; esta gosta de estudar e aquela não　ここに背の高い女の子と背の低い女の子がいます。後者は勉強することが好きで、前者はそうではありません。

3） 前置詞と指示詞との縮合形

de + este(s)　→　deste(s)		de + esta(s)　→　desta(s)	
de + esse(s)　→　desse(s)		de + essa(s)　→　dessa(s)	
de + aquele(s)　→　daquele(s)		de + aquela(s)　→　daquela(s)	
de + isto → disto　de + isso → disso　de + aquilo → daquilo			

em + este(s)　→　neste(s)		em + esta(s)　→　nesta(s)	
em + esse(s)　→　nesse(s)		em + essa(s)　→　nessa(s)	
em + aquele(s)　→　naquele(s)		em + aquela(s)　→　naquela(s)	
em + isto → nisto　em + isso → nisso　em + aquilo → naquilo			

a + aquele(s)　→　àquele(s)		a + aquela(s)　→　àquela(s)	
a + aquilo　→　àquilo			

* i) àquele(s), àquelas(s), àquilo は、それぞれ、aquele(s), aquela(s), aquilo と発音は同じである。

  ii) 上記の前置詞と指示詞は、通常、分離して書かれることはなく、また、この他の前置詞とは縮合することはない。

   A delegacia da polícia é à direta[à esquerda] desta rua.
   > 警察署はこの通りの右手に[左手に]あります。

   Ela é doentia. Por causa disso(=Por isso), sempre fica em casa.
   > 彼女は病弱です。それゆえ、いつも家にいる。

4 平叙文と疑問文のイントネーション

1）平叙文

① 肯定文

   Ele é japonês. （↘）　彼は日本人です。

② 否定文

   Ela não é brasileira. （↘）　彼女はブラジル人ではありません。

* i) 肯定文でも否定文でも、イントネーションは尻下がりになる。アクセントは音の強弱であるのに対し、イントネーションは音の高低であることに注意を要する。

  ii) 肯定文の語順は、通常、「主語＋動詞…」となり、否定文では、動詞の前に否定の副詞（não, jamais, nunca など）や否定の代名詞・形容詞（nada, nenhum など）が置かれる。

2）疑問文

① 疑問詞を伴わないとき

   Vocês são franceses? （↗）　君たちはフランス人ですか。

② 疑問詞を伴うとき

   Onde eles moram? （↘）　彼らはどこに住んでいますか。

   * onde「どこに」

* i) 疑問文は、文末に疑問符[？]を付ける。

  ii) 疑問詞を伴わない疑問文では、普通、平叙文と同じ語順である。時には「動詞＋主語…？」の語順をとることもあるが、その場合は、主語を強調するためであることが多い。そして、イントネーションは尻上がりとなる。

　　　　　Ele fala italiano?　彼はイタリア語を話しますか。
　　　　　Fala ele italiano?　彼がイタリア語を話すのですか。
　　iii) 疑問詞を伴う疑問文の場合、例文のように「動詞+主語」の語順となることが多いが、平叙文と同じ語順になることもある。いずれの語順でも、イントネーションは尻下がりとなる。

③ その他の疑問文に関する注意
　　a) 接続詞 ou「または」を用いた疑問文で、イントネーションは ou の前では尻上がりとなり、後では尻下がりとなる。
　　　　O senhor é casado(↗) ou solteiro?(↘)
　　　　　あなたは既婚ですか、それとも独身ですか。
　　b) 口語において、よく使われる付加疑問文：não é (verdade)? あるいは né?「本当ではありませんか」を文末に尻上がりのイントネーションで付けた形もある。
　　　　A senhora é médica, não é?　（↗）　　あなたは女医さんですね。
　　c) 否定疑問文への答え方に注意。
　　　　O senhor não é o dono deste restaurante?
　　　　　あなたはこのレストランの主人ではないのですか。
　　　— Sim, sou o dono deste restaurante.
　　　　　－いいえ、私はこのレストランの主人です。
　　　— Não, não sou o dono deste restaurante.
　　　　　－はい、私はこのレストランの主人ではありません。
　　＊ 否定疑問文では受け答えの sim と não に注意する。日本語では「〜ではないのですか」という疑問に対し、「いいえ〜です」「はい〜ではありません」となるが、ポルトガル語では内容の上で肯定であれば sim、否定であれば não となる。

練習問題

1. 各語に適当な指示詞を付けなさい。

   1)（この）escola　　　　　2)（それらの）flores　　　3)（あの）senhorita

   4)（あれらの）cachorros　　5)（これらの）gatos　　　6)（その）espelho

   7)（あれらの）barbearias　　8)（この）restaurante　　9)（この）rapaz

   10)（あれ）é a casa do senhor Sato.

   11)（この方）é o doutor Yamada.

2. 直説法現在に活用させなさい。

   1) esperar　　2) chegar　　3) telefonar　　4) encontrar　　5) amar

   6) conhecer　7) entender　8) escrever　　9) aprender　　10) eleger

   11) resistir　12) dirigir　13) distinguir　14) discutir　　15) cumprir

3. (　　)内の動詞の直説法現在の活用形を[　　]に入れて、訳しなさい。

   1) A criança [　　　　] futebol. (jogar)
   2) Você [　　　　] o sanduíche. (comer)
   3) Elas [　　　　] as portas. (abrir)
   4) Nós [　　　　] café da manhã na sala de jantar. (tomar)
   5) Vocês [　　　　] às perguntas. (responder)
   6) Eu [　　　　] amanhã para o Rio. (partir)
   7) Meu amigo [　　　　] o telefone imediatamente. (atender)

8) Com certeza todos [   ] as ideias de Pedro. (aplaudir)
9) Eu [   ] a conta sempre direitinho. (pagar)
10) Eles [   ] de ouvir música. (gostar)
11) Nós [   ] o radio para ouvir essa canção. (ligar)
12) Eu não [   ] você. (compreender)
13) Você [   ] ao meio-dia. (almoçar)
14) O amigo de Paulo [   ] holandês. (estudar)
15) Amanhã, esse filme [   ] a passar em Londres. (começar)
16) Ele [   ] de fumar de hoje em diante. (deixar)
17) Depois da aula, nós [   ] para casa. (voltar)
18) O senhor [   ] ao calor? (resistir)
19) O Brasil [   ] na América do Norte? (ficar)
20) Nesta região, raramente [   ]. (nevar)

4. 各語に指示形容詞 **(este/esse/aquele)** を適当な形に変えて付けなさい。

1) estrangeiros   2) moço   3) neto

4) noite   5) países   6) gomas

7) maçãs   8) mesas   9) épocas

10) maletas   11) peixes   12) situação

5. 日本語に訳しなさい。

1) Eu sempre tomo suco de laranja de manhã.
2) Isso é geladeira.
3) Ela nunca coloca açúcar no café.
4) Às vezes almoçamos no restaurante.

5) Ele raramente anda de bicicleta.
6) A Suíça é bonita.
7) Geralmente viajamos de avião.
8) Aquilo é um sabonete.
9) Sempre assistimos à televisão em casa.
10) Esta menina dorme logo depois de jantar.
11) Eu almoço antes de sair de casa.
12) Aquele médico é muito competente.
13) As alunas entram na sala de aula.
14) Alice volta para casa logo.
15) Ele toma banho todos os dias.
16) Você chama essa fruta de laranja?
17) Os jovens assistem ao filme.
18) Ninguém permite essas grosserias.
19) Eles precisam do dicionário.
20) Eu gosto muito de ouvir essas músicas.

第4課

1 estar の直説法現在

すでに見た **ser** 動詞が永続的な性質を示すのに対して、**estar** 動詞は一時的な状況を表わす。

1）活用

	単数	複数
1人称	estou	estamos
2人称	estás	estais
3人称	está	estão

2）用法

① 一時的な状態を表わす。

Estou são.　私（男）は健康です。

Ela está cansada hoje.　彼女は今日疲れています。

As casas estão vazias.　それらの家は空いています。

Ela está bem disposta a estudar agora.
　　彼女はいまとても勉強する気になっている。

＊補語になる形容詞は主語の性・数に一致する。

Eles estão de férias de verão.　彼らは夏休み中です。

A aluna está em pé.　その女生徒は立っています。

Ele está com sede.　彼は喉が渇いている。

＊　i)「estar com + 抽象名詞」の表現で、抽象名詞の示す状態を表わす。程度を強める場合には、muito などの強めの形容詞や不定冠詞を付ける。

この表現によく用いられる抽象名詞には、o azar「不運」、a sorte「運」、o calor「暑さ」、a dor「痛み」、o frio「寒さ」、o medo「恐れ」、o ciúme/os ciúmes「しっと」、a raiva「怒り」、a pena「哀れみ、同情」、a pressa「急ぎ」、a vontade「意欲」、a inveja「ねたみ」、as saudades「懐かしさ」、a preguiça「怠惰、のろさ」、a vergonha「恥」などがあり、強調する場合などを除いて、通常は冠詞なしで用いられる。

Ela está com uma fome.　彼女はとてもお腹が空いている。

Ana está com saudades de casa.　アナはホームシックになっている。

Alice está com pena do cachorro doente.
　アリセはその病気の犬を可哀想に思っている。

Carlos está com muito medo do resultado do exame de sangue.
　カルロスは血液検査の結果をとても恐れている。

O senhor está com vontade de ir ao cinema ?
　あなたは映画を観に行きたいですか。

ii)「動詞 andar com ＋抽象名詞」の表現も最近の状態を表わす。

Ele anda com ciúme do amigo.　この頃、彼はその友人にしっとしている。

iii)「動詞 ter ＋抽象名詞」(→ 第 6 課)の形で同様の意味を表わすことができるが、文脈によっては繰り返しや継続的な状態を表わすこともできる。

Estou com dor de cabeça.　私は頭が痛い。

Sempre tenho dor de cabeça depois da aula.
　授業の後に、私はいつも頭が痛くなる。

[tenho = ter の 1 人称単数形 → 第 6 課]

② 物や人などの所在を示す。

Estamos em frente do teatro municipal.　私たちは市立劇場の前にいます。

O carro está ali na esquina.　その車はあそこの角のところにあります。

＊不動産、その他の動かない物のある場所を示すのは ser を用いるのが普通である。

③ 非人称的な用法として 3 人称単数形で、主語は現れず、気候・寒暖を表わす。補語として（男性単数形の）形容詞や名詞がくる。

Hoje está bom tempo (= Hoje o tempo está bom).　今日は天気が良い。

Está abafado (quente・frio) agora.　今は蒸し暑い（暑い・寒い）。

④ 進行形の表現において、現在分詞と結びつき、助動詞として用いられる（→第 7 課）。

2 ser と estar の相違

A escola é ali.　学校はあそこにあります。

A mesa está aqui.　テーブルはここにあります。

＊動かないものと動くものの違い。

O gelo é frio.　氷は冷たい（ものである）。
A água está fria.　水は冷たくなっている。
Pedro é velho.　ペドロは年寄りである。
Pedro está velho agora.　（以前とは異なり）ペドロはもう年老いている。
＊永続的な性質と現在の状態の違い。
Ele é bom(mau).　彼は善良（邪悪）である。
Ele está bom(mau).　彼は健康（病気）である。
Aquele menino é vivo.　あの少年は敏捷である。
Aquela menina está viva.　あの少女は生きている。
＊上記のように形容詞によっては ser と estar で意味が異なるものもある。

3 場所を表わす副詞
1）場所の副詞
　　　1人称のそば　：　aqui「ここに」、cá「こちらへ」
　　　2人称のそば　：　aí「そこに」
　　　3人称のそば　：　ali「あそこに」、lá「あちらへ」

2）前置詞 de との縮合形
　　　de + aqui = daqui　　（ここから、今から、この理由から）
　　　de + aí = daí　　　　（そこから、それから、その理由から）
　　　de + ali = dali　　　（あそこから、あれから、あの理由から）

　　＊ de との縮合形は、場所に言及するだけでなく、時や理由も表わすことがあることに注意が必要である。a は到達地点や時点を表わす。
　　　Essa chácara fica a dois quilômetros dali.
　　　　その別荘はあそこから2kmのところにある。
　　　Leva dez minutos ir a pé daí até à[a] estação.
　　　　ここから駅まで歩いて10分かかります。
　　　Daí, não gosto muto daquele moço.
　　　　それだから、あの若者があまり好きではありません。

3）場所を表わす副詞句
　　　A revista está em cima da mesa.　(em cima de ～)
　　　　その雑誌はテーブル<u>の上</u>にある。

Essa faca está em baixo da cadeira. (em baixo de~)
   そのナイフは椅子の下にある。
O mapa está acima do telefone. (acima de~)
   その地図は電話の上方にある。
O caderno está à esquerda da pasta. (à esquerda de~)
   そのノートは書類かばんの左側にある。
A caneta esferográfica está à direita do livro. (à direita de~)
   そのボールペンはその本の右側にある。
O lápis está entre a borracha e o livro. (entre ~ e…)
   その鉛筆は消しゴムと本との間にある。
O computador está em frente da televisão. (em frente de~)
   そのコンピュータはテレビの前にある。
O caderno está bem atrás do quadro. (atrás de~)
   そのノートはちょうど絵の後ろにある。
O banheiro fica no fundo do corredor, à direita. (no fundo de~)
   トイレ［浴室］は廊下の奥の右側にある。

4 文型

ポルトガル語の文型は、実用的には６つあると考えるほうが良い。
「主語」と「目的語」を構成する品詞は名詞［名詞句・名詞節］であり、「補語」は形容詞［形容詞句］あるいは名詞［名詞句］のいずれかである。
「主格補語」と「目的格補語」の形容詞は、それぞれ「主語」と「目的語」に性・数が一致する。
「特定の前置詞」と結びついて目的語をとる動詞は、「関係動詞」とも呼ばれるが、熟語として覚えると良い。
副詞［副詞句・副詞節］は文型に影響を及ぼさない。

1）「主語＋動詞（自動詞）」
   Gabriel chora muito.　ガブリエルはよく泣く。
   Muitos estrangeiros moram aqui.　多くの外国人がここに住んでいる。

2）「主語＋動詞（自動詞）＋（主格）補語」
   Ela está satisfeita.　彼女は満足している。
   Eles são turistas.　彼らは観光客です。

3)「主語＋動詞（他動詞）＋目的語」

    Antônio gasta muito dinheiro recentemente.
        アントニオは、最近、多くのお金を使う。
    Ele deseja tomar café.
        彼はコーヒーを飲みたがっている。
            (tomar café が目的語)
    ＊ 次のような場合には、直接目的語の人[物]の前に前置詞 a を付ける。
      i) とくに目的語を強調・明確化するとき。
          A Carlos ama Helena.　エレーナが愛しているのはカルロスです。
      ii) 神に関する慣用的な表現において。
          Devemos louvar a Deus.　我々は神をほめたたえなければならない。
      iii) そのほか、感情を示す動詞と使われる際に。
          Ela ama a outro homem?　彼女は他の男を愛しているのですか。

4)「主語＋動詞（他動詞）＋目的語＋（目的格）補語」

    O presidente nomeia Francisco chefe da seção.
        社長はフランシスコを課長に任命する。
           （nomeia → 不規則動詞 nomear の 3 人称単数形）
    Os colegas elegem José líder.
        その仲間たちはジョゼをリーダーに選ぶ。

5)「主語＋動詞（自動詞）＋特定の前置詞＋目的語」

    Maria acaba de tomar lanche.　(acabar de ~)
        マリアは軽食を摂ったばかりです。
    O príncipe herdeiro deixa de falar em público.　(deixar de ~)
        皇太子は人前で話すことをやめる。
    ＊ 関係動詞の他の例。

aprender a	「…することを習う」
bater em[a]	「…を叩く」
depender de	「…に依存する/に依る」
começar a	「…し始める」
gostar de	「…（すること）が好きである」
obedecer a	「…に従う」
pertencer a	「…に属する」

第 4 課

6）「主語＋動詞（他動詞）＋目的語＋特定の前置詞＋目的語」

Eu envio uma carta a Neto. （＝ Eu envio a Neto uma carta.） (enviar ~ a …)
　私はネートに手紙を出す。

O professor aconselha esse aluno a estudar aplicadamente. (aconselhar ~ a …)
　先生はその生徒に熱心に勉強するようにと忠告している。

＊ 代名詞ではない間接目的語は、動詞の直後にあっても必ず前置詞を必要とすることに注意。

O médico dá ao paciente muitos remédios. (dar ~ a …)
　医者はその患者にたくさんの薬を与える。
　　（dá → dar の直説法現在 3 人称単数形）

5 文の種類と接続詞

文は、構造による分類では以下のような 4 つに分けられる。

1）節を含まない文：単文

2）等位節を含む文：重文

3）従属節を含む文：複文

4）等位節と従属節を含む文：混文

重文は、以下に掲げるように複数の単文が等位接続詞などで結合されたものであり、複文は従位接続詞などで結合されたものである。混文では重文と複文が同時に現れている混合の文である。

＊ i）　さらには、1）事実を述べる平叙文、2）疑問を表わす疑問文、3）命令・禁止などを表わす命令文、4）強い感情表現を表わす感嘆文、に分類できる。

　ii）　以下に、主な接続詞を示す。接続詞には、上記のとおり、語・句・節を対等の関係で連結する**等位接続詞**と、接続詞で導かれる節を文の他の部分に従属する関係で連結する**従位接続詞**の 2 つがある。

等位接続詞：e「～と、そして」、nem「～も～もなく」、ou「または、あるいは」、mas「しかし」、porém「しかしながら」、portanto「それゆえ」；**等位相関接続詞**：não só … mas também ~「…だけでなく～もまた」、ou … ou ~「…か～か」、quer … quer ~「… かまたは ～」、など。

従位接続詞：pois「それゆえに」、porque「なぜならば」、como「～なので、～のように」、se「もし～ならば」、caso「もし～の場合は」、embora「たとえ～でも」、quando「～するときに」、enquanto「～する間に」；**従位相関接続誌**：uma vez que「～であるからには」、para que「～するために」、de modo que「～するように、したがって」、contanto que「もし～ならば」、mesmo que「たとえ～でも」、apesar de que「～にもかかわらず」、antes que「する前に」、até que「～するまでに」、logo que「～するとすぐに」、assim como「～と同様に、～するとすぐに」、など

[時を表わす副詞（句）] ①

hoje	今日	ontem	昨日
amanhã	明日	anteontem	一昨日
depois de amanhã	明後日	hoje de manhã; esta manhã	今朝
hoje à noite; esta noite	今晩		
ontem à noite; a noite passada	昨夜	daqui a oito dias	来週の今日
		oito dias atrás; faz oito dias	先週の今日
outro dia	先日		
de [pela] manhã	朝に／午前に	de madrugada	明け方に
de dia; durante o dia	日中に	de [à] tarde	午後に
de noitinha	夕方に	de [à/pela] noite	夜に
à meia-noite	真夜中に	ao meio-dia	正午に
nesse dia	その日に	a estas horas	この時刻に
um dia	ある日	nessa noite	その晩に
nesse tempo	当時	no dia seguinte	次の日に
agora	今	antes	以前
daqui a pouco; em pouco tempo	間もなく	antes de ~	～の前に
		depois	後で
logo; em breve; faz pouco tempo	すぐに ついさっき	depois de ~	～のあとで
cedo	早く	tarde	遅く
recentemente	最近	antigamente	昔

[時を表わす副詞（句）] ②

em outra ocasião	別の折に	às [por] vezes; de vez em quando	ときどき
normalmente	普通		
sempre	いつも	constantemente; incessantemente	絶えず
raramente; raras vezes	まれに		
de repente	突然	imediatamente	直ちに
todo o dia; o dia todo; o dia inteiro	1日中	toda a noite; a noite toda	一晩中
todo o mês; o mês todo	1か月ずっと	todo o ano; o ano todo	1年中
no mês passado	先月	no mês retrasado	先々月
toda a semana; a semana toda	1週間ずっと	todos os dias; todo dia	毎日
na semana passada	先週	na semana retrasada	先々週
todas as semanas	毎週	todos os meses	毎月
todas as noites	毎夜	todos os anos	毎年
no ano passado	去年	no ano retrasado	一昨年
cada cinco minutos	5分毎に	cada hora	毎時間
cada dois dias	2日毎に	por volta das duas e meia	2時半頃に

練習問題

1. 各文の主語を複数形にして、書き直しなさい。

   1) A mesa é grande.
   2) O hotel é confortável.
   3) O papel é grosso.
   4) A janela é marrom.
   5) O bar está cheio.
   6) O gato é preto.
   7) O casal está feliz.
   8) O quintal está limpo.
   9) A canção é bonita.
   10) O teste é fácil.
   11) O ônibus chega logo.
   12) O cantor canta muito bem.
   13) O anel é de ouro.
   14) O hotel é ruim.
   15) O pires está em cima da mesa.
   16) A caderneta é azul.
   17) Eu como muito pão.
   18) O trem é muito rápido.
   19) Este jogador é muito bom.
   20) Aquele país é frio.

2. （ ）に **em, no, na, nos, nas** のいずれかを入れ、訳しなさい。

   1) Maria está (　　) Cuba.
   2) Pedro está (　　) China.
   3) Elas estão (　　) Estados Unidos.
   4) Marta está (　　) Rio de Janeiro.
   5) Eu estou (　　) México.
   6) Vocês estão (　　) Brasil.
   7) João está (　　) Paris.

8) Andrade está (　　　) avião.
9) O livro está (　　　) mesa.
10) A água está (　　　) garrafa.
11) A caneta está (　　　) caixa.
12) O papel está (　　　) cadeira.
13) O cachorro está (　　　) sofa.
14) O gato não está (　　　) cama.
15) Ele está (　　　) banheiro.

3. **ser** あるいは **estar** の現在の活用形を（　　　）内に入れて、全文を訳しなさい。

1) O que (　　　) isto?〔o que：「何」の意味の疑問代名詞〕
　— Isso (　　　) geladeira.
2) Hoje (　　　) quente (frio).
3) Nós (　　　) contentes.
4) Os copos (　　　) na mesa e (　　　) de cristal.
5) Portugal (　　　) o país bonito.
6) O que (　　　) isso?
　— Isto (　　　) um celular.
7) Tereza, o café (　　　) pronto?
8) Este lenço (　　　) de Maria.
9) O que (　　　) aquilo?
　— Aquilo (　　　) uma caderneta.
10) Aquela médica (　　　) excelente?
　— Sim, ela (　　　) muito excelente.
11) O quarto (　　　) por limpar.
12) As moças (　　　) de pé sobre a ponte.
13) Este cachorro (　　　) mau?
　— Não, ele (　　　) um cachorro manso.
14) O garção (　　　) de serviço[férias].
15) O ônibus (　　　) para sair.

16) Ele (   ) nervoso com os exames.
17) Você (   ) uma pessoa contente de tudo.
18) O primeiro dia da semana (   ) o domingo.
19) Pedro (   ) com sede.
20) Elas (   ) muito baixas.
21) O dia (   ) bonito hoje.
22) O quarto (   ) escuro, pois (   ) com a luz apagada. [apagado：消えた]
23) Eles (   ) de óculos.
24) A cadeira não (   ) pequena.
25) Os alunos (   ) na sala do professor.
26) Dezembro (   ) o último mês do ano.
27) A Rua da Liberdade (   ) estreita.
28) O livro (   ) junto ao caderno.
29) Hoje (   ) quinta-feira.
30) O café da manhã (   ) na mesa.
31) Neste inverno (   ) muito frio.
32) Ele (   ) argentino mas (   ) na Espanha.
33) O quadro-negro (   ) na frente da estante de livros.
34) O copo (   ) cheio ou vazio?
35) O relógio (   ) de José e (   ) dez minutos atrasado. [atrasado：遅れた]
36) O arroz, o feijão e a galinha (   ) no prato raso.
37) As lições de grámatica (   ) fáceis ou difíceis?
38) O Brasil (   ) uma república federativa.
39) Você (   ) alto ou baixo?
40) A porta (   ) fechada ou aberta?
41) Você (   ) na aula de inglês ou de francês?
42) Aquele colega não (   ) contra os alunos.
43) Vocês (   ) sob o teto e sobre o assoalho.
44) Nós (   ) sob o telhado da casa.
45) Ela (   ) bem?
    — Não, ela (   ) un pouco resfriada.

第3章

第5課
1. 冠詞の用法
2. 人称代名詞：弱勢代名詞

第6課
1. 基本動詞の用法（1）： **ter**・**haver** の直説法現在
2. 所有詞
3. 基数
4. 加減乗除

第5課

1 冠詞の用法
1）定冠詞
定冠詞は、すでに話題となった特定の名詞にだけでなく、以下のような場合にも付けられる。

① 敬称・称号を表わす名詞に。
o doutor Gomes　ゴメス博士　　a senhorita Maria　マリア嬢

② 総称する名詞（単数・複数形）や抽象名詞（単数）に。
a sinceridade　誠意　　o homem　人間
＊「不定冠詞＋単数名詞」や無冠詞の複数名詞でも表わせる。

③ 国・大陸・島・山・川・都市・海・湖などの固有名詞に。
o Japão　日本　　　　o Brasil　ブラジル　　　a Europa　ヨーロッパ
o Prata　ラプラタ川　　o Nilo　ナイル川　　　o Pacífico　太平洋
o mar Negro　黒海　　o monte Fuji　富士山
os Grandes Lagos　五大湖

＊ i) 国名の中には付けないものもある。
　　a) ポルトガル Portugal 及びポルトガル語を公用語とする諸国：
　　　Angola「アンゴラ」、Cabo Verde「カーボ・ベルデ」、Moçambique「モザンビーク」、São Tomé e Príncipe「サントメ・プリンシペ」
　　　例外：a Guiné-Bissau「ギニア・ビサウ」
　　b) Cuba「キューバ」、Guatemala「グアテマラ」、Israel「イスラエル」、Mônaco「モナコ」、Porto Rico「プエルトリコ」など
　　　cf. (a) Espanha「スペイン」、(a) França「フランス」、(a) Inglaterra「イギリス」、(a) Holanda「オランダ」などには付けないこともある。

　ii) 都市名・州名などは、原則として付けないが、普通名詞から由来した場合には付ける：a cidade do Rio de Janeiro「リオ・デ・ジャネイロ市」、o Porto「ポルト」など。Havana「ハバナ」、Lisboa「リスボン」、Nova York[Iorque]「ニューヨーク」、Paris「パリ」などは冠詞を伴わない。ブラジルの州のうち Alagoas「アラゴアス」、Goiás「ゴイアス」、Mato Grosso「マット・グロッソ」、Minas Gerais「ミナス・ジェライス」、Pernambuco「ペルナンブコ」、Santa Catarina「サンタ・カタリナ」、São Paulo「サンパウロ」、Sergipe「セルジペ」は冠詞を伴わない。

iii) 都市名に限定語句がある場合には、a cidade の省略形として女性定冠詞がつく：a Nagóia da época de Showa　昭和期の名古屋市

④ 歴史上の人物や、その通称名に。
　　o Napoleão　ナポレオン　　o Tiradentes　チラデンテス

⑤ 口語において、親しい間柄の人や子供に。
　　a Gracinha　グラッサちゃん　　o Zé　ジョゼ君

⑥ 定冠詞（複数形）を姓の複数形に付けて、その家族や夫妻を示す。
　　os Almeidas　アルメイダ家の人々　　os Coelhos　コエーリョ一族

⑦ 通常、複数形で、著名な芸術家などの名前に付けて、その人の作品を表わしたり、単数・複数形で「そのような人たち」を表わしたりもする。
　　os Amado　　（ジョルジェ）アマードの作品
　　os Napoleões　ナポレオンのような人たち

⑧ 単位を示す語に付けて、「…につき」の意味になる。
　　cem reais o quilo　1キロ100レアル
　　três mil ienes o dia　1日3000円

⑨ 名詞の反復使用を避けて、代名詞として使われる。
　　o festival da primavera e o do inverno　春の祭典と冬の祭典

２）不定冠詞

初めて話題にされる不特定の可算名詞に付けられる。その他、以下のような場合にも使われる。

① 単数名詞に付けて「総称」を示すことがある。
　　Um homem bravo não teme nada.　勇敢な男は何物も恐れない。

② 単数名詞に付けて、とくに感嘆文において「強調」を表わすことがある。
　　Estou com uma sede!　私はとても喉が渇いているのです！
　　Aquela moça é uma beleza.　あの娘は非常に美しい。

③ 複数形 **uns**・**umas** は数詞の前に置かれると「およそ」の意味を持つ。
　　uns quarenta meninos　およそ40人の少年
　　umas centenas de maçãs　数百のりんご
　　＊複数形は「いくつかの・幾人かの」の意味を持つ不定形容詞 aluguns・algumas と同じように使われることもある（→第8課）。

④ 著名人の名前に付けて、「～のような人物」または「～の作品」の意味になる。
   um César　シーザーのような人　　um Dali　ダリの絵

⑤ 普通の人の名前に付けて、「～とかいう人」あるいは「～家の人」の意を持つ。
   um Roberto　ロベルトとかいう人

3）冠詞の省略
以下のような名詞には冠詞を付けない。

① 呼びかけ、感嘆を表わす名詞
   Senhor Gonçalves, como vai?
   　　ゴンサルヴェスさん、ご機嫌いかがですか。

② 科目・国語名を表わす語が **falar**・**entender**・**aprender**・**estudar**・**ensinar** などの目的語もしくは前置詞 **de**・**em** の後に使われる場合
   Falo inglês e alemão.　私は英語とドイツ語を話します。
   Eles estudam matemática todos os dias.
   　　彼らは、毎日、数学を勉強している。
   a revista de italiano　イタリア語の雑誌
   cf. o dicionário do francês　そのフランス人の辞書
   ＊ 楽器が tocar の目的語になったりした場合にも冠詞をつけない。
   　　Ela toca piano muito bem.　彼女はピアノをとてもうまく弾きます。

③ 国籍・職業・身分を示す補語の名詞
   Este senhor é cientista.　この方は科学者です。
   A senhora é enfermeira?　あなたは看護師ですか。
   ＊ 不定冠詞を付けると、強まった意味になることがある。また、形容詞などで修飾　　されている場合には、通常、冠詞が置かれる。
   Ele é um empresário.　彼はひとかどの企業家である。
   Ela é uma advogada excelente.　彼女は優れた弁護士です。

④ **casa** が主語の「家・家庭」であるとき　　**cf.** a casa 「家屋」
   Volto para casa muito cedo.　私はとても早く帰宅します。
   Alguns estão em casa.　何人かは在宅している。

⑤ 複数形で種類全体を示すとき
　　Geralmente o povo do Japão adora flores.
　　　　一般に日本の人々は花が大好きです。
　　cf. Eu não adoro as flores fedorentas.
　　　　　私は悪臭をその放つ花が好きではありません。

2　人称代名詞：弱勢代名詞
1）直接目的格の人称代名詞

	単数		複数	
1人称	me	私を	nos	私たちを
2人称	te	お前を	vos	お前たちを
3人称	o, a	彼を、彼女を あなたを	os, as	彼らを、彼女らを あなた方を

① 直接・間接目的格の人称代名詞と再帰代名詞（→第7課）の位置は、口語の場合、副詞 **[ainda, talvez, ontem, bastante, sempre, também, muito, pouco** など**]**・否定語 **[nunca, não, ninguém** など**]**・指示代名詞・主格人称代名詞・関係詞・疑問詞 **[quem, que, onde** など**]**・接続詞 **[que, quando, se, como** など**]**・不定代名詞／形容詞 **[alguém, algum, qualquer** など**]** 等が動詞に先行しているときは、動詞の前に置かれることが多い。それ以外の場合はハイフンでつないで動詞の後に置く。

　Conheço-o muito bem.　私は彼をとてもよく知っている。

　＊ 鼻音で終わる動詞の活用語尾 -m, -ão, -õe に o/os/a/as が続く場合は、no/nos/na/nas になる。

　　Amam-na cordialmente.　彼らは彼女を心から愛している。

　ただし3人称複数男性形の代名詞が続く場合、下記のように意味にあいまいさが生じる。
　　　encontram + os　→　encontram-nos
　　　encontram + nos　→　encomtram-nos
　そのような場合、ブラジルでは、通常、動詞の前に代名詞を置くことにより上記の形を避ける。

② **o(os)・a(as)** は人だけでなく、性・数に従って名詞を受けて、それ（それら）を表わすことができる。

③ **r・s・z** で終わる動詞の（活用）語尾に **o(os)・a(as)** が続く場合は、それぞれ、**lo(los)・la(las)** となり、**r・s・z** は脱落する。ハイフンの前の母音にアクセントがあるとき、**-a, -e, -o** にはアクセント記号をつける。

  amar+o → amá-lo beber+a → bebê-la abrir+os → abri-los
  lemos+o → lemo-lo
   [lemos → ler（読む）の直説法現在形の1人称複数形]
  diz+os → di-los
   [diz → dizer（言う）の直説法現在形の3人称単数形]

* i)「助動詞＋本動詞」の形に3人称の直接目的格の代名詞が続くときや、副詞 eis「ここに（そこに）～がある」のあとに3人称の直接目的格の代名詞が続くときも同様のことが起こる。

 Vou vender este carro. → Vou vendê-lo.
 私はこの自動車を売るつもりです。 → 私はそれを売るつもりです。
 Eis + a → Ei-la.　ここに彼女がいる。

ii)「助動詞＋本動詞」の形に3人称以外の直接目的格の代名詞が続くときは、助動詞と本動詞の間に置かれる。

 Ele vai me explicar bem.　彼は私によく説明するでしょう。

④ 2人称の **te** は口語では **você** の目的格として広く用いられている。**vos** は特殊な場合にしか使われない（→第2課　**2** 主格人称代名詞 **vós** の用法）。

⑤ 3人称の目的格の代名詞を示す **o(os)・a(as)** の代わりに、口語では主格の代名詞を用いることが多い。その場合には動詞の後に置かれる。前置詞 **a** を用いることで目的格であることをよりはっきり示す場合もある。とくに目的語を強調するために下の3つ目の例文のように、目的格の代名詞と同時に「前置詞 **a** ＋主格の代名詞」を用いることがある。

 Não entendo o senhor. (= Não o entendo.)
  あなたのおっしゃることが分かりません。
 Encontro você hoje de noite. (= Encontro-a[o] hoje de noite.)
  今日の夜、君に会います。
 Não a amo a ela.
  私は彼女を愛しているのではない。

Devemos ajudar a mãe.
→ Devemos ajudar ela. (= ajudá-la)
　私たちは母を手伝わなければならない。
　→私たちは彼女を手伝わなければならない。

Deixo as cartas em cima da mesa.
→ Deixo elas em cima da mesa. (= Deixo-as)
　私は食卓の上に手紙を置き忘れる。
　→ 私は食卓の上にそれらを置き忘れる。

２）間接目的格の人称代名詞

	単数		複数	
１人称	me	私に	nos	私たちに
２人称	te	お前に	vos	お前たちに
３人称	lhe	彼を、彼女に あなたに	lhes	彼らに、彼女らに あなた方に

① 間接目的格の人称代名詞の位置は、直接目的格の人称代名詞の位置に準じる。

② **lhe・lhes** は、口語においては、普通、意味上の２人称に対して使われるため、意味上の３人称には **a[para] ele(s)・a[para] ela(s)** を用いる。その際には、動詞の後に置かれる。

③ 直接目的格の代名詞と同様に、口語では **você** に対しては **tu** に対する間接目的格の代名詞である **te** を使うのが普通である。**vos** は特殊な場合にしか使われない（→第２課　**2** 主格人称代名詞 **vós** の用法）。

④ まれであるが、強調のために、間接目的格の代名詞と重複して、**a[para] ele(s)・a[para] ela(s)・a[para]**（代）名詞が使われることがある。

A mim o professor ensina-me tudo.
　私には先生はすべてを教えてくれる。

Aos médicos você deve confessar-lhes a verdade.
　君は医者には本当のことを告白しなければならない。

⑤ 間接目的格の代名詞の後に、身体の一部や個人の所有物などが来るとき、その代名詞が所有形容詞（→第６課）の働きをすることがある。

Ela me corta o cabelo.
　彼女は私の髪の毛を切ってくれる。

⑥ 利害・与奪動詞 (**comprar・roubar・tirar・tomar** など) と共に使われる間接目的格の代名詞は、「…から」の意味になることがある。

O ladrão me rouba o dinheiro.
 その泥棒は私から[私の]お金を盗む。

Compro uma flor a ele[dele].
 私は彼から花を1本買う。

 ＊ 口語においては意味上の3人称には a ele(s)・a ela(s)を用いる。a の代わりに para を用いると「…（のため）に」を意味する

3） 前置詞格の人称代名詞

	単数	複数
1人称	mim　　私	nós　　私たち
2人称	ti　　お前	vós　　お前たち
3人称	主格人称代名詞と同形	

① 前置詞 **com** の後に、1・2人称の代名詞が続くと以下のように縮合する。

 com + mim　→　comigo　　　　com + nós　→　conosco
 com + ti　　→　contigo　　　　com + vós　→　convosco

 ＊ com + nós と com + vós は、それらの直後に、数詞や todos, outros, mesmo, próprios, ambos が続く場合には、縮合せずに com nós, com vós の形のままになる。

Aos sábados ele almoça conosco.
 土曜日には、彼は我々と昼食を摂る。

Aos sábados ele almoça com nós todos.
 土曜日には、彼は我々みんなと昼食を摂る。

Aos sábados ele almoça com nós três.
 土曜日には、彼は我々3人と昼食を摂る。

② 前置詞 **de, em** に3人称の代名詞が置かれると、次のように縮合する。

 de + ele(s)　→　dele(s)　　　　de + ela(s)　→　dela(s)
 em + ele(s)　→　nele(s)　　　　em + ela(s)　→　nela(s)

Eu sempre penso nela.　私はいつも彼女のことを考えている。

* o(s) senhor(es)・a(s) senhora(s)との縮合は定冠詞との縮合の場合と同じことが起こる。

de + o(s) senhor(es)　→　do(s) senhor(es)
de + a(s) senhora(s)　→　da(s) senhora(s)
em + o(s) senhor(es)　→　no(s) senhor(es)
em + a(s) senhora(s)　→　na(s) senhora(s)

4）**間接・直接目的格代名詞の縮合形**

① 間接目的格代名詞と直接目的格代名詞が重なる場合には、間接目的格代名詞の方が先に置かれる。また、3人称の直接目的格の代名詞が続くとき、以下のように縮合する。

me　+　o, os, a, as　→　mo, mos, ma, mas
te　+　o, os, a, as　→　to, tos, ta, tas
lhe　+　o, os, a, as　→　lho, lhos, lha, lhas
nos　+　o, os, a, as　→　no-lo, no-los, no-la, no-las
vos　+　o, os, a, as　→　vo-lo, vo-los, vo-la, vo-las
lhes　+　o, os, a, as　→　lho, lhos, lha, lhas

② 上記の縮合形は、動詞の前でも後でも起こる。そして、動詞の後に置かれるときは、ハイフンで結ばれる。

③ この縮合形は文語的であり、口語では、通常、次のようにして避けられる。

a） 一方の代名詞（大部分の場合、直接目的格代名詞）を省略する。
Aquela casa é minha. Eu lhe mostro depois. (←lha)
　あの家は私のです。後で君に（←君にそれを）を見せます。

b） 間接目的格代名詞を「前置詞＋人称代名詞」に変える。
Ela o explica a ele. (←lho)
　彼女は彼にそのことを説明する。

練習問題

1. 国名を示す名詞に定冠詞を付けなさい。不要な場合は×を付けなさい。

1) Estados Unidos	2) Canadá	3) México	4) Cuba
5) Jamaica	6) Costa Rica	7) Haiti	8) Israel
9) Honduras	10) Panamá	11) Argentina	12) Uruguai
13) Equador	14) Colômbia	15) Chile	16) Paraguai
17) Venezuela	18) Peru	19) Bolívia	20) Portugal
21) Espanha	22) Alemanha	23) Itália	24) Bélgica
25) Holanda	26) Suíça	27) Áustria	28) Dinamarca
29) Finlândia	30) Suécia	31) Noruega	32) Polônia
33) Checa	34) Hungria	35) Bulgária	36) Romênia
37) Grécia	38) Rússia	39) Japão	40) Índia
41) Coreia do Sul	42) China	43) Indonésia	44) Cingapura
45) Tailândia	46) Nepal	47) Paquistão	48) Bangladesh
49) Filipinas	50) Vietnã	51) Mongólia	52) Myanmar

2. 目的格の代名詞 **o, a, os, as** のいずれかを用いて、文を書き換えなさい。

例：Eu pego o livro. → Eu o pego.

1) Ele lava os pratos. →

2) O garçom atende a moça. →

3) Nós compramos as flores. →

4) Você leva os livros para casa? →

5) Ela vende as passagens? →

6) Eu não pego as chaves. →

7) Ela espera o amigo. →

8) Ela compra a caneta. →

3. イタリックの部分を代名詞に変えて、文を作り直しなさい。

1) Nós ligamos *a televisão*.

2) Eu não compreendo *espanhol*.

3) Eles abrem *as portas*.

4) Eu visito *Helena* todos os dias.

5) *A amiga de Carlos* estuda *holandês*.

6) Elas encontram *a diretora da escola*.

7) Vocês precisam comprar *um carro novo*.

8) Conheço *o gerente do museu*.

9) Ele emprega *os imigrantes italianos*.

10) Não conheço *as regiões do Brasil*.

11) *Maria e Paula* visitam São Paulo no carro de *Pedro*.

12) Desejo resolver *o trânsito caótico*.

13) *O agricultor* planta *as sementes*.

14) *Os médicos* socorrem *a minha amiga e eu*.

15) *A indústria brasileira* não fabrica *carros de luxo*.

4. [　] に、**por, pelo, pela, pelos, pelas** の内の１つを選んで入れなさい。

   1) O ônibus passa [　　　　] Copacabana e também [　　　　] Barra.
   2) Eu estudo português três vezes [　　　　] semana.
   3) Sérgio puxa a menina [　　　　] cabelos.
   4) Célia ainda conta [　　　　] dedos.
   5) Gabriel reza [　　　　] pessoa muito doente.
   6) Ela manda este livros [　　　　] correio.
   7) Jorge passa [　　　　] aqui, para receber o relatório.
   8) Você não deve puxar esse menino [　　　　] braço.

5. 色を表わす名詞を訳しなさい。

   1) branco   2) preto   3) vermelho   4) amarelo

   5) azul   6) marrom   7) verde   8) bege

   9) cinza   10) dourado   11) roxo   12) rosa

第6課

1 基本動詞の用法（１）：ter・haver の直説法現在

１）ter・haver の活用

	ter		haver	
	単数	複数	単数	複数
１人称	tenho	temos	hei	havemos
２人称	tens	tendes	hás	haveis
３人称	tem	têm	há	hão

* i) 発音上、tem と têm の区別はない。
  ii) ter も haver も、完了時制において助動詞として使われる。ただし、haver を用いると、文語的なニュアンスを伴う。

２）ter の用法
  ① 所有を表わす。主語には生物も無生物もとることができ、目的語に具象名詞も抽象名詞もくる。
   Eu tenho dois filhos e uma filha.　私には２人の息子と１人の娘がいます。
   Essa casa tem um jardim muito bonito e também uma garagem ampla.
    その家にはとても素敵な庭と広いガレージもついています。
   Aquela mulher deve ter uns quarenta anos.
    あの女性は４０歳ぐらいに相違ない。
   Eles têm interesse em visitar o Japão neste ano.
    彼らは、今年、日本を訪れることに関心がある。
   O rapaz não tem bom apetite cedo de manhã.
    その若者は、朝早くにはあまり食欲がない。
   Ele não tem educação.　彼には教育がない。

* i) すでに第４課でみたように、一時的な状態を示すときには、「estar + com + 抽象名詞」の表現が使われるのに対して、常時、ある状態にあることを表わすには、「ter + 抽象名詞」の形を用いるのが普通である。
   Neste momento estou com fome.　今、私はお腹が空いています。
   Tenho muito medo de cachorros.　私は犬がとても怖い。
   Esta menina tem pouca iniciativa.　その少女はあまり自主性がない。

83

ii) ter を用いた以下のような慣用表現がある。
　　ter jeito para ～：～する才[コツ]がある
　　　　Ela tem jeito para desenho.　彼女は絵を描く素質がある。
　　ter a ver com ～：～と関係がある
　　　　Isto tem a ver com os problemas econômicos.
　　　　　これは経済問題と係わりがある。
　　não ter nada a ver com ～：～とは無関係である
　　　　Esse negócio não tem nada a ver com eles.
　　　　　その事柄は彼らとは何の関係もない。
　　não ter culpa de ～：～の責任（落ち度）ではない
　　　　Este menino não tem culpa de ser pouco habilidoso.
　　　　　この少年があまり器用ではないのは彼のせいではない。

② 非人称的に３人称単数形で存在を表わす。意味上の不特定の主語が **tem** の後に置かれる。（→**haver** の **há** の用法の①）
Aí tem carros estrangeiros.　そこに外車があります。
Tem muitos estudantes nesta universidade ?
　　この大学にはたくさんの学生がいますか。
　　＊定冠詞などで限定された名詞が主語となるときは、estar が使われる。
　　　Naquela praça estão os jogadores famosos.
　　　　あの広場に、それらの有名な選手はいます。
Não tem outro jeito que esperar.　待つしか仕方がない。
　　＊outro jeito que ～　～するより他の方法（術）

③ 「**[ter que[de]** ＋ 動詞の原形」で、必要・義務・推定の意味を示す。
Tenho que assistir a uma reunião hoje de tarde.
　　私は、今日の午後、ある会合に出なければならない。
A gente tem de pagar a conta.　私たちは勘定を支払わなければならない。
　　＊ここの a gente は nós の意。
Isso tem que ser uma brincadeira.　それは冗談にちがいない。
O professor tem que ter paciência com os alunos.
　　先生は生徒に対して忍耐を持たねばならない。

3) **haver** の用法
① 非人称的に常に３人称単数形で存在を示す。この用法は、**ter** の ② の使い

方とまったく同じであるが、口語では **ter** を使う方が普通である。

Não há nada de novo.　変わったことは何もない。

[não ~ nada：二重否定ではなく、nada は強めの副詞の働きをしている]

Há várias opiniões sobre a resolução desse problema.
　　その問題の解決については、さまざまな意見がある。

Há umas xícaras de café em cima da mesa.
　　テーブルの上に数個のコーヒーカップがある。

Neste hotel há quatro restaurantes.
　　このホテルには4つのレストランがあります。

② 「**há** + 時間を表わす語 (+ **que**) …」あるいは「…**há** + 時間を表わす語」の形で時間の経過を示す。主動詞が現在形のときには「…の間〜している」、過去形（「〜した」の意味の完全過去形）の場合には「…前に〜した」の意味になる。

Há vinte anos que moramos neste país. = Moramos neste país há vinte anos.　私たちはこの国に20年前から住んでいる。

Os meninos voltaram para casa há meia hora.（voltaram は voltar の完全過去3人称複数形）　それらの少年は30分前に帰宅した。

＊　i) há は動詞 fazer の3人称単数形 faz に変えても同意である（→ 第7課）。

　　ii) 未来のとき、前置詞 a が時間の経過を示す。

　　　Daqui a três anos terminamos o nosso curso de física.
　　　　これから3年したら、私たちは物理学の講義を終えます。

　　　cf. 前置詞 a は距離を示すこともある。

　　　Estamos a poucos minutos da Praça da República.
　　　　私たちはレプブリカ広場から数分の所にいます。

　　　A cidade de Campinas fica a mais ou menos 50km[cinquenta quilômetros] da cidade de São Paulo.
　　　　カンピーナス市はサンパウロ市からおよそ50キロメートルの所にあります。

③ 「**haver de** + 動詞の原形」で意志・必要・必然の意味を表わすが、ブラジルでは主として意志未来を表現するために使われる。

Há de haver uma saída para este impasse.
　　この苦境にとっての解決策はきっとあるはずである。

O trem há de chegar no horário.
　　その列車は時刻表どおりに到着するはずである。
Hei de vencer！　きっと勝つぞ！
　　＊ 非人称的に、「～しなければならない、～する必要がある」を表わす há que ~ という表現もある。

2 所有詞（所有形容詞・所有代名詞）

			所有される名詞				
			男性名詞		女性名詞		
			単数	複数	単数	複数	意味
所有者	単数	1人称	meu	meus	minha	minhas	私の
		2人称	teu	teus	tua	tuas	お前の
		3人称	seu	seus	sua	suas	彼（女）の あなたの
	複数	1人称	nosso	nossos	nossa	nossas	私たちの
		2人称	vosso	vossos	vossa	vossas	お前たちの
		3人称	seu	seus	sua	suas	彼（女）らの あなた方の

1）所有形容詞の用法

① 所有形容詞は修飾する名詞の性・数と一致し、普通は名詞の前に置かれ、定冠詞を伴う。しかしながら、口語の場合や呼びかけ、親族関係（とくに単数のとき）を示す名詞には、普通、定冠詞をつけない。

(a) nossa casa「我々の家」　　　　(o) meu projeto「私の計画」
minha irmã「私の姉」　　　　　　meu pai「私の父」
Oi, meu amigo, tudo bom？　やあ、友よ、万事うまくいってるかい。

② 呼びかけの場合だけでなく、状況的に所有者が明確であるとき、とくに身体の一部や身につけている物・親族などに言及する際にも、通常、省略し、その代わりに定冠詞をつける。

Ele parte no carro.　彼は（自分の）車で出発する。
Lavo as mãos antes das refeições.　私は食事の前には手を洗います。
A Bela fala com a mãe.　ベラは（自分の）母親と話をする。
Os empregados engraxam os sapatos.　従業員たちは自分たちの靴を磨く。

③ 間接目的格の代名詞の後に身体の一部や個人の所有物が来るとき、その代名詞は所有形容詞と同じ意味になる。
O barbeiro lava-me o cabelo.　その床屋さんは私の髪の毛を洗ってくれる。

④ 3人称の場合には、所有者が単数か複数か、また意味上の2人称か3人称なのかは文脈に依ることになる。口語では、通常、**seu(s)**・**sua(s)**は意味上の2人称を指すため、3人称に対しては、前置詞 **de** と **ele(s)**・**ela(s)** の縮合形である **dele(s)**・**dela(s)** を名詞の後に用いる。2番目の例のように同時に用いられることもある。
o cachecol dela　　　「彼女のスカーフ」
o seu fim deles　　　「彼らの目的」

　＊ 意味上の2人称に対して、do(s) senhor(es)・da(s) senhora(s)の形を敬語的表現として、あるいは所有者を強調するために使うことがある。
　　a casa do senhor「あなたの家」

⑤ 不定冠詞・不定形容詞・指示形容詞・数詞・疑問詞などがつくときには、通常、名詞の後に置かれる。
um colega meu (= um meu colega)　　　「私の同僚の一人」
esses amigos seus (= esses seus amigos)　　「そのあなた[方]の友人たち」
três parentes nossos (= três nossos parentes)　「我々の3人の親類」

⑥ 主格補語としても使われる。
Esse documento é meu.　その書類は私のです。
Aquele carro de passeio formidável é seu ou dele?
　あの素敵な乗用車はあなたのですか、それとも彼のですか。

⑦ 所有形容詞は元来「**de**＋人称代名詞」の代わりと考えられる。とくに動詞の派生語についたときには、所有の意味を持たず、その動詞の目的語を意味する。
em sua frente (= em frente do senhor)　　「あなたの前に」
em nosso favor (= em favor de nós)　　　「我々のために」
à[em] minha busca (= à busca de mim)　　「私を訪ねて」
à minha espera (= à espera de mim)　　　「私を待って」

2）所有代名詞の用法

① 所有代名詞として用いられる場合は、常に定冠詞を伴い、前出の名詞の性・数に一致した形をとる。

Esse edifício grande é a nossa companhia. Onde é a sua?　＊onde「どこに」
その大きなビルが私たちの会社です。あなた（方）のはどこにありますか。

O meu chapéu é muito barato mas o dela parece caríssimo.
私の帽子はとても安いですが、彼女のは非常に高価に見えます。

② 主格補語に用いると、所有者が強調される。

De quem é esta caneta?　Ela é a minha.　　＊de quem「誰の」
このペンは誰のですか。それは（他の人のではなく）私のです。

③ 「os＋所有詞」は、状況によって、仲間・友人・味方・同郷の人・同国人・家族の者などを意味する。

Como estão os seus?　あなたの家族の方は元気ですか？

3　基数

CD-31

0	zero	15	quinze	101	cento e um(a)
1	um(a)	16	dezesseis	200	duzentos
2	dois[duas]	17	dezessete	300	trezentos
3	três	18	dezoito	400	quatrocentos
4	quatro	19	dezenove	500	quinhentos
5	cinco	20	vinte	600	seiscentos
6	seis	21	vinte e um(a)	700	setecentos
7	sete	30	trinta	800	oitocentos
8	oito	40	quarenta	900	novecentos
9	nove	50	cinquenta	1.000	mil
10	dez	60	sessenta	100.000	cem mil
11	onze	70	setenta	1.000.000	um milhão
12	doze	80	oitenta		
13	treze	90	noventa		
14	quatorze	100	cem		

① 数字の位どりには3桁ごとにポント（.）を用い、小数点にはヴィルグラ（,）を使う。（→第18課 2）

② 十位と一位、百位と十位の間には接続詞 e を入れて読む。しかし千位と百位の間には、普通、置かない。ただし、位取り以下の部分において、3桁の数のうちの1つの桁が欠けている場合には、接続詞 e を入れる。
96 (noventa e seis)　　672 (seiscentos e setenta e dois)
1.328.947 (um milhão, trezentos e vinte e oito mil, novecentos e quarenta e sete)
1.900 (mil e novecentos)
123.400 (cento e vinte e três mil e quatrocentos)
123.030 (cento e vinte e três mil e trinta)
123.001 (cento e vinte e três mil e um)

③ 1と2、200〜900 には男・女の区別がある。
uma mulher　　　一人の女　　um homem　　　　一人の男
dois dias　　　　2日　　　　duas semanas　　　2週間
trezentas pessoas　300人　　oitocentos gramas　800グラム

④ ブラジルでは数字を1字ずつ読む場合に、6 は **seis** の代わりに **meia(dúzia)**「半ダース」と読まれることが多い。また14はポルトガル式の **catorze** が用いられることもある。

⑤ **cento** は女性形はなく、端数のないときだけ **cem** となり、101〜199 には **cento e ...** の形をとる。
cem ônibus　　100台のバス
cento e vinte e duas laranjas　　122個のオレンジ

⑥ **mil** は複数形を持たず、**um[uma]** もつかない。
o ano 2011 [dois mil e onze]　2011年　　1.002 [mil e dois]

⑦ **milhão, bilhão [bilião]** は、それぞれ、複数形 **milhões, bilhões [biliões]** があり、端数のないときは単位を示す普通名詞としても使われる。また **bilhão [bilião]** はブラジルを含めて南北アメリカやポルトガルなどでは「10億」(= **mil milhões**) を表わす。
sete milhões e meio de habitantes　　750万人の住民

4 加減乗除

1）足し算 ：（＋）mais

3 ＋ 4 ＝ 7　：　Três mais quatro são sete.
　　　　　　：　Três mais quatro (é) igual a sete.
　　　　　　　　3足す4は7です。

2）引き算 ：（−）menos

8 − 5 ＝ 3　：　Oito menos cinco são três.
　　　　　　：　Oito meonos cinco (é) igual a três.
　　　　　　　　8引く5は3です。

3）掛け算 ：（×）multiplicar[vezes]　multiplicado

2 × 6 ＝ 12　：　Dois vezes seis são doze.
　　　　　　：　Dois multiplicado por seis (é) igual a doze.
　　　　　　　　2掛ける6は12です。

4）割り算 ：（÷）dividir　dividido

5 ÷ 2 ＝ 2,5　：　Cinco dividido por dois são dois vírgula cinco.
　　　　　　：　Cinco dividido por dois (é) igual a dois vírgula cinco.
　　　　　　　　5割る2は2.5です。

5）累乗

$2m^2$　：　dois metros quadrados　　2平方メートル
$300km^2$　：　trezentos quilômetros quadrados　　300平方キロメートル
$9m^3$　：　nove metros cúbicos　　3立方メートル
4^5　：　A quinta potência de quatro　　4の5乗

生きた会話を聞いてみよう！

［幼 な 友 達］

André e José moram numa pensão perto do centro da cidade. Eles são amigos de infância. André é estudante universitário e gosta muito de estudar as línguas estrangeiras. José é empregado de um supermercado e não gosta de estudar nem trabalhar.

André – Bom dia, José.
José – Bom dia, André. Tudo bem?
André – Tudo bem, obrigado. E você?
José – Também muito bem, obrigado.
André – As casas desta rua são todas grandes. A propósito, de quem é aquela casa bonita?
José – Aquela casa é do senhor Guimarães. Ele é muito rico. Ele é presidente de uma companhia de cimento.
André – Ah é! De onde é ele?
José – Ele é desta cidade.
André – É mesmo? Eu também sou. Por falar nisso, José, por que você não trabalha muito?
José – Porque não preciso ganhar muito dinheiro. E você? Gosta de estudar?
André – Sim, gosto muito. Eu estudo porque sou estudante.
José – Você fala bem o espanhol?
André – Sim, falo bem o espanhol. Também eu gosto de alemão.
José – André, o alemão é difícil de aprender?
André – Não tanto como o japonês. Acho a língua japonesa muito difícil.
José – Gosto muito da Alemanha. Algum dia desejo visitar aquele país.
André – Estou com muita vontade de conversar, mas está na hora de ir à escola. Até logo.

* **a propósito = por falar nisso**　ところで
　De quem é[são] ~?　～は誰のものですか。　**De onde é[são] ~?**　～はどこの出身ですか。
　Por que ~?　なぜ　　**Porque ~**　なぜならば（接続詞）
　Não tanto como ~　～ほどではない。　　**o japonês = a língua japonesa**　日本語

[異なる対応語：ブラジルーポルトガル]

[意　　味]	[ブラジル]	[ポルトガル]
パイナップル	abacaxi	ananás
カフス・ボタン	abotoadeiras	botões de punho
肉屋	açougue	talho
賃貸料	aluguel	aluguer
一階	andar térreo	rés-do-chão
トイレ	banheiro	casa[quarto] de banho
紐	barbante	cordel
ジーパン	blue jeans	calça de ganga
切符	bilhete	título
ハンドバック	bolsa	mala de mão
電車	bonde	eléctrico
朝食	café da manhã	pequeno-almoço
デミタスコーヒー	cafezinho	bica
私書箱	caixa postal	apartado
小エビ	camarão	gamba[camarão]
ネグリジェ	camisola	camisa de dormir
ガン	câncer	cancro
メニュー	cardápio	ementa, menu
ひき肉	carne moída	carne picada
生ビール	chope	cerveja de barril
シャワー	chuveiro	ducha
郵便番号	código de endereça-mento postal(CEP)	código postal
手荷物一時預かり所	depósito de bagagens	arrecadação
運転する	dirigir	conduzir
住所	endereço	morada[direcção]
スポーツ	esporte	desporto
鉄道	estrada de ferro	caminho de ferro
アイロン	ferro de passer	ferro de engomar
列、線	fila	bicha
ヒレ肉	filé	filete
セロテープ	fita durex	fita cola

第６課

冷蔵庫	geladeira	frigorífico
ジャム	geleia	composta
窓口	guichê	caixa
趣味	hobby	passatempo
運転免許証	licença de motorista	carta de condução
ソーセージ	linguiça	chouriço
茶色	marrom	castanho
靴下	meias	peúgas
姓名	nome e sobrenome	nome e apelido
バス	ônibus	autocarro（市内用）camioneta（長距離用）
サンタクロース	Papai Noel	Pai Natal
停留所	parada[ponto]	paragem
横断歩道	passarela de pedestres	passo de peões
風邪をひく	pegar resfriado	apanhar constipação
ガソリンスタンド	posto de gasolina	estação de gasolina
贈り物	presente	oferta
ハム	presunto	fiambre
二階	primeiro andar	primeiro piso
テニスコート	quadra de tênis	campo de ténis
内線	ramal	extensão
風邪をひいた	resfriado	constipado
サンドイッチ	sanduíche	sande
アイスクリーム	sorvete	gelado[sorvete]
ジュース	suco	sumo
セーター	suéter	camisola
女性用のスーツ	tailleur	fato
背広	terno	fato
ベーコン	touchinho defumado	touchinho fumado
汽車	trem	comboio
カップ	xícara	chávena

93

練習問題

1. 同意の表現の記号と線で結びなさい。

   1) semana •   • ア) cem anos
   2) quinzena •   • イ) mil anos
   3) bimestre •   • ウ) dois anos
   4) trimestre •   • エ) quatro anos
   5) semestre •   • オ) quinze dias
   6) biênio •   • カ) dez anos
   7) triênio •   • キ) cinco anos
   8) quatriênio •   • ク) sete dias
   9) quinquênio •   • ケ) dez unidades
   10) dúzia •   • コ) dois meses
   11) década •   • サ) três meses
   12) século •   • シ) três anos
   13) milênio •   • ス) doze unidades
   14) dezena •   • セ) seis meses

2. （ ）に **ter** あるいは **haver** の正しい活用形を入れなさい。

   1) Eles não (   ) educação.
   2) Vocês (   ) condições de trabalhar ?
   3) (   ) quanto tempo você trabalha para essa empresa ?
   4) Luiz não (   ) medo de cachorros.
   5) Moro em Campinas (   ) mais de 10 anos.
   6) Nós não (   ) pressa.
   7) Desculpe, mas não (   ) vagas. [desculpe：すみません]

3. (　　) 内に **há** か **a** のいずれかを選んで入れて、日本語に訳しなさい。

   1) Moramos no Japão (　　　) onze anos.
   2) Daqui (　　　) um mês visitamos o Sudeste do país.
   3) Eles estão aqui (　　　) muito.
   4) Recebo o meu diploma daqui (　　　) seis dias.
   5) (　　　) muitos anos que faço compras na loja.
   6) O festival começa de hoje (　　　) quarenta dias.

4. 次の各語に適当な定冠詞と (　　) 内の所有詞をつけなさい。

   例：aluno (meu) → o meu aluno

   1) irmã (meu)
   2) mesa (nosso)
   3) carroça (seu)
   4) inimigos (nosso)
   5) avô (meu)
   6) violão (seu)
   7) país (nosso)
   8) espelho (meu)
   9) pais (seu)
   10) mão (seu)
   11) peito (meu)
   12) pêssegos (meu)

5. 日本語はポルトガル語に、ポルトガル語は日本語に訳しなさい。

   1) 16冊の帳面
   2) 343冊の本
   3) 89人の先生

95

4) 567 人の女生徒

5) 2,493 台の自転車

6) 6,892 名の兵士

7) 9,772,631 人の人々

8) それらの鍵はあなたのですか、あるいは彼らのですか。

9) その男の子は泣き止まない。

10) 私は京都に住んでいますが、京都の出身ではありません。

11) ブラジルではめったに雪が降ることはありませんか。

12) その別荘（a chácara）はここから (daqui) 1 キロメートルの所にあります。

13) 彼はいつも私を夕食に招待してくれます。

14) 私は 20 歳です。

15) 彼はこの家を売り、私がそれを買います。

16) この帽子は私のです。

17) 今夜、私はあなたに電話します。

18) 彼の車は広場の前にあり、私のは車庫にあります。

19) 朝早く、私は家を出なければなりません。

20) 私は東京で働き始めて5年になります。

21) oitocentas e sessenta escolas

22) mil, cento e quatro maçãs

23) três mil e quinhentas libras

24) quatro mil, setecentos e cinquenta quilômetros

25) três milhões, quatrocentas e cinquenta mil pessoas

6. **ser** か **estar** か **ter** を使って、文を完成しなさい。
 1) Eu (　　　　　) Maria. Eu (　　　　　) no Chile.
 2) Ela (　　　　　) argentina. Ela (　　　　　) na Argentina.
 3) O copo (　　　　　) sobre a mesa.
 4) Eles (　　　　　) duas filhas.
 5) Os lápis (　　　　　) pequenos.
 6) O relógio de parede (　　　　　) em cima da cadeira.
 7) O lapis (　　　　　) sob a cadeira.
 8) Ela (　　　　　) venezuelana.
 9) Nós (　　　　　) muito dinheiro.
 10) O quadro (　　　　　) acima do espelho.

notas

第4章

第7課
1 基本動詞の用法（2）:
　ir・fazer の直説法現在
2 再帰動詞
3 序数
4 現在分詞と進行形

第8課
1 基本動詞の用法（3）:
　poder・saber の直説法現在
2 疑問詞
3 不定形容詞・不定代名詞

第 7 課

1 基本動詞の用法（2）：ir・fazer の直説法現在

1） ir・fazerの活用

	ir		fazer	
	単数	複数	単数	複数
1人称	vou	vamos	faço	fazemos
2人称	vais	ides	fazes	fazeis
3人称	vai	vão	faz	fazem

＊ fazer と同変化の動詞には、contrafazer（偽造する・模倣する）、refazer（やり直す・修正する）、satisfazer（満足させる・実現する）などがある。

2） ir の用法

① （〜に・へ）行く：**ir para[a] ~**

Aquele professor vai a Tóquio duas vezes por semana.
あの先生は、週に2度、東京へ行きます。

Eu e meu filho vamos à festa de aniversário de Maria.
私と息子はマリアの誕生日パーティに行きます。

＊ ir a pé「歩いて行く」以外、不特定の交通手段を表わす前置詞は de を用いる。
de avião [bicicleta, carro, carona, metrô, motocicleta, navio, ônibus, táxi, trem]
「飛行機［自転車、車、ヒッチハイク(便乗)、地下鉄、オートバイ、船、バス、タクシー、電車］で」

② ある状態である（= estar）

Como vai você? — Vou bem, obrigado.
お元気ですか。−ありがとう、元気にしています。

Nós vamos mais ou menos.　我々はまあまあ暮らしています。
Eles não vão nisso.　彼らはそのことに関係がない。

③ 「**ir ＋ 不定詞**」：〜しに行く

Vou para casa almoçar.　私は家に昼食を食べに行く。

④ 「**ir ＋ 不定詞**」の形で近い未来の行為も示す。

Amanhã de manhã vou estar aqui outra vez.
明日の朝、私はもう一度ここに来ます。

Ele vai receber uma carta de convite dentro de alguns dias.
　　彼は数日中に招待状を受け取るでしょう。
Este avião a jato vai chegar ao Rio de Janeiro daqui a pouco.
　　この飛行機はこれから少ししたらリオ・デ・ジャネイロに到着する。
O partido da oposição vai ganhar as eleições.
　　野党は選挙に勝つだろう。

＊ i) ir＋不定詞は、「～しに行く」のか、「～する」という未来の行為なのかは状況で判断しなければならない。

　ii) 口語で、軽い命令あるいは依頼を示すこともある。
　　Você vai comer mais no almoço, meu filho !
　　　　息子よ、あんたは昼食のときにもっと食べるんだよ！

　iii) ir が主動詞として使われ、未来を表わす場合には、不定詞を伴わずに直説法の現在形となる。
　　Amanhã eu vou ao cinema.　明日、私は映画に行きます。

⑤ 「**vamos**＋不定詞」：～しよう
　Vamos estudar português aplicadamente ! — Vamos.
　　熱心にポルトガル語を勉強しよう。－そうしましょう。

3）**fazer** の用法

① 作る
　Mamãe me faz o guisado muito gostoso.
　　お母さんは私にとてもおいしいシチューを作ってくれます。

② する
　O moço sempre faz cerimônia em nossa casa.
　　その若者は我が家では遠慮する。
　Faço a barba antes de sair de casa.　私は家から出掛ける前にはひげを剃る。
　＊類似の表現で、fazer as unhas「爪の手入れをする」もある。
　Eu sempre faço questão de pagar a conta logo.
　　私はいつもすぐに勘定を払うことにしている。

　＊ その他、fazer a cama「ベッドを整える」、fazer a mala「荷造りをする」、fazer faxina「掃除をする」、fazer um favor de ~「～の願いを聞き入れる」、fazer de conta que ~「～のふりをする」、fazer arte「いたずらをする」、fazer falta「(物

が）なくて不自由させる・（人が）いなくて寂しく感じさせる」、fazer mal「行儀が悪い・悪いことをする」、fazer pouco de ~「~を軽視する」、fazer compras「買い物をする」、fazer as pazes「和解する」など、多数の成句を作る。

③ （～歳・～年）になる

　Este amigo meu vai fazer vinte anos na semana que vem.
　　この私の友人は来週に２０歳になる。

　＊ fazer aniversário「誕生日を迎える」などの表現もある。

④ 使役

　Ele me faz esperar na sala de visitas.　彼は客間で私を待たせる。

⑤ 非人称的に３人称単数形で、天候・寒暖などを示す名詞とともに使われる。状態を表わすときには estar を用いる方が普通である。

　Faz bom tempo pela manhã nesta época.
　　この時期は、午前には天気がよいです。

　Faz muito calor[frio].　非常に暑い[寒い]。

　Vai fazer frescura amanhã.　明日は涼しくなる。

⑥ 「**faz** + 時間を表わす語 + **que** ...」または「... **faz** + 時間を表わす語」で時の経過を示す。これは第６課の **1** 3) **haver** の用法の②とまったく同じであるが、**faz** を用いる方が口語的である。

　Faz uns cinco anos que moramos nesta rua.
　　私たちはかれこれ４年前からこの通りに住んでいます。

　Faz muito tempo que eu não como carne.
　　随分長い間、私は肉を食べていません。

　O doutor Gomes mora aqui faz dois meses.
　　ゴメス博士は２ヶ月前からここに住んでいます。

2 再帰動詞

他動詞の主語と目的語が同じ人[もの]である場合や、前置詞の目的語が主語と同じ人[もの]であるとき、再帰代名詞を目的語に用いる。再帰代名詞とともに使われる動詞は再帰動詞と呼ばれる。

1）再帰代名詞

① 直接・間接目的格の再帰代名詞

	単数	意味
1人称	me	私自身を[に]
2人称	te	お前自身を[に]
3人称	se	彼自身を[に] 彼女自身を[に] あなた自身を[に]

	複数	意味
1人称	nos	私たち自身を[に]
2人称	vos	お前たち自身を[に]
3人称	se	彼ら自身を[に] 彼女ら自身を[に] あなた方自身を[に]

② 前置詞格の再帰代名詞

	単数	意味
1人称	mim	私自身
2人称	ti	お前自身
3人称	si	彼自身 彼女自身 あなた自身

	複数	意味
1人称	nós	私自身たち
2人称	vós	お前たち自身
3人称	si	彼ら自身 彼女ら自身 あなた方自身

＊前置詞 com とは縮合して、以下のようになる。

com + mim	→	comigo	com + nós	→	conosco
com + ti	→	contigo	com + vós	→	convosco
com + si	→	consigo	com + si	→	consigo

２）**再帰動詞の活用と用法**

活用 **levantar-se**（起き上がる）

eu	me	levanto	levanto-me
tu	te	levantas	levantas-te
ele	se	levanta	levanta-se
nós	nos	levantamos	**levantamo-nos**
vós	vos	levantais	levantais-vos
eles	se	levantam	levantam-se

＊再帰代名詞の位置は目的格の代名詞と同じである（→第５課 **2**）。動詞の後ろに置くときは、ハイフンでつなぐ。１人称複数形では s が脱落することに注意。
Quando se levantam?　彼らはいつ起きますか。

cf. 口語では再帰代名詞が文頭に用いられることもある。
　　Me deito na cama muito cedo.　私はとても早くベッドで横になる。

用法

① 主語のする動作が自分自身に向けられることを表わす。日本語に訳す際には、「自分自身を〜する」とするのではなく、自動詞のように訳したほうが良い場合が多い。
Ela se deita no colchão.　彼女はマットレスに寝る。
Chamo-me Carlos Almeida.　私はカルロス・アルメイダと申します。
Dizem que se sentem muito cansados.
　　彼らはとても疲れを感じていると言ってます。

＊ i) 間接目的格の再帰代名詞の後に体の一部や所有物が来るとき、この代名詞が所有の働きをすることもある。〔文語的〕
Lavo-me as mãos. (= Lavo as minhas mãos.)　私は手を洗う。

ii) 再帰代名詞の意味の強調・明確化のために、人称・数にしたがって、
a mim mesmo[a], a ti mesmo[a], a si mesmo[a], …、あるいは a mim próprio[a],
a ti prório[a], a si próprio[a], …などを付け加えることがある。

Ela se vê a si mesma no espelho todas as manhãs.
　　　毎朝、彼女は自分の姿を鏡で見る。
　　　（vê → ver の直説法現在形 3 人称単数形）

iii) 状況を補う前置詞句を伴う動詞がある。
　　　Minha filha vai se casar com um rapaz de muito futuro.
　　　　　私の娘は将来性がとてもある若者と結婚する。
　　　Ela sempre se esquece das chaves.　彼女はいつも鍵を忘れる。

iv) 再帰代名詞を必ず伴う動詞がある。
　　　＊このような動詞を「本来の再帰動詞」と呼ぶことがある。
　　　例）　abster-se de ～　　　　～するのを止める
　　　　　　arrepender-se de ～　　～を後悔する
　　　　　　atrever-se a ～　　　　敢えて～する
　　　　　　condoer-se com ～　　　～を気の毒に思う
　　　　　　dignar-se de ～　　　　～してくださる
　　　　　　queixar-se de ～　　　 ～について不平を言う
　　　　　　suicidar-se　　　　　　自殺する

② 3人称 se を用いて受身を表わす。
Alugam-se carros.　車貸します。〔← 車が貸される〕
Proíbe-se correr no corredor.　廊下で走ることを禁ずる。
　　　　　　　　　　　　　〔← 廊下で走ることが禁じられている〕
　　＊ この型の受身形では、動作主は文面に現れないのが普通である。また、主語が複
　　　数であっても、動詞が前置詞 de や a を伴う場合には、動詞は単数形となる。
Precisa-se de um encanador.　配管工 1 名入用。
Trata-se de doenças da pele.　皮膚病が（を）治療されます（いたします）。

③ 相互動作を示す。
Eles sempre se encontram na escola.
　　　彼らはいつも学校で会っている。
Os empregados se discutem na reunião.
　　　従業員はその集会において議論しあっている。

　　＊ 相互動作を明確に表現するために、状況に応じて以下のような副詞（句）を付け
　　　加えることができる。
　　　mutuamente, reciprocamente, entre si, um ao outro, uns aos outros, uma
　　　à outra, umas às outras

④ 再帰動詞は3人称単数形で、**se** が不特定な人を表わす。

 Por onde se vai ao museu de belas artes？（por onde ~？「どこを通って~」）
  美術館にはどこを通って行きますか。

 Não se trabalha aos domingos naquele país.
  あの国では日曜日に（人は）働きません。

 ＊ 本来の再帰動詞を用いる場合、se を重ねることができないため、a gente など一般的な人を表わす語を主語に用いる。

  Na minha idade, a gente queixa-se de tudo.
   私の年齢では、人は何についても不平を言うのです。

⑤ 自動詞に付いて、強調・自発的動作を示す。

 Já vou-me embora.　もう失礼いたします。

 Não se deve rir dos outros.　他人を嘲笑するべきではない。

3 序数　CD-33

1	primeiro(primo)	18	décimo oitavo
2	segundo	19	décimo nono
3	terceiro(terço)	20	vigésimo
4	quarto	21	vigésimo primeiro
5	quinto	30	trigésimo
6	sexto	40	quadragésimo
7	sétimo	50	quinquagésimo
8	oitavo	60	sexagésimo
9	nono	70	setuagésimo
10	décimo	80	octogésimo
11	décimo primeiro (undécimo)	90	nonagésimo
		100	centésimo
12	décimo segundo (duodécimo)	1.000	milésimo
		1.001	milésimo primeiro
13	décimo terceiro	2.000	dois milésimos
14	décimo quarto	10.000	dez milésimos
15	décimo quinto	100.000	cem milésimos
16	décimo sexto	1.000.000	milionésimo
17	décimo sétimo	2.000.000	dois milionésimos

① 序数は、通常、定冠詞を伴い、名詞の前に置かれて、性・数の変化をする。**primeiro, terceiro** の短縮形 **primo, terço** は合成語をつくるときなどに使われる。
o primeiro andar　　1 階（日本式には 2 階；日本式の 1 階は o andar térreo という）
matéria prima　　原材料

② ブラジルでは、日付は 1 日（ついたち）のみに序数を用い、それ以外は基数を用いる。ポルトガルではすべて基数が用いられる。
(o dia) primeiro de janeiro　　　　1 月 1 日
(o dia) sete de setembro　　　　　9 月 7 日

③ 基数を名詞の後ろに置いて、序数の代わりとして用いられる。なお、世紀・国王・ローマ法王のローマ数字は、10 番目までは序数で読み、それ以上は基数で読まれる。
o vagão nove (= o nono vagão)　　9 号車
a lição oito (= a oitava lição)　　第 8 課
século V (quinto)　　　　　　　　5 世紀
século XX (vinte)　　　　　　　　20 世紀
Dom Pedro II (segundo)　　　　　ペドロ二世
Pio XII (doze)　　　　　　　　　ピウス十二世

4　現在分詞と進行形

１）　現在分詞は、例外なく、動詞の原形の **-r** を **-ndo** に変えて作る。語形変化はしない。

　　-ar 動詞　　→　　ando
　　-er 動詞　　→　　endo
　　-ir 動詞　　→　　indo
　　-or 動詞　　→　　ondo

＊ 弱勢代名詞（目的格の代名詞・再帰代名詞）が現在分詞の後ろに置かれる場合には、ハイフンでつながれる。

Estou escrevendo-lhe [Estou lhe escrevendo] uma carta de recomendação.
　　私は彼に 1 通の推薦状を書いているところです。

2）**進行形：estar の直説法現在形 ＋現在分詞「...し続ける」**

José está consertando seu carro esporte.
　ジョゼは自分のスポーツカーの修理をしている。
Ela está dançando samba muito bem.
　彼女はとてもうまくサンバを踊っている。

* i) 現在形が習慣的事実を表わすのに対し、進行形が一時的な事柄を意味することがある。
  O professor Silva está dizendo que vai ter prova amanhã.
  　シルヴァ先生は、明日、試験があると言っています。

 ii) estar の代わりに次のような動詞も用いられる。
  a) 継続・反復：andar・continuar・seguir・viver
   O engenheiro continua estudando as tecnologias de ponta.
   　その技師は引き続き先端技術の研究をしている。
   Ele vive falando da namorada.
   　彼は恋人のことばかり話している。
  b) 動作の方向性：ir・vir
   A lua vai desaparecendo pouco a pouco.
   　月は少しずつ消えていっている。
   Os alunos vem fazendo grande progresso.
   　生徒たちは大きな進歩を遂げてきている。
  c) そのほか ficar ＋現在分詞「～の状態になる」、acabar ＋現在分詞「最後に～する」などの表現もある。

 iii) 進行形を用いることによって、婉曲なニュアンスを表わすことがある。
  Meu pai está querendo ficar aqui mais alguns dias.
  　父はもう数日、ここに留まりたがっている。

 iv) 往来発着を示す動詞を用いて、未来の行為を示す。
  O avião está chegando dentro de alguns minutos.
  　その飛行機は数分以内に到着します。

練 習 問 題

1. 前置詞を伴った再帰動詞の意味を書きなさい。

   1) aproveitar-se de 〜　　　　2) convencer-se de 〜
   3) esquecer-se de 〜　　　　　4) lembrar-se de 〜
   5) queixar-se de 〜　　　　　　6) rir-se de 〜
   7) decidir-se a 〜　　　　　　 8) acostumar-se com 〜
   9) casar-se com 〜　　　　　 10) divertir-se com 〜
   11) parecer-se com 〜　　　　 12) preocupar-se com 〜
   13) surpreender-se com 〜　　 14) tratar-se de 〜

2. 次の各文を現在進行形に変えなさい。

   例：Eu vou a Paris. → Agora eu estou indo a Paris.

   1) Eu bebo vinho. →
   2) Você compra um jornal. →
   3) Nós pagamos a conta. →
   4) Ela abre a porta. →
   5) Ele fecha a janela. →
   6) Eles chegam de carro. →
   7) Eu olho para uma moça bonita. →
   8) Eu penso em Margarida. →
   9) Ele vai para lá. →
   10) Eu trabalho muito. →
   11) Rosa come pizza na sala de jantar. →
   12) Mônica canta bem. →

3. 日本語に訳しなさい。

   1) Estamos fazendo a mudança de casa.

2) Aos poucos, acho que vou descobrindo o segredo dela.

3) Eles estão pagando as despesas do condomínio.

4) O dia vai amanhecendo devagarinho.

5) Ela anda procurando um novo emprego.

6) A noite vai caindo devagarinho e de mansinho.

7) Andamos procurando uma solução para o problema.

8) Ele está procurando um apartamento.

9) Ele está querendo ficar aqui no Japão para sempre.

10) Estou pensando em procurar um professor particular.

4. ポルトガル語に訳しなさい。

1) 12 号車

2) 第 7 課

3) 第 3 王朝 (dinastia)

4) 21 世紀

5) 3 世紀

5. 各文の(　　)に**fazer**の直説法現在形の活用形を入れ、訳しなさい。

1) Eu (　　　　) uma reserva no hotel.

2) Ela (　　　　) um relatório.

3) Nós (　　　　) as malas.

4) Ele não (　　　　) a cama.

5) Eles sempre (　　　　) uma salada.

6) Eu (　　　　) ginástica todos os dias.

7) Você (　　　　) um bolo muito gostoso.

8) Ela nunca (　　　　) fritura.

9) Eu (　　　　) meu dever de casa.

10) Ela (　　　　) muita fofoca.

6. 各文の(　　)内に下記の[　　]の中の再帰動詞を選び、適当な形に活用させて入れ、訳しなさい。

1) Eles (　　　　) na igreja.

2) Nós (　　　　) muito na festa.

3) Minha amiga (　　　　) com a família.

4) Meu irmão (　　　　) com meu pai.

5) Os alunos (　　　　) do livro sempre.

6) Eu (　　　　) às doze da noite.

[**casar-se** / **deitar-se** / **diverter-se** / **parecer-se** / **preocupar-se** / **queixar-se**]

7. 例に従って、**fazer**を用いた文で答えなさい。

例：Faz quanto tempo que você mora em Campinas? (cinco anos)
→ Faz cinco anos que moro em Campinas.

1) Faz quanto tempo que você trabalha como enfermeira? (dez anos)

2) Faz quanto tempo que você conhece o marido dela? (três anos)

3) Faz quanto tem tempo que você estuda alemão? (seis meses)

4) Faz quanto tempo que você faz ioga? (oito semanas)

5) Faz quanto tempo que você tem computador em casa? (quatro meses)

8. 各文の(　)内に下記の[　]の中の活用形を選んで入れて、訳しなさい。複数の回答もあるものとする。

1) (　　　　) toalhas no armário.

2) Nós moramos em São Paulo (　　　　) cinco anos.

3) (　　　　) frio aqui no inverno.

4) (　　　　) várias teorias sobre essa questão.

5) (　　　　) duas horas que estou esperando.

[há,　tem,　faz]

9. 丁寧な依頼を表わす **Você se importa de ~ ?** を用いた以下の文例を訳しなさい。

1) Você se importa de segurar o meu guarda-chuva um momento ?

2) O senhor se imporrta de trocar de lugar comigo ?

3) A senhora se importa de preencher um pequeno questionário ?

4) Você se importa de dormir no chão ?

5) Você se importa de tirar o sapato ?

6) Vocês se importam de me esperar aqui ?

7) O senhor se importa de me dar o seu e-mail ?

8) Vocês se importam de olhar as minhas coisas enquanto eu dou um mergulho na água? [dar um mergulho na água：水に飛び込む、ダイビングする]

第8課

1 基本動詞の用法（3）：poder・saber の直説法現在
1）poder・saber の活用

	poder		saber	
	単数	複数	単数	複数
1人称	posso	podemos	sei	sabemos
2人称	podes	podeis	sabes	sabeis
3人称	pode	podem	sabe	sabem

＊両動詞ともに、1人称単数形の活用のみが不規則である。

2）poder の用法
① 可能性：（状況的に）〜できる、〜であるかもしれない。
   Você pode ficar aqui até mais tarde ?
       もっと遅くまで、君はここにいられますか。
   Sinto muito mas hoje não posso porque tenho que ir à escola logo.
       とても残念に思いますが、今日はダメです。すぐに学校に行かなければならないからです。（sinto → sentir〔残念に思う〕の1人称単数形）
   Isso pode ser uma mentira. そのことは嘘であるかもしれない。
   Pode ser um dicionário excelente, mas é muito caro.
       それはすばらしい辞書であるかもしれませんが、非常に高価です。

② 許可・依頼：とくに疑問文で、〜してもいいですか、〜してくれますか。
   Pode me fazer um favor? — Pode, sim.
       ひとつお願いをしてもいいですか。－もちろん、いいですよ。
   Pode explicar em japonês? 日本語で説明してくれますか。
   Posso arquivar estes documentos?
       これらの書類をファイルしてもいいですか。
   ＊poder com 〜「〜に耐えられる；〜に影響力を持つ」の表現もある。
       Esta caminhonete não pode com a carga tão pesada.
           この小型トラックはそのように重い積荷に耐えられません。

3） **saber の用法**

① （知識として）知っている、あるいは深い知識を持っている。

Você sabe quanto custa um quilo de café？ (quanto：数量を尋ねる疑問詞)
君はコーヒー1キロがいくらするか知っていますか。

Infelizmente não sei exatamente. 残念ですが、正確には知りません。

Ela sabe esta história de cor. 彼女はこの話を暗記している。

② （能力的に）～できる。

Ela sabe datilografar? 彼女はタイプを打てますか。

— Não sabe mas sabe bem sobre informática.
－できませんが、情報処理についてはよく知っています。

* i) saber と混同されやすい conhecer（経験・体験を通して知っている、あるいは熟知している、特別な知識を持っているなどの意を表わす）がある。

Você conhece o Pedro? 君はペドロ君と顔見知りですか。

Ele já conhece o Brasil? 彼はもうブラジルに行ったことがありますか。

Nós conhecemos os pais dele, mas não sabemos onde moram.
私たちは彼の両親とは顔見知りですが、どこに住んでいるのか知りません。

Vocês conhecem as regras do jogo de beisebol？
君たちは野球のルールを知ってますか。

Cuidado com ele! Eu conheço este homem muito bem.
彼には注意しなさい！ 私はこの男のことをとてもよく知っています。

Conheço Matemática. 私は数学のことをよく知っている。

Conheço a vida de médico.
私は医者の生活の実態を知っている。

ii) 「（機械や道具など）に熟知している、に精通している」には、「entender de ～」を用いる。

Meu tio entende de carro, por isso está recomendando este modelo.
私の叔父さんは車のことをよく知っているから、このモデルを推薦しているのです。

Alguém aqui entende de celular? Parece que o meu está com problema.
ここにいる誰か、携帯電話について詳しく知っていますか。 私の（携帯）は問題があるように思われます。

iii) 「poder・saber：～できる」と間違えやすい動詞に conseguir がある。この動詞は、「(努力して)～することができる・～に成功する」の意味を持つ。

Eu não consigo comer vinte ovos em duas horas.
　　私は 2 時間で 20 個の卵を食べることができません。

Meu filho consegue correr cinco quilômetros, mas eu não consigo.
　　私の息子は 5 キロ走ることができますが、私はできません。

Não consigo pronunciar essa palavra.
　　私はその言葉を発音できません。

2 疑問詞

1） 疑問代名詞

① **que, o que**「何が」、「何を」：性・数の変化はなく、物に対して使われる。

Que[O que] é isso?　それは何ですか

O que você está fazendo?　君は何をしているのですか。

Que é que[O que é que] ele tem na mão?　彼は手に何を持っているのですか。

＊ que é que, o que é que の é que は、本来は強調の表現であるが、ここではただ語呂をよくしているだけで、特別な意味を持たない。口語では、疑問詞の後にしばしば用いられる。

O quê[Quê]！ Você não sabe sobre isso?
　　なんだって！　君はそのことについて知らないのか。

＊ quê, o quê は文[語句]の終わりに用いられる。単独で用いられると間投詞の働きをする。

De que é esta caixa?　— É de madeira.
　　この箱は何でできていますか。− 木でできています。

＊ 疑問詞が前置詞を伴う場合は、前置詞を疑問詞の前に置くことに注意すること。

Para que vocês estudam tanto?
　　君たちは何のためにそんなに勉強するのですか。

Por que ela não vai assistir à aula?　— Porque está doente.
　　なぜ、彼女は授業に出席しないのですか。− 病気だからです。

＊ Porque は接続詞で「〜だから」の意。

② **quem**「誰が」、「誰を」：性・数変化はなく、人に対して使われる。

Quem é que vai partir para Tóquio daqui a uma semana?
　　これから 1 週間後に誰が東京へ出発するのですか。

Quem é aquela mulher de chapéu?
　　あの帽子をかぶった女性は誰ですか。

Quem o senhor ama?　あなたは誰を愛していますか。
Para quem o senhor vai presentear com este anel de pérola？
　あなたは誰にこの真珠の指輪を贈りますか。
De quem é esta caneta esferográfica? — É minha.
　このボールペンは誰のですか。－私のです。

③ **qual, quais**「どれが」、「どれを」：数変化のみあり、人・物の選択を表わす。
Qual das senhoras é a mãe deste bebê？
　あなたがたの中で誰がこの赤ちゃんのお母さんですか。
Qual (é) a capital do Japão?　日本の首都はどこですか。

　＊口語では、疑問詞qualの後で、しばしば動詞（大抵はser）が省略される。
Qual (é) seu carro favorito, este ou aquele？
　あなたのお気に入りの車はどれですか、これですか、あれですか。
Qual (é) o mês do seu aniversário?　あなたの誕生月はいつですか。
Quais são os dias da semana?
　1週間の曜日の名前は何と言いますか。

＊ queとqualの違いに注意。queは具体的なものについて聞くとき以外は、定義を問うているのに対して、qualは、本来、選択である。人名や番号などを尋ねる場合もqualを用いる。
Que é a capital de um país?　ある国の首都とは何ですか。
Qual é o seu trabalho?　あなたの仕事は何ですか。

④ **quanto・-os・-a・-as**「どれだけが」、「どれだけを」、「何人が」、「何人を」：性・数があり、数量を問う。同形の疑問形容詞としての用法で、その後にくる自明の名詞が省略されて使われているとも考えられる。男性単数形でしばしば金額をたずねる。
Quanto lhe devo？　私はいくらお支払いしなければなりませんか。
Quanto custa[é] este melão？　このメロンはいくらですか。
Para quantos os senhores desejam o almoço？
　あなたがたは何人分昼食をお望みですか。

2）**疑問形容詞**

① **que**：「何の、どんな」、**qual (quais)**「どの（どれらの）」：que と qual はほとんど同じ意味であるが、que の方が多く用いられる。que は単複同形だが、qual は複数形を持つ。

Que língua falam na Argentina ?
　アルゼンチンではどんな言葉を話してますか。

Que tempo é que faz hoje ?
　今日は一体どんな天気でしょう。

＊ 上の文のように、疑問形容詞と前出の é que が用いられるときには、「疑問形容詞＋名詞＋é que」の形を取り、強調の意味が加わる。

Que[Qual] caminho vamos tomar ?
　私たちはどの道をとりましょうか。

(De) Que cor é o chapéu dela ?　彼女の帽子は何色ですか。

＊「何色?」の表現の場合、前置詞 de が省略されることが多い。

② **quanto・-os・-a・-as**　「いくつの、どれだけの」：性・数の変化がある。数量や分量を尋ねる。

Quantos dias há[tem] num ano?　1年には何日ありますか。

Quanto tempo o senhor leva para chegar à sua companhia ?
　あなたは会社に着くのにどれくらいの時間がかかりますか。

Faz[Há] quanto tempo (que) você mora aqui ?
　君はどれくらい前からここに住んでいるのですか。

Quantos estudantes vão participar desse concurso literário ?
　何人の学生がその作文コンクールに参加するのでしょうか。

3）**疑問副詞**

① **como**「いかに、どのように」：方法、様態など。

Como é a sua namorada?　あなたの恋人（女性）はどんな人ですか。
Como é o seu nome?　あなたの名前は何といいますか。

　＊名前や番号をたずねる場合、前出の qual や como を用いる。

Como é que o nosso governo vai resolver a crise econômica ?
　我々の政府は一体経済危機をどのように解決していくのだろうか。

② **onde**「どこに」:場所を尋ねる。

Onde é a Embaixada do Japão?　日本の大使館はどこにありますか。

Onde está a minha caderneta?　私の手帳はどこにありますか。

　　＊「どこに～はありますか」に、口語表現で "Cadê ?, Quedê ?, Quede ?" もよく使われる。

　　　Cadê minha bolsa?　私の財布はどこにありますか。

Aonde meu pai vai apressadamente?　どこへ父は急いで行くのですか。

　　＊「どこへ」は、前置詞 a あるいは para を伴って、aonde または para onde が用いられるが、口語では onde のみでその意味で使われることがある。

De onde é aquele médico?　あのお医者さんはどこの出身ですか。

　　＊「どこから」の表現は、前置詞 de と縮合した donde の形もある。

③ **quando**「いつ」:時を聞く。

Quando é que sua família vai se mudar ?
　　いつあなたのご家族は引越しなさるのですか。

Até quando devemos entregar estes artigos à loja ?
　　いつまでに私たちはこれらの商品を店に配達しなければなりませんか。

3 不定形容詞・不定代名詞

1）不定形容詞

不定形容詞は、不定の数量や程度を表わし、通常、名詞の前におかれる。また、下線を付したものは単独で代名詞としても使われる。

<u>algum</u>(-uns・-uma・-umas)	ある（もの）、いくつかの（もの）
<u>ambos</u>(-as)	両方（の）
bastante(-tes)	十分な
cada	それぞれの
certo(-tos・-ta・-tas)	ある
demais	その他の
demasiado(-dos・-da・-das)	過度の
diferentes	種々の
diversos(-as)	種々の
mesmo(-mos・-ma・-mas)	同じ
<u>muito</u>(-tos・-ta・-tas)	多くの（もの［こと］）

nenhum(-uns・-uma・-umas)	１つ［１人］も〜でない［何１つ［誰１人］〜ない］
outro(-tros・-tra・-tras)	他の（もの［人］）
pouco(-cos・-ca・-cas)	少しの（もの［こと］）
qualquer (quaisquer)	どの〜でも［どれでも］
tal(tais)	そのような[そのこと]
tanto(-tos・-ta・-tas)	そのように多く（の）
todo(-dos・-da・das)	すべて（の）
um(uns・uma・umas)	ある（もの［人］）
vário(-rios・-ria・-rias)	種々の

* i) 上の表のうち、副詞として用いられたり、他の語と副詞句を作る語もある。
bastante（かなり）、demais（その他に）、demasiado（過度に）、
muito（非常に）、pouco（ごくわずか、ほとんど〜ない）、
tal（そのように）、tanto（それほど）、um pouco（少し）、
um tanto（少し）、など。

ii) algumは、名詞の前に置かれた際は肯定の内容を示すが、後に置かれた際はnenhumよりも強い否定を表わす。否定を示す副詞句でも同様である：de forma alguma[nenhuma], de jeito[modo] algum[nenhum]「決して〜ない」

 Não tenho nenhum amigo aqui. → Não tenho amigo algum aqui.
  ここには私は友人が一人もいません。
 O técnico faz algumas influências no time.
  そのコーチはチームにいくらかの影響を生み出している。
 Amigo algum(=Nenhum amigo) pode dar auxílios.
  どの友人も支援を与えることができない。

iii) nenhumやninguém（→不定代名詞）は否定語のnão, nada, sem, nemなどとともに使われることが普通であるが、意味上二重否定にはならないことに注意する必要がある。文全体を否定するときのみ二重否定となる。

 Usamos este carro sem nenhum problema.
  私たちは何の問題も無くこの車を使っている。
 Não sei nada sobre isso.
  私はそのことについて何も知りません。

- iv) certo は名詞の後に置かれると普通の形容詞として使われる。
  certo dia　ある日　　　　a hora certa　正確な時間
- v) mesmo は定冠詞を伴って、名詞の前に置かれるが、名詞・形容詞・副詞・動詞などの後に置かれて、強調を示す。名詞につくときは性・数変化をする。
  Ela mesma vai ao cartório.　彼女自身が登記所へ行く。
  Isso mesmo.　そのとおり。
- vi) pouco は形容詞の場合には内容的に否定にかたむくが、um がついたり代名詞として使うと肯定的な意味になる。
  Tenho pouco conhecimento de Economia.
  　私は経済学をあまり知りません。
  Ela tem um pouco de conhecimento de Matemática.
  　彼女は少し数学を知っている。
- vii) todo の用法は以下のとおり。
  a) 単数形で名詞の前に置かれ、冠詞はあってもなくてもよい。「すべての」・「それぞれの」: todo dia「毎日」
  b) 冠詞を伴って、複数形で名詞の前に置かれる。「あらゆる」: todos os dias「毎日」
  c) 名詞の後に置かれる。「全体の」・「全部の」: o dia todo「一日中」
  Todo (o) homem é mortal mas o homem todo não é mortal.
  　それぞれの人は死ぬが、人間全体が死滅するのではない。
  Todos os dias ela aparece aqui, mas cada dia a uma hora diferente.
  　毎日、彼女はここに現れるが、その日によって違う時間である。
  cf.「すべて、すっかり」の意味で副詞的に使われるが、形容詞のように性・数変化する用法もある。
  Ela está toda molhada.　彼女は全身びしょ濡れである。
- viii) uns, umas は「いくつかの（いく人かの）」を意味する。数詞の前ではおよその意味にもなる。
  Uns jogadores são bons, mas outros não.
  　何人かの選手は良いが、他のものはそうではない。
  Umas vinte alunas estão na sala de aula.
  　約20人の女生徒が教室にいる。

2）不定代名詞

不定代名詞は、漠然と人や物を表わし、一般に単数形のみを持つ。

algo	何か
alguém	誰か
cada qual	各人、それぞれ
cada um[uma]	各人、それぞれ
nada	何も〜ない
ninguém	誰も〜ない
outrem	他の人
pouco	少し
qualquer um[uma]	誰か1人
	どれか1つ
quem quer	いかなる人
tudo	すべてのこと
um[uns・uma・umas]	ある人、あるもの
um ou outro	どちらか一方

* i) algo と outrem は口語ではあまり使われず、それぞれ、alguma coisa、outra pessoa の方が普通である。

ii) algo（いくぶん）、nada（少しも〜ではない）というように副詞としても使われる。

iii) nada と ninguém が動詞の前に置かれると、他の否定語を用いないが、後に置かれる場合には、動詞の前に não を置く。
Ninguém está aqui.（＝ Não está ninguém aqui.）
　　ここには誰もいない。
Não sei nada. (= Nada sei.)
　　私は何も知らない。

iv) algo、nada、疑問詞、関係詞（→ 第9課）が形容詞をとるときには、通常、de を伴う。
O que há de novo？ — Não há nada de novo.
　　何か新しいことがありますか。－新しいことは何もありません。

v) tudo は例外的に不定形容詞としての用法がある。ただし、その場合には、tudo isto, tudo isso, tudo aquilo, tudo o que 〜 のように後に続くものが中性である場合に限られ、意味は todo と変わらない。

[街中で見かける表示]

Aberto	営業中、開館中	Livre	空き、空車
Água potável	飲料水	Local de estacionamento	駐車場
Atenção com o cachorro!	犬に注意！	Lotado	満員
Aviso	お知らせ	Mão única	一方通行
Baldeação	乗り換え	Não tocar[mexer]	手を触れるな
Bata ; Bater	ノックしてください	Não se debruçar	身を乗り出すな
Caixa	レジ、お会計	Ocupado	使用中
Câmbio	両替	Pare	止まれ
Cavalheiros[Homens]	男性用（トイレ）	Passagem para pedestres	横断歩道
Cruzamento ferroviário	（鉄道）踏切		
Cuidado ao descer	足元に注意	Passagem proibida	通行禁止
Cuidado, inflamável	火気厳禁		
Damas[Mulheres]	女性用	Pede-se fechar a porta	扉開放厳禁
Delegacia de polícia	警察署		
Desvio	迂回せよ	Perigo	危険
Devagar	徐行	Ponto[Parada] de ônibus	バスの停留所
Elevador	エレベーター		
Em obras	工事中	Proibida a entrada de menores	未成年者入場禁止
Empurre; Empurrar	押す		
Encerrado[Fechado]	閉店、閉館中	Proibida a entrada na grama	芝生に立ち入り禁止
Entrada	入口、入場		
Entrada livre[grátis]	入場無料	Puxe; Puxar	引く
Entrada proibida	立入り禁止	Quebrado	故障
Entre	お入りください	Retorno proibido	Uターン禁止
Escada de incêndio	火災時非常階段	Saída de emergência	非常出口
Escada rolante	エスカレーター		
Estacionamento proibido	駐車禁止	Siga à esquerda [direita]	左[右]側通行
Expediente	執務時間	Semáforo	信号
Feriado regular	定休日	Siga	進め
Fora de uso	使用中止	Tinta fresca	ペンキ塗りたて
Horas de trabalho	営業時間	Trânsito impedido	通行止め
Liquidação	バーゲンセール		

練習問題

1. 日本語に訳しなさい。

   1) Que livro é esse que você está lendo?

   2) Esta menina tem pouca iniciativa.

   3) Não tenho amigo algum aqui.

   4) Eu mesma vou ao cartório em lugar dele.

   5) Percebo algo de estranho no ambiente desta casa.

   6) Nenhum aluno pode sair da sala de aula.

   7) Alguém está aí à minha procura?

   8) Leio diversas revistas de inglês.

2. 適切な動詞を選びなさい。

   1) Rafael [pode / sabe] falar japonês.

   2) Não [posso / sei] esquecer o que ele fez comigo.
      [o que ele fez comigo：彼が私にしたこと]

   3) A sua mãe [pode / sabe] dirigir o carro ?

   4) Vocês [podem / sabem] chegar na minha casa sem minha explicação ?

   5) Temos muito trabalho no momento, então não vamos [poder / saber] consertar o carro hoje ?

   6) Você [pode / sabe] esquiar ?

   7) Hoje em dia, meu avô não [pode / sabe] andar muito sem se cansar.

   8) Com esta cadeira, você vai [poder / saber] alcançar a última prateleira.

3. 下記の [ ] 内の疑問詞の中から最も適当なものを選んで、( ) 内に入れなさい。[同じ疑問詞を2度使用してもよい]

   1) (   ) é seu aniversário ?

   2) (   ) ele se chama ?

   3) (   ) você põe as chaves normalmente ?

4) (　　　　　) esse menimo vai embora ?
5) (　　　　　) custa essa blusa ?
6) (　　　　　) esse rapaz mora ?
7) (　　　　　) irmãos você tem ?
8) (　　　　　) ela está indo tão cedo?
9) (　　　　　) vocês acham disso ?
10) (　　　　　) se diz esse animal em português ?

[Como, Quando, Aonde, Por que, Onde, Quantos, Quanto, O que]

4. 各文の（　　）内に **tudo** か適切な形の **todo** を入れてから、訳しなさい。

1) Há cerca de 300 pedágios em (　　　　) o Brasil.
2) Vamos guardar (　　　　) na mala.
3) Para alugar um carro, (　　　　) os motoristas devem ter habilitação.
4) Na baixa estação, (　　　　) as locadoras fazem promoções.
5) Trabalhamos a semana (　　　　).
6) Eles vão arranjar (　　　　) os documentos através do consulado.
7) Servimos refeições (　　　　) dia, (　　　　) hora.
8) (　　　　) mundo gosta de sair cedo para evitar os engarrafamentos.
9) Em (　　　　) caso, é possível alugar o carro aqui e devolvê-lo em Porto Alegre.
10) Antes de (　　　　) você deve economizar.

5. 各文の（　　）内に適当な不定形容詞・不定代名詞を入れて、訳しなさい。

1) Você vai torcer para (　　　　) time? — Não, não vou torcer para (　　　　).
2) Vocês têm (　　　　) notícia do Adriano? — Não, não temos (　　　　).
3) Ele vai ficar em casa vendo o futebol, porque (　　　　) o convida para a festa.
4) Não deixam (　　　　) entrar na casa. Vou chamar (　　　　) para abrir a porta.
5) Por favor, preciso de (　　　　) informações.

6. 例のように、各文の（　）に、**alguém, ninguém, algum(a), nenhum(a), tudo, todos(as)** のいずれかを入れて文を完成しなさい。

　　例：(Alguém) aqui tem um dicionário?
　　　　Não, (ninguém) tem.

1) (　　　　) aqui é médico?
　 Não, (　　　　) aqui é médico.
2) (　　　　) vai para Copacabana?
　 Não, (　　　　) vai para Copacabana.
3) Você tem (　　　　) livro de italiano?
　 Não tenho (　　　　).
4) (　　　　) as janelas são de vidro?
　 Sim, (　　　　) as janelas são de vidro.
5) (　　　　) as cadeiras são marrons?
　 Sim, (　　　　) as cadeiras são marrons.
6) (　　　　) aí é verde?
　 Sim, (　　　　) é verde.
7) Tem (　　　　) atrás de você agora?
　 Não, não tem (　　　　).
8) Tem (　　　　) no banco à meia-noite?
　 Sim, tem (　　　　).

7. **poder** を用いた依頼の文を訳しなさい。

1) Estou com fome.
　 Pode me trazer alguma comida?
2) Está muito abafado aqui dentro.
　 Você pode abrir a janela?
3) Essa sopa está insossa.
　 Você pode (me) passar o sal?

4) Quero ver aquele documentário.

Você pode ligar a televisão?

5) Não alcanço a última prateleira.

Você pode pegar aquele banquinho?

6) Estou sem dinheiro na carteira.

Você pode me emprestar R$10,00? [R$10,00：10 レアル]

7) Quero mandar as fotos para você.

Você pode me dar o seu e-mail?

8) Não entendo o que eles estão falando. [o que ~：~すること]

Você pode traduzir o que eles estão falando para mim?

第5章

第9課
1. 直説法現在の不規則動詞
2. 時間・日付の表現
3. 曜日・月・季節の表現
4. 関係代名詞

第10課
1. 関係形容詞
2. 関係副詞
3. 直説法完全過去
4. 過去分詞と受身形

第 9 課

1 直説法現在の不規則動詞
1）1 人称単数が不規則な形をとる動詞

dormir「寝る」	:	**durmo …**（同変化の動詞は、cobrir「覆う」、encobrir「隠す」、descobrir「発見する」、engolir「飲み込む」、tossir「咳をする」、など）
ouvir「聞く」	:	**ouço …**
pedir「頼む」	:	**peço …**（同変化の動詞は、despedir「別れる」、desimpedir「～の障害を取り除く」、expedir「派遣する」、impedir「妨げる」、medir「計る」、など）
perder「失う」	:	**perco …**
sentir「感じる」	:	**sinto …**（同変化の動詞は、conseguir「獲得する」、despir「裸にする」、ferir「傷つける」、mentir「嘘をつく」、preferir「～のほうを好む」、repetir「繰り返す」、seguir「～に続く」、など）

＊ そのほかに saber と poder がある。（→第 8 課）

Eu não durmo bem quando estou preocupado.
  私は心配しているとき、よく寝られない。
Eu tusso muito depois de fumar demais.
  私はタバコを吸いすぎた後で、よく咳をする。(depois de ～ ～する後で)
Ouço dizer que ela vai visitar a China.
  彼女は中国を訪問すると私は聞いている。
Eu sempre peço desculpas quando chego tarde.
  私は遅く着くと、いつも謝ります。(pedir desculpas 許しを請う)
Às vezes, perco de vista meus amigos.
  時々、私は友人を見失う。(às vezes 時々；perder de vista 見失う)
Sinto muito, mas hoje não posso ir com você.
  とても残念ですが、今日は君と一緒に行けません。
Não consigo carregar sua mala, Pedro. Ela é pesada como chumbo.
  ペドロ、君のトランクを運べません。それは鉛のように重い。
Eu não minto, mas Renato mente muito.
  私は嘘をつきませんが、レナートはよく嘘をつきます。

2）3人称単数が不規則な形をとる動詞

 querer「欲する」 ： quero – quere – **quer** …（同変化の動詞は、desquerer「嫌う」、requerer「請願する」など）

 traduzir「訳す」 ： traduzo – traduzes – **traduz** …（同変化の動詞は、conduzir「案内する」、produzir「生産する」、など）

 Você quer tomar café ou suco de laranja?
  君はコーヒーか、オレンジジュースかどちらを飲みたいですか。
 Como o senhor traduz esta expressão para japonês ?
  あなたは、この表現をどのように日本語へ訳しますか。

3）1人称・3人称の単数が不規則な形をとる動詞

 dizer「言う」 ： **digo** – dizes – **diz** …（同変化の動詞は、contradizer「反論する」、maldizer「中傷する」、など）

 trazer「持ってくる」 ： **trago** – trazes – **traz** …

 ＊そのほかに fazer ならびにその派生語がある。（→第7課）

 Digo bom-dia para todos os alunos.
  私は、すべての生徒に「こんにちは」と言う。
 Esse ambulante sempre traz as notícias de lá.
  その行商人は、いつも向こうからのニュースをもたらす。

4）その他の不規則な活用をする動詞

 dar「与える」 ： **dou – dás – dá** – damos – dais – **dão**（同変化の動詞は、redar「再び与える」、など）

 passear「散歩する」 ： **passeio – passeias – passeia** – passeamos – passeais – **passeiam**（同変化の動詞は、altear「高くする」、baratear「安くする」、clarear「明るくする」、nomear「指名する」、recear「心配する」、saborear「味わう」、semear「種をまく」、など）

 odiar「嫌悪する」 ： **odeio – odeias – odeia** – odiamos – odiais – **odeiam**（同変化の動詞は、ansiar「切望する」、incendiar「火をつける」、mediar「仲介する」、remediar「直す」、など。ただし anunciar「知らせる」は規則活用する）

crer「信じる、思う」	:	**creio – crês – crê** – cremos – **credes – creem**（同変化の動詞は、descrer「信じない」、ler「読む」、reler「読み直す」、treler「おしゃべりをする、出しゃばる」、など）
ver「見る」	:	**vejo – vês – vê** – vemos – **vedes – veem**（同変化の動詞は、antever「予見する」、prever「想定する」、rever「精査する」、など）
construir「建設する」	:	construo – **constróis – constrói** – construímos – **construís – constroem**（同変化の動詞は、destruir「破壊する」、instruir「教育する」、reconstruir「再建する」、など少数）
diminuir「減少する」	:	diminuo – **diminuis – diminui** – diminuímos – **diminuís** – diminuem（同変化の動詞は、atribuir「帰する」、contribuir「貢献する」、incluir「含む」、influir「〜に影響を及ぼす」、possuir「所有する」、など）
sair「出る」	:	**saio – sais – sai – saímos – saís** – saem（同変化の動詞は、atrair「引きつける」、cair「落ちる」、distrair「楽しませる」、trair「裏切る」、など）
subir「上がる」	:	subo – **sobes – sobe** – subimos – subis – **sobem**（同変化の動詞は、acudir「助けに行く」、consumir「消費する」、cuspir「つばを吐く」、fugir「逃げる」、など）
vir「来る」	:	**venho – vens – vem** – vimos – **vindes –vêm**（同変化の動詞は、convir「同意する」、intervir「参加する」、sobrevir「続発する」、など。ただし、vir の合成動詞の2・3人称単数形は -véns・-vém となる）
pôr「置く」	:	**ponho – pões – põe – pomos – pondes – põem**（同変化の動詞は compor「構成する」、dispor「配置する」、expor「明らかにする」、impor「押し付ける」、supor「仮定する」、など。これらの動詞は第4変化の規則動詞と呼ばれることもある）

As lojas estão fechadas. Agora só dá para olhar vitrinas de fora.
　　店屋は閉まっている。今は外からショーウインドーを見ることができるだけである。
　　　（dar para 〜：〜できる、〜するのに十分である）

Eles passeiam demais de carro.　彼らはドライブしすぎる。

Quantas vezes por semana você se barbeia ?
　　君は週に何回髭を剃りますか。

Ela crê em Deus com certeza.　彼女は明らかに神の存在を信じている。

Vejo voar um avião claramente.
　　私は1機の飛行機が飛んでるのがはっきりと見える。

Antônio contribui muito para o desenvolvimento do país.
　　アントニオは国の発展にとても貢献している。

Saio logo de carro para o trabalho.　私はすぐに車で仕事に出かけます。

Você sempre cai doente no inverno, não é ?
　　君はいつも冬には病気にかかりますね。

Este carro consome muita gasolina.　この車はたくさんのガソリンを消費する。

De manhã Moisés sempre vem aqui para tomar café.
　　朝、モイゼスは ここにコーヒーを飲むためにいつも来る。

As garotas põem as roupas novas no Natal.
　　その女子達はクリスマスに新しい服を着ます。

Você põe açúcar no café ?
　　君はコーヒーに砂糖を入れますか。

2　時間・日付の表現

1）時間の表わし方

① 「何時ですか」の表現は、通常「**Que horas são ?**」、「～時～分です」は「**São[É]** ~(**+ horas**)**+** ~(**+ minutos**)」で表わされる。主語は現れず、通常、動詞は **ser** が使われる。「1時」には**É**が用いられる。

Que horas são agora ?　— É uma (hora).
　　今、何時ですか。　－1時です。

São exatamente dez (horas) da manhã[tarde・noite].
　　ちょうど午前（午後・夜）の10時です。

São quarto (horas) e vinte e um (minutos).
　　4時21分です。

＊ i) 「何時ですか」の表現には、上記のほかに　Que hora é (essa) ?, Quantas horas são ?, Tem horas aí ?, Pode me dar as horas? などもある。

ii)「ちょうど〜時です」は時間の前に exatamente・justamente などの副詞、あるいは時間の後に em ponto を置けばよい。
São oito da noite em ponto.　ちょうど夜の8時です。

iii)「正午」、「夜の12時」、漠然と「遅い」・「早い」・「〜をする時間です」などの表現においても、É が使われる。
É meio-dia.　正午です。　　É meia-noite.　夜の12時です。
Já é muito tarde.　もうとても遅いです。
Ainda é cedo.　まだ早いです。
É hora de almoçar.(= Está na hora de almoçar.)
　　昼食をとる時間です。

iv)「〜時15分」、「〜時半」は、それぞれ、quinze[um quarto], meia[trinta]が用いられる。
São nove e quinze[um quarto].　9時15分です。
São quatro e meia[trinta] da madrugada.　明け方の4時半です。

② 「〜時〜分前です」は「São(É) + 分 + para + 定冠詞 + 時間」の形が一般に用いられる。動詞はfaltar「欠ける」を使う場合もある。faltar を使う場合は直後に来る主語の数によって Faltam か Falta になる。また時刻の表現では、前置詞の後には必ず定冠詞が置かれることに注意する必要がある。
É[Falta] um(minuto) para as seis(horas).　7時1分前です。
São[Faltam] cinco para as dez da noite.　夜の10時5分前です。

　　*「São[É] + 時間 + menos + 分」の言い方もある。
　　São onze menos oito.　11時8分前です。

③ 「何時に〜しますか」は「A que horas ~?」と言い、「〜時までに…するか」は「Até que horas ~?」となる。
A que horas você quer tomar o café da manhã?
　　君は何時に朝食をとりたいですか。
Quero tomar às sete e meia.　私は7時半にとりたいです。
Vou almoçar aos quinze para o meio-dia.
　　私は正午15分前に昼食をとります。
A que horas é o jantar？　夕食は何時ですか。
Até que horas tenho que chegar ao aeroporto?
　　私は何時までに空港へ到着しなければなりませんか。

* i) 「何時に」という場合には、「前置詞 a＋定冠詞 a・as＋時間」つまり、à uma (hora)「1時に」、às duas (horas)「2時に」、…となる。分が続く際には、次のように、分には定冠詞を付けず、às três(horas) e cinco(minutos)「3時5分に」となる。

ii) 「正午に」、「夜の12時に」は、それぞれ、ao meio-dia, à meia-noite となる。

iii) 「〜時…分前に」は「前置詞 a＋定冠詞 o・os＋分＋para＋定冠詞＋時間」、たとえば、「5時5分前に」は "aos cinco para as cinco" となる。
Vamos partir aos cinco para a uma.　1時5分前に出発しましょう。
cf. 口語では aos の代わりに às を用いることがある。
　　Vamos partir às cinco para a uma.

iv) 公式の発表や勤務時間・営業時間などは24時間の言い方が用いられる。
O ônibus chega às dezesseis e trinta.
　　そのバスは16時30分に到着します。

2）日付の表現

日付の表わし方は、ポルトガル語では「日＋月＋年」の順番になり、1日のみ序数を用い、それ以後は基数を用いる。**o dia** は日にちを表わす。

Que dia do mês é hoje?　今日は何日ですか。
É (o dia) primeiro de maio.　5月の1日です。
É (o dia) nove de junho.　6月9日です。

* i) 月名は、すべて小文字で書かれ、普通、定冠詞はつかない。

1月	**janeiro**	2月	**fevereiro**
3月	**março**	4月	**abril**
5月	**maio**	6月	**junho**
7月	**julho**	8月	**agosto**
9月	**setembro**	10月	**outubro**
11月	**novembro**	12月	**dezembro**

ii) 「〜年〜月〜日」の順序は変わらないことから、月が示されれば、その前の数は日であることが明白なので o dia は省略できる。年の読み方は基数の読み方と同じである。
2011年5月5日は、5 de maio de 2011と表記され、cinco de maio de dois mil e onzeと読む。（→第6課　**3** 基数）
Quando é o seu aniversário (natalício)?
　　あなたの誕生日はいつですか。

O meu aniversário é no dia oito de janeiro.
　　私の誕生日は1月の8日です。
O Natal é depois de amanhã.
　　クリスマスは明後日です。

iii) 日付を表わすのに、動詞 estar + em も用いられるが、その際には、主語は不特定の人の意味の「私たち」となる。
Em que dia do mês estamos?　今日は何日ですか。
Estamos em[no dia] quatro de novembro.　11月の4日です。

3 曜日・月・季節の表現

1) 曜日の表わし方

Que dia da semana é hoje? (= Em que dia da semana estamos?)
　　今日は何曜日ですか。
Hoje é domingo. (= Estamos no domingo.)
　　今日は日曜日です。
Hoje é quarta. (= Estamos na quarta.)
　　今日は水曜日です。

* i) 曜日を表わすときも、日付と同様に動詞は ser も estar + em も使われる。

ii) 曜日名は以下のとおり。feira はしばしば省略され、複数形は（　）内のようになる。

日曜日	o domingo	(os domingos)
月曜日	a segunda-feira	(as segundas-feiras)
火曜日	a terça-feira	(as terças-feiras)
水曜日	a quarta-feira	(as quartas-feiras)
木曜日	a quinta-feira	(as quintas-feiras)
金曜日	a sexta-feira	(as sextas-feiras)
土曜日	o sábado	(os sábados)

iii) 「〜曜日に」は、「前置詞 em + 定冠詞 + 曜日」となるが、曜日が単数で使われるときには、前置詞も冠詞も省略することがある。
Ela vai ligar para você (na) quinta(-feira).
　　彼女は木曜日に君に電話をかけます。　　(ligar para 〜 : 〜に電話する)
Em que dia (da semana) cai a festa? ─ Cai na segunda(-feira).
　　そのパーティーは何曜日に当たりますか。－月曜日です。
　　　　(cair em 〜 = calhar em 〜 : 〜に当たる)

第9課

iv)　「いつも何曜日に」は曜日を複数形にする。この場合には、前置詞 em も冠詞も省略されない。そして、慣用的に、曜日が日曜日と土曜日であるときには、aos domingos・aos sábados のように前置詞は a を用いることが多い。

　　Esses meninos jogam beisebol aos[nos] sábados e domingos.
　　　　その少年たちは土曜日と日曜日に野球をする。
　　Em que dia da semana o professor Camargo aparece na universidade?
　　　　何曜日にカマルゴ先生は大学に来られますか。
　　Ele costuma aparecer nas terças e sextas(-feiras).
　　　　彼は火曜日と金曜日に来られることになっている。

2）月・季節の表わし方

① 今は何月ですか。

　Em que mês estamos? (= Qual é este mês?)
　　　今は何月ですか。
　Estamos em agosto. (= É agosto.)
　　　8月です。

② 今の季節は何ですか。

　Em que estação estamos? (= Qual é a estação do ano agora?)
　　　今は何の季節ですか。
　Estamos no verão. (= É verão.)
　　　今は夏です。

　＊ 四季「as estações do ano」は次のとおり。（　　）内はブラジルでその季節に該当する月名（南半球に位置していることから日本の逆）。

春	**a primavera**	(setembro, outubro, novembro)
夏	**o verão**	(dezembro, janeiro, fevereiro)
秋	**o outono**	(março, abril, maio)
冬	**o inverno**	(junho, julho, agosto)

4 関係代名詞

関係詞全般について、先行詞を修飾限定する制限用法と、コンマで区切って先行詞について補足的な意味を加える非制限用法がある。

1) que

性・数の変化をせず、先行詞に人でも物でもとり、主語でも目的語でも受けることができる。また、関係代名詞は省略されない。前置詞の目的語として用いられるときには、前置詞は関係代名詞の前に置かれる。ただし、**que** が前置詞を伴う場合の先行詞は物や場所に限られていて、人を受けることはない（→ **quem**）。また、この場合の前置詞は、通常、1音節である（→ **o qual・os quais・a qual・as quais**）。

A garota que é parecida com sua irmã está lá.
あなたの妹さんに似ている娘が向こうにいます。

Tenho o livro que você deseja ler.
私は君が読みたがっている本を持っています。

Este é o carro de que meu filho gosta muito.
これは私の息子が大好きな車です。

Essa é a razão por que ele recusa a sua proposta.
それは、彼があなたの提案を拒んでいる理由です。

A casa em que [onde] moramos é pequena demais.
私たちが住んでいる家は小さすぎます。

* i) em queは、場所を表わす名詞を先行詞とする場合には関係副詞のonde、時を示す名詞を先行詞とする場合にはquandoと置き換えられる。

ii) aqueles que ~「~する人々」を意味する os que ~という表現もある。

Estou preocupado com os que cheguem atrasados à reunião.
私は集会に遅刻する人々のことを心配している。

（cheguem → chegar の接続法現在3人称複数形）

2) o que

先行詞を含む意味で、「~すること」(= **aquilo que ~**) を示すときと、先行する句・節の内容全体を受けて、「そのこと」を表わすことがある。

Não entendemos bem o que aquele estrangeiro está exigindo.
我々は、あの外国人が要求していることがよく分からない。

Ele não está em casa, o que me parece estranho.
彼はいま家にいません。それは私には妙に思われる。

＊ 関係代名詞 que に、定冠詞を代名詞として用いた、o(s) que・a(s) que の形もあるが、これらはあくまでも同じ名詞の反復を避ける目的で、que の前に定冠詞 o(s)・a(s) をつけたものである。先行詞を明確・強調するには、o qual・os quais・a qual・as quais が用いられる。

Pode me mostrar aquele capote e o (capote) que está na vitrina?
あの外套とショーウィンドーにあるのとを見せてくれますか。

3） **quem**

性・数変化しない。先行詞をとる場合は人に限られ、しかも、必ず前置詞（**a, com, de, para, por** など）の目的語になる。先行詞なしで使われるときには、「〜する人[人々]」の意味になる。

Aquele é o senhor com quem sempre tomo café.
あれは、いつもコーヒーを一緒に飲む方です。

Ali está o estudante chileno a quem ensino inglês.
あそこに、私が英語を教えているチリの学生がいます。

Quem deve pagar sou eu.
支払わなければならないのは私です。

＊ quem が「〜する人[人々]」の意味の先行詞を内包してるときは、それに続く動詞は、原則として3人称単数形になる。

4） **o qual・os quais・a qual・as quais**

先行詞として人でも事物でもとることができる。先行詞の性数に合わせて、変化する。文語的。この関係詞は、先行詞を明確化・強調したり、語呂をよくするために用いられる。2音節以上の前置詞、群前置詞（2語以上が集まって1つの前置詞としての働きをするもの）、数詞、不定形容詞、最上級などの後で、とくに使われる。

Minha esposa sempre guarda as chaves na gaveta a qual fica à sua esquerda.
私の妻は、あなたの左にある引き出しにいつも鍵をしまっています。

A secretária do Sr. Suzuki, o qual está lá, fala demais.
あそこにいる鈴木氏の（女）秘書は、話しすぎる。（あそこにいるのは鈴木氏（男））

A gente gosta muito do cinema no qual há ar-condicionado.
人々はエアコンのある映画館が大好きである。

5） **quanto・quantos・quanta・quantas**
性・数の変化があり、「〜するところのすべての人・もの」の意味を持つ。先行詞として **tudo・todo(s)・toda(s)・tanto(s)・tanta(s)** が来る場合と、**tudo** を除いて、これらの語が形容詞として先行詞を修飾しているときに使われる。先行詞が文面に表われない形の **quanto・quantos** と、**tudo quanto・todo quanto** が比較的よく用いられるが、文語的な印象が強い。

Dois meses é todo tempo quanto posso ficar em Portugal.
　2ヶ月は私がポルトガルにいられるすべての時間です。

Isso é (tudo) quanto você sabe?
　それが、君の知っていることのすべてですか。

(Todos) Quantos estão aqui podem reclamar.
　ここにいる誰でも抗議できる。

Gosto muito de (tudo) quanto meu filho faz.
　私は、私の息子がすることすべてが大好きである。

練習問題

1. 時間と日付をポルトガル語で書きなさい。

   1) 午前 2 時 25 分　　　　　2) 午後 1 時 32 分

   3) 午後 6 時 40 分　　　　　4) 午前 7 時 30 分

   5) 午後 3 時 10 分前　　　　6) 17 時 15 分

   7) 4 月 1 日　　　　　　　　8) 11 月 8 日

   9) 3 月 31 日　　　　　　　10) 10 月 3 日

2. ポルトガル語に訳しなさい。

   1) 私はレストランでガラナをいつも頼みます。[guaraná]

   2) 彼女はとても早く家を出ます。

   3) 私はお母さんに本当のことを言います。[mamãe]

   4) パウロは学校にたくさんの本を持ってきます。

   5) 彼は机に鉛筆を置きます。

   6) 私はしばしば車の鍵を無くします。[muitas vezes、または、frequentemente]

   7) 私たちはテーブルにコーヒーカップを置きます。[xícaras de café]

   8) 私はときどき夕食の後に音楽を聴きます。[de vez em quando、または、às vezes]

9) 私は、いつも、ダンスパーティーで楽しみます。 [楽しむ：divertir-se]

10) その果物はポルトガル語でチェリモヤと呼ばれます。 [graviola]

11) 彼らはとても愛し合っています。

12) 彼らは自分たちのことしか考えていない。 [〜のことを考える：pensar em 〜]

13) 彼女は決して遅刻に対して罪を認めない。 [〜に対して罪を認める：culpar-se por 〜]

14) 私はいつも君のことを恋しく思います。

15) ペドロは勉強が大嫌いです。

3. （　　）内の動詞を直説法現在形に活用させ、訳しなさい。

1) Quando ela (subir) as escadas, fica muito cansada.

2) Eu (mentir) quando é necessário.

3) José sempre se (descobrir) quando dorme.

4) Ele (fugir) dos gatos, porque tem alergia.

5) Você sempre (servir) o jantar em sua casa, ou cada um se (servir)?

6) Ela não (sacudir) a garrafa de suco de laranja antes de beber.

7) Eu sempre (dormir) cedo.

8) Eu me (pentear) no instituto de beleza uma vez por semana.
[instituto de beleza = salão de beleza：美容院]

9) Você (clarear) esta sala pondo cortinas brancas nas janelas.
[pôr cortina(s)：カーテンをつける]

10) Ele não (nomear) para esta função, pessoas que não têm capacidade.
[pessoas que：～である人たち]

11) No fim de cada estação, nós (baratear) todas as mercadorias.
[mercadoria = artigo：商品]

12) Como Paulo não ouve muito bem, nós (alterar) o rádio sempre que ele está conosco.
[sempre que ～：～する時はいつでも]

13) Eles (semear) trigo todos os anos.

14) Vocês (recear) rodar nos exames. [rodar em ～：～に失敗する]

15) Aqueles meninos brigam, mas não se (esbofetear).

16) Parece-me que você não (confiar) muito nas pessoas. [confiar em ～：～を信頼する]

17) Ele não (dar) um tostão para os pobres.

18) Com sua atitude, você não (atrair) a simpatia das pessoas.

19) Eu (preferir) estudar de noite a de manhã.

20) Meu filho sempre (cair) doente no inverno.

4. (　　) 内に適当な関係代名詞を入れて、訳しなさい。

1) Esta é a moça em (　　　　) sempre penso.
2) A viagem em (　　　　) ela sempre pensa é impossível.
3) Qual é o preço da blusa (　　　　) está na vitrine?
4) Todos (　　　　) estão lá procuram água.
5) Todos podem morar perto dos lugares em (　　　　) trabalham.
6) Eles dizem (　　　　) querem, por isso ouvem (　　　　) não querem.
7) Ele está muito zangado, (　　　　) é muito ruim.
8) (　　　　) pergunta, aprende.
9) Ela tem uma aula de História, durante (　　　　) aprende a História Mundial.
10) O moço com (　　　　) sempre viajo é estrangeiro.

5. 各問いに (　　) 内の時間をポルトガル語にして、答えなさい。

1) Que horas são agora? (2:25)

2) A que horas você vai ao cinema? (8:45 da tarde)

3) A que horas ele vai à escola? (14:15)

4) A que horas eles vão à praça? (19:30)

5) A que horas o medico abre o consultório ? (13:05)

6) A que horas vocês almoçam? (1:00 da tarde)

7) A que horas o avião vai partir? (17:35)

8) A que horas o baile vai começar? (22:30)

9) A que horas você vai chegar em Londres? (12:00)

10) A que horas ele prefere jantar? (24:00)

6. 例に従って、表を完成しなさい。

例： falar → eu [falo]　　vocé [fala]　　eles [falam]
1) ler　　　→　eu [　　]　vocé [　　]　eles [　　]
2) despedir　→　eu [　　]　vocé [　　]　eles [　　]
3) odiar　　→　eu [　　]　vocé [　　]　eles [　　]
4) sorrir　　→　eu [　　]　vocé [　　]　eles [　　]
5) perder　　→　eu [　　]　vocé [　　]　eles [　　]
6) reduzir　　→　eu [　　]　vocé [　　]　eles [　　]
7) ouvir　　→　eu [　　]　vocé [　　]　eles [　　]
8) vir　　　→　eu [　　]　vocé [　　]　eles [　　]

7. (　　)内に必要な前置詞を補って、**o qual, os quais, a qual, as quais** のいずれかを入れ、訳しなさい。

1) Os programas, (　　　　　) eles fazem empréstimos, são excelentes.
2) Uma jovem estudante é a paciente (　　　　　) o sangue foi doado.
　　　　　　　　　　　　　　　　　[o sangue foi doado：血液が提供された]
3) O projeto (　　　　　) trabalhamos tanto é inexecutável.
4) Esperamos a resposta (　　　　　) depende o futuro da nossa firma.
5) Eles são amigos de infância (　　　　　) não tem segredos.

第10課

1 関係形容詞

1） cujo・cujos・cuja・cujas

先行詞（人・事物）の所有を表わす関係形容詞で、その形は修飾する直後の名詞の性・数に一致する。この関係詞は、話し言葉ではあまり用いられないが、文語では用いられる。

O rapaz, cuja mãe mora fora da cidade de São Paulo, é meu amigo íntimo.
　　母親がサンパウロ市の外に住んでいるその若者は私の親友です。

Aquele apartamento de luxo, cujo dono é estrangeiro, está abandonado.
　　所有者が外国人であるあのデラックスなアパートは放置されている。

O cavalheiro cujo terno é azul, é o Ministro da Educação.
　　青色のスーツの紳士は文部大臣です。

2） quanto・quantos・quanta・quantas

先行詞の前に置かれ、先行詞の性・数にしたがって変化する。意味は「〜するところのすべての」である。

Dou-lhe quanto dinheiro tenho em casa.
　　私が家に持っているお金全部をあなたにあげる。

Você tem que confessar quantos fatos sabe.
　　君は知っている事実をすべて告白しなければならない。

2 関係副詞

1） onde

場所を示す語を先行詞としてとる。先行詞を内包している場合もある。

Como se chama a praça onde (= em que) fica essa agência de turismo ?
　　その旅行社がある広場は、何という名前ですか。

Minha casa é muito longe de onde eu trabalho.
　　私の家は職場からとても離れている。

＊ 場所を示す語を先行詞とし、前置詞の目的語として用いられることもある。

Este é o parque por onde sempre passeio.
　　　これは、私がいつも散歩している公園です。

O lugar aonde você vai é perigosíssimo.
　　　君が行く場所は非常に危険です。

＊　その前に置かれるべき前置詞も含んだ意味で、「〜するところに」という副詞節になることもある。
>   Onde há fogo, há fumaça.
>   >   火のある所には、煙がある。（ことわざ：火のない所には、煙は立たぬ。）

2）**como**

方法、様態などを表わす語を先行詞とするが、省略されることが多い。
>   Detesto (o modo) como ela fala.
>   >   私は彼女の話し方が大嫌いです。

3）**quando**

時を示す語を先行詞としてとる。限定的な関係節では **em que** を用いるほうが多い。
>   Hoje é o dia quando(= em que) celebramos o aniversário de minha mãe.
>   >   今日は母の誕生日を祝う日です。

3 直説法完全過去

1）活用

| | -ar(ach-ar/ 思う) || -er(beb-er/ 飲む) || -ir(abr-ir/ 開く) ||
	単数	複数	単数	複数	単数	複数
1人称	ach-**ei**	ach-**amos**	beb-**i**	beb-**emos**	abr-**i**	abr-**imos**
2人称	ach-**aste**	ach-**astes**	beb-**este**	beb-**estes**	abr-**iste**	abr-**istes**
3人称	ach-**ou**	ach-**aram**	beb-**eu**	beb-**eram**	abr-**iu**	abr-**iram**

＊　i)　1人称複数形は、現在形か完全過去形かは文脈で判断する。

ii)　以下の動詞は1人称単数形で、正書法上の注意が必要である。

   a)　-car に終わる動詞　：　bus**car** → bus**quei**

   b)　-çar に終わる動詞　：　come**çar** → come**cei**

   c)　-gar に終わる動詞　：　che**gar** → che**guei**

   d)　-uar に終わる動詞　：　enxa**guar** → enxa**guei**

iii)　-air, -uir (-guir を除く) に終わる動詞には、3人称単数形を除いて綴り字記号が必要になる。

   cair「落ちる」　：　caí, caíste, caiu, caímos, caístes, caíram
   destruir「壊す」　：　destruí, destruíste, destruiu,
   　　　　　　　　　　destruímos, destruístes, destruíram

2） 用法

完全過去は、過去のある時点における動作や状態が完了したことを示す絶対時制であり、「点の過去」とも呼ばれる。

Já cansei de trabalhar com eles.
　　彼らと一緒に働くことにもう疲れた。
Você já comeu churrasco？　君はシュラスコを食べたことがありますか。
Não, nunca comi[ainda não comi].
　　いいえ、これまで食べたことがありません［まだ食べたことはありません］。
A inflação caiu muito e ao mesmo tempo o poder aquisitivo aumentou.
　　インフレーションがかなり収まると同時に購買力が高まった。
O Brasil, durante 300 anos como colônia de Portugal, desenvolveu-se lentamente.　ポルトガルの植民地として300年間、ブラジルはゆっくりと発展した。
Arnaldo me telefonou ontem à tarde e deixou um recado na secretária eletrônica.　アルナルドは、昨日の午後、私に電話をかけて、留守電に伝言を残した。
O público morreu de rir com as piadas desse cômico.
　　聴衆はそのコメディアンの笑い話で死ぬほど笑った。
Dois anos atrás, o problema semelhante ocorreu numa cidade próxima por onde passa o rio.
　　2年前に、同様の問題がその川が流れている近くのある町で起こった。

＊　頻度を表わす副詞などを伴って、経験を示すこともできる。
　　Eu já assisti ao filme duas vezes.
　　　　私はもうその映画を2回見たことがある。

4　過去分詞と受身形

1） 過去分詞

過去分詞は、完了時制（→第11課 **2** 直説法現在完了）の場合のように、動詞としての働きの他に、形容詞としても用いられる。過去分詞が形容詞的な働きをするときは、形容詞と同様に限定的用法と叙述的用法とがあり、性数変化をする。他動詞の過去分詞は「〜された」という受動の行為、自動詞の過去分詞は「〜した」という動作の完了を示す。

動詞によって、その規則形過去分詞をもつもの、不規則形の過去分詞を持つもの、両方持つものの3つのタイプがある。

第 10 課

① 規則形

    -ar 動詞 → 語幹 + ado ： achar → achado
    -er 動詞 → 語幹 + ido ： beber → bebido
    -ir 動詞 → 語幹 + ido ： subir → subido

  ※ -air, -uir (-guir 動詞を除く) で終わる動詞の過去分詞は、-aído, -uído のように i にアセント・アグードをつける。

② 不規則形のみを持つ動詞

abrir	開く	→ aberto	cobrir	覆う	→ coberto
descobrir	発見する	→ descoberto	dizer	言う	→ dito
escrever	書く	→ escrito	fazer	作る	→ feito
morrer	死ぬ	→ morto	pôr	置く	→ posto
ver	見る	→ visto	vir	来る	→ vindo

  ※ i) vir の過去分詞は現在分詞と同形である。

    ii) 上記の動詞の派生語も原則として同様の不規則変化をする。

③ 規則形と不規則形を持つ動詞

  ＊不規則形のみ表記

aceitar	受け入れる	→ aceito	acender	点火する	→ aceso
benzer	祝福する	→ bento	dispersar	分散する	→ disperso
eleger	選ぶ	→ eleito	emerger	出現する	→ emerso
entregar	渡す	→ entregue	envolver	包む	→ envolto
enxugar	乾かす	→ enxuto			
expressar・exprimir	表現する	→ expresso			
expulsar	追放する	→ expulso	extinguir	消火する	→ extinto
frigir	油で揚げる	→ frito	findar	終わらせる	→ findo
ganhar	得る	→ ganho	gastar	消費する	→ gasto
imprimir	印刷する	→ impresso	inserir	挿入する	→ inserto
isentar	免除する	→ isento	limpar	清潔にする	→ limpo
matar	殺す	→ morto	murchar	しおれさせる	→ murcho
omitir	省く	→ omisso	pagar	支払う	→ pago

147

prender	逮捕する	→ preso	romper	壊す	→	roto
salvar	救う	→ salvo	secar	乾燥する	→	seco
soltar	放つ	→ solto	sujeitar	支配する	→	sujeito
suspende	支える	→ suspenso	tingir	染める	→	tinto

＊規則形は、原則として、動詞として、つまり ter あるいは haver と共に完了時制に用いられ、不規則形は受身形を含めたその他の場合に用いられる。最近の傾向として、2つの形を持ちながら不規則形のみが使われていることもある。

2）受身形

ser + 他動詞の過去分詞 + por + 行為者

この場合の過去分詞は主語の性・数に一致し、一般に行為者は前置詞 **por** によって示される。そして、2つの過去分詞を持つ動詞の場合は不規則形が使われる。また、再帰代名詞 **se** を用いた表現の受身形もある（→第7課 **2** 再帰動詞）。

O café da manhã é preparado por ela.
　朝食は彼女によって準備される。

Todos os lugares no estádio são numerados, por isso todos assistem ao jogo sentados.
　スタジアムのすべての場所は番号順に表示されているので、すべての人が試合を座って見ます。

As cartas são entregues pelos carteiros.
　手紙は郵便配達人によって手渡される。

＊ⅰ）「estar + 過去分詞」の表現は、他動詞の過去分詞の場合では「動作がなされた後の状態」、自動詞の過去分詞の場合は「動作の終わった後の状態」を示していると思われる。

　　A gente está satisfeita (← satisfazer) com a vitória.
　　　人々は勝利に満足している。
　　As árvores estão derrubadas nessa região.
　　　木々はその地域では伐採されている。
　　A reunião está acabada.
　　　その集会は終わっています。
　　A portaria já está aberta.
　　　その案内所はもう開いています。

ii) ser, estar 以外でも、ficar, parecer, permanecer などの動詞の主格補語として用いられる。

A criança ficou sossegada com a presença da mãe.
　その子は母親がいることで落ち着いた。

読みましょう！ CD-34

［人　体］

O homem tem uma cabeça, um tronco e membros. Na cabeça estão o crânio e o rosto. O tronco parece uma casa de dois andares: a parte de cima é o tórax e a parte de baixo é o abdome. O tórax tem duas partes: peito e costas. O abdome tem também os nomes de barriga e ventre. Os membros são braços e pernas. Os braços são os membros superiores e as pernas são os membros inferiores.

No crânio estão os cabelos. No rosto estão os olhos, os ouvidos, o nariz para cheirar e respirar. Na boca temos os dentes para mastigar as coisas e a língua para sentir o gosto, para engolir os alimentos e para falar.

Vamos localizar:　Os olhos estão abaixo da testa.
　　　　　　　　　O queixo está acima do pescoço.
　　　　　　　　　O nariz está entre a testa e a boca.
　　　　　　　　　A boca está entre o nariz e o queixo.

[身体に関する語(句)]

o corpo humano	人体	a cabeça	頭
o cabelo	頭髪	o rosto	顔
a testa	額	a fonte	こめかみ
a orelha	耳	o tímpano	鼓膜
as sobrancelhas	眉	o cílio	まつ毛
as pálpebras	まぶた	o olho	目
a pupila	瞳孔	o nervo ocular	視神経
a bochecha	ほお	o nariz	鼻
as narinas	鼻孔	a boca	口
o lábio	唇	a língua	舌
o dente	歯	a gengiva	歯ぐき
o queixo	あご	a barba	あごひげ
o bigote	口ひげ	o pescoço	首
a garganta	のど	a nuca	うなじ
a maçã-de-adão	のどぼとけ	o tronco	胴
as costas	背中	o ombro	肩
o peito	胸	os seios	乳房
o mamilo	乳頭	a axila; o sovaco	脇の下
a cintura; o quadril	腰	as nádegas	臀部
a barriga; o abodome	腹	o flanco	横腹
o baixo-ventre	下腹	o umbigo	へそ
os membros	四肢	o braço	腕
a mão	手	o pulso	手首
a palma da mão	手のひら	o dorso da mão	手の甲
o punho	こぶし	o dedo	指
o polegar	親指	o indicador	人差指
o médio	中指	o anular	薬指
o mínimo	小指	a unha	つめ
a perna	脚	a coxa	もも
o joelho	ひざ	a barriga da perna	ふくらはぎ
o tornozelo	足首	o pé	足
o calcanhar	かかと	o pelo	毛
o osso	骨	o crânio	頭蓋骨
a espinha dorsal	背骨	a junta; a articulação	関節
os órgãos internos	内臓	a laringe	喉頭

第 10 課

a faringe	咽頭	o aparelho respiratório	呼吸気管
o brônquio	気管支	a pleura	肋膜
o pulmão	肺	o peritôneo	腹膜
o coração	心臓	o vaso sanguíneo	血管
o sangue	血	as artérias	動脈
as veias	静脈	a carótida	頚動脈
o aparelho digestivo	消化器官	o esôfago	食道
o estômago	胃	o intestino	腸
o duodeno	十二指腸	o intestino grosso	大腸
o intestino delgado	小腸	o apêndice	盲腸
o reto	直腸	o[os] ânus	肛門
o fígado	肝臓	o[os] pâncreas	膵臓
os rins	腎臓	a próstata	前立腺
a bexiga	膀胱	o testículo	睾丸
o[os] pênis	ペニス	o útero	子宮
o ovário	卵巣	a vagina	膣
a pressão arterial	血圧	a pulsação	脈拍
a temperatura	体温	a temperatura normal	平熱
o cérebro	脳	a medula espinhal	脊髄
o nervo	神経	o músculo	筋肉
o tendão de Aquiles	アキレス腱	a glândula linfática	リンパ腺
a pele	皮膚	a mucosa	粘膜
a pinta	ほくろ	a mancha	しみ
o estigma	あざ	a verruga	いぼ
a gordura subcutânea	皮下脂肪	a caspa	ふけ
a lágrima	なみだ	o sangue nasal	鼻血
o corrimento nasal	鼻水	a remela	目やに
o cerume	耳あか	a urina	尿
as fezes	大便	o bocejo	あくび
o soluço	しゃっくり	o suor	汗
a tosse	せき	o pus	うみ
a saliva	つば	o escarro	たん
o espirro	くしゃみ	o vômito	嘔吐

151

練習問題

1. 各文を受身形に直しなさい。

   1) Adálio come uma torta.

   2) Jorge parte o bolo de casamento.

   3) Cecília faz o bolo.

   4) José gasta muito dinheiro.

   5) Ele paga a conta no restaurante.

   6) Graça vende essa casa.

   7) Maria faz o guisado.

   8) Luís abre uma garrafa de vinho.

   9) André vê Neto.

   10) Pedro compra uma bicicleta.

2. （　　）内に適当な関係詞（一語）を入れて、訳しなさい。

   1) Eu vou comprar uma camisa naquela loja (　　　　) ele trabalha.
   2) O Sr. Ono trabalha na firma (　　　　) há muito serviço.
   3) O carro (　　　　) luzes estão apagadas é americano.
   4) Meu amigo (　　　　) mãe está doente é de Belo Horizonte.

5) Não gosto do modo (　　　　) ele canta.
6) Amanhã é o dia (　　　　) nós vamos para Portugal.
7) Este é o jardim botânico por (　　　　) passeio às vezes.
8) (　　　　) não há muita água, não crescem bem as plantas.
9) A casa, (　　　　) dono é empresário de uma firma grande, fica naquela esquina.
10) O hotel (　　　　) os jogadores hospedam-se fica nas montanhas.

3. (　) 内の動詞を過去分詞にして下線部に入れ、文を完成させなさい。
   1) A roupa é ＿＿＿＿＿ sobre a mesa por você. (pôr)
   2) A casa é ＿＿＿＿＿ todos os dias pela empregada. (limpar)
   3) Muitos bolos são ＿＿＿＿＿ por minha mãe no dia do meu aniversário.
                                                                (fazer)
   4) Muitas cartas são ＿＿＿＿＿ pelo carteiro todos os dias. (entregar)
   5) Por quem é ＿＿＿＿＿ esta janela todas as manhãs? (abrir)

4. (　) 内の動詞を [　] に直説法完全過去に活用させて入れ、訳しなさい。
   1) O que você comeu lá? Eu (comer) [　　　] empada.
   2) Você (beber) [　　　] vinho ou caipirinha? Eu (beber) [　　　] vinho tinto.
   3) Vera (ganhar), [　　　] muitos presentes? Sim, (ganhar) [　　　].
   4) A que horas a festa (começar) [　　　]? (começar) [　　　] às 10h e (terminar) [　　　] às 4h da madrugada.
   5) Eu (esperar) [　　　] por você até as 3:00h.
   6) Ontem ela (gastar) [　　　] muito dinheiro na loja.
   7) Eu (perder) [　　　] muito dinheiro em Las Vegas.
   8) Semana passada eles (viajar) [　　　] para a Alemanha.
   9) Você (precisar) [　　　] ir ao Consulado da França para conseguir o visto?

10) Quem (pagar) [   ] a conta no restaurante ?

5. 日本語に訳しなさい。

1) Você se despediu do dono da casa?
2) Ela se cortou com a faca.
3) Você se veste rápido?
4) Alícia se comportou bem na escola.
5) Vocês se conformaram com a derrota de seu time?
6) Maria se formou no ano passado.
7) Quando elas se mudaram para esta cidade?
8) Você se lembra da sua primeira professora?
9) Eu me machuquei no quintal.
10) Vocês se divertiram muito na festa ?

6. 各語を正しい順番に並べかえ、訳しなさい。

1) [nunca   nos   ajuda   ofereceu   ele]

2) [cumprimentou   alguém   me]

3) [lhes   quem   a casa   ?   vendeu]

4) [assinei   recebi   os   assim   que   documentos   os]

5) [nos   chaves   entregaram   hoje   as   do   carro]

7. (　　) 内に **que, quem, onde** のいずれかを入れ、訳しなさい。

  1) O hotel (　　　　) fiquei era muito bom.
  2) Os ministros com (　　　　) tivemos a entrevista são do estado de São Paulo.
  3) Os remédios (　　　　) vocês precisam são pagos pelo governo.
  4) Com o dinheiro da Bolsa Família (　　　　) recebemos compramos alimentos.
  5) A cidade até (　　　　) nós andamos é muito longe.

8. (　　) 内に **cujo(s), cuja(s)** のいずれかを入れ、訳しなさい。

  1) O programa (　　　　) objetivos são combater a fome e a miséria, é o Bolsa Família.
  2) O hospital, (　　　　) vacinas foram desenvolvidas no Instituto Oswaldo Cruz, atendeu vinte mil pacientes.
  3) O homem (　　　　) terno é azul, é o Ministro da Educação.
  4) O senhor, (　　　　) consulta é cancelada, vai voltar sem falta amanhã.
  5) Vocês podem ver aquela casa grande (　　　　) portão está aberto.

notas

第6章

第11課
1. 直説法完全過去の不規則動詞
2. 直説法現在完了
3. 形容詞・副詞の比較級
4. 手紙の名宛人に対する敬称と結語
5. 尊称を表わす人称代名詞

第12課
1. 直説法不完全過去
2. 形容詞・副詞の最上級
3. 単人称動詞
4. 感嘆の表現
5. 不定主語文

第 11 課

1 直説法完全過去の不規則動詞

1）活用

ser, ir ：	fui,	foste,	foi,	fomos,	fostes,	foram
ter ：	tive,	tiveste,	teve,	tivemos,	tivestes,	tiveram
estar ：	estive,	estiveste,	esteve,	estivemos,	estivestes,	estiveram
haver ：	houve,	houveste,	houve,	houvemos,	houvestes,	houveram
dar ：	dei,	deste,	deu,	demos,	destes,	deram
dizer ：	disse,	disseste,	disse,	dissemos,	dissestes,	disseram
fazer ：	fiz,	fizeste,	fez,	fizemos,	fizestes,	fizeram
poder ：	pude,	pudeste,	pôde,	pudemos,	pudestes,	puderam
pôr ：	pus,	puseste,	pôs,	pusemos,	pusestes,	puseram
querer ：	quis,	quiseste,	quis,	quisemos,	quisestes,	quiseram
saber ：	soube,	soubeste,	soube,	soubemos,	soubestes,	souberam
trazer ：	trouxe,	trouxeste,	trouxe,	trouxemos,	trouxestes,	trouxeram

＊trouxe の発音は ['trousi] である。

ver ：	vi,	viste,	viu,	vimos,	vistes,	viram
vir ：	vim,	vieste,	veio,	viemos,	viestes,	vieram

2）用例

O gerente da empresa foi à cidade de São Paulo depressa.
　　その企業の支配人は急いでサンパウロ市へ行った。

Esse trabalho não foi fácil de fazer.
　　その仕事はするのが容易ではなかった。

O susto foi tão grande que meia hora depois eu ainda estou tremendo como varas verdes.
　　驚きは非常に大きかったので、私は 30 分後でもなお真っ青になって震えています。

Luiz não teve medo de cachorros.
　　ルイスは犬を怖がらなかった。

Aquele rapaz já esteve na Inglaterra.
　　あの若者はイギリスへすでに行ったことがあった。

＊「まだ行ったことがなかった」の意なら、já の代わりに nunca という否定の副詞に代えればよい。

Você sabe o que houve com ela?
  彼女に何があったのか、君は知っていますか。
Ela fez regime rigoroso para recuperar a saúde.
  彼女は健康を回復するために厳しいダイエットをした。
Nós demos esmola para aquele mendigo.
  私たちはあの乞食に施しをした。
O projeto não deu certo.　　＊ dar certo：「首尾よくいく」
  その計画はうまくいかなかった。
Eles não disseram nada contra a nossa opinião.
  彼らは我々の意見に反対であるとまったく言わなかった。
＊ nada は否定語であるが、não ~ nada で二重否定にはならず、この場合の nada は強めの副詞である。また、contra の反対の表現は a favor de 「～に支持して」である。
Pudemos viajar tranquilos graças à ajuda delas.
  私たちは、彼女たちの助力のおかげで何事もなく旅行できた。
Nenhum avião não pôde levantar voo.
  1機の飛行機も飛び立てなかった。
Eu não pus o copo em cima da mesa.
  私は食卓の上にコップを置かなかった。
O que houve?　—— Não houve nada.
  何があったの。－何もなかったよ。
O Sr. Vasco cortou relações com esse homem, mas ninguém soube por quê.
  ヴァスコ氏はその男との関係を絶ったが、誰も理由を知らなかった。
Por que ele não trouxe nada para a gente?
  なぜ彼は我々に何も持ってこなかったのか。
Vimos Pedro saindo do hotel.
  私たちはペドロがホテルから出て行くのを見た。
＊ 「知覚動詞 ver (その他 ouvir, sentir, notar, observar など)＋目的語＋現在分詞」の形で、「～が…しているのを見る」の意味である。現在分詞の代わりに不定詞が用いられることもある（→第15課　1 不定詞）。
Muitos imigrantes japoneses, russos e italianos vieram inicialmente para trabalhar na agricultura.
  日本やロシア、イタリアの多くの移住者は、当初、農業で働くためにやってきた。

2 直説法現在完了：「ter の直説法現在形 + 過去分詞」

この時制においては、助動詞として、通常、**ter** しか用いず、過去分詞は性数変化をしない。ポルトガル語では過去に起こった動作・状態を現在と結び付けて、過去から現在まで繰り返し行われている行為や過去から現在まで続く状態を示す。

Como é que você tem passado recentemente?
　　君は、最近、どのように過ごしてきているの？
Eu tenho sonhado com você todas as noites.　私は、毎晩、君の夢を見ている。
Francisco tem visitado a biblioteca desde o mês passado.
　　フランシスコは先月から図書館へ通っている。
Não tenho ido ao clube de tênis ultimamente.
　　このところ、私はテニスクラブへ行っていません。

＊ 現在完了は下記の例のように、演説などの最後に完了したことを強調するために使われることがあるが、完了・結果・経験を表わすことはほとんどない。
　　Tenho dito.　以上で終わります。

3 形容詞・副詞の比較級

1） 優等比較級：「〜よりも...である」→「... mais + 形容詞・副詞 + (do) que 〜」
Este garçom é mais simpático (do) que aquele.
　　このウェイターはあのウェイターよりも感じがいい。
　　　　　　　　　　　　　　　　　　　　　［形容詞の示す程度・状況の比較］
O ator é mais famoso (do) que a atriz.　その男優はその女優よりも有名です。
O cachorro corre mais rapidamente (do) que o gato.
　　犬は猫よりも速く走る。　　　　　　　　　［副詞の示す程度・状況の比較］
Minha mãe acorda muito mais cedo (do) que eu.
　　母は私よりもずっと早く目を覚ます。

＊ i) 比較の表現において、que 以下に主節の動詞と異なる動詞が来るときには、do que を用いることになっているが、同じならば、que でも、do que でもよい。
　　Esse comerciante é mais inteligente do que vocês pensam.
　　　その商人は君たちが考えているよりも賢い。
　ii) 同じ副詞を重ねる比較級では、次のようになる。
　　Pedro vai chegar tarde, Carlos mais e Antônio ainda mais.
　　　パウロは遅く着く、カルロスはもっと遅く、アントニオはなお一層遅く着く。

iii) 同一の人や事物について、その異なる性質を比較するときには、「...antes + 形容詞・副詞 + (do) que ~」の表現もある。

José é antes[mais] esperto (do) que calculador.
　ジョゼは計算高いというよりもずる賢い。

2）劣等比較級：「~ほど...ではない」→「**...menos + 形容詞・副詞 + (do) que ~**」

Esse prato é menos gostoso (do) que aquele.
　その料理はあの料理ほどおいしくない。　［形容詞の示す程度・状況の比較］
Ele trabalha menos aplicadamente (do) que seu primo.
　彼は彼の従兄弟ほど勤勉には働かない。　［副詞の示す程度・状況の比較］

3）同等比較級：「~と同じくらい...である」→「**...tão + 形容詞・副詞 + como[quanto]**」

Julho é tão quente como[quanto] agosto no Japão.
　日本では7月は8月と同じぐらい暑い。　［形容詞の示す程度・状況の比較］
Esta sala é tão pequena quanto[como] a minha.
　この部屋は私の部屋と同じぐらい小さい。
Rosa fala tão devagar como[quanto] você.
　ローザは君と同じほどゆっくりと話す。　［副詞の示す程度・状況の比較］

＊　i) 名詞の数量の同等比較のときは tanto を用いる。性数の変化がある。

　　Tomei tanta cerveja como[quanto] Carlos.
　　　私はカルロスと同じぐらいのビールを飲んだ。
　　Ela comprou tantos bolos quanto[como] Maria.
　　　彼女はマリアと同じ数のケーキを買った。

　ii) 動詞の程度の同等比較には、副詞の tanto を用いる。

　　Meu irmão mais velho estuda tanto como[quanto] meu primo.
　　　私の兄は従兄弟と同じぐらい多く勉強している。

　iii) 2つの形容詞を用いた同等比較の表現では、tanto の省略形の tão と quanto の省略形 quão を使う。

　　O padre é tão religioso quão intelectual.
　　　その神父は知的であり信心深くもある。

　iv) 形容詞から副詞を作るには、一般に次のようになる。なお、副詞になっても、形容詞のときのアクセントは第2アクセントとして残るが、表記上はアクセント記号は消える。

a) -o で終わる語は、-a に変えて -mente を付加する。
  exato「正確な」 → exatamente「正確に」
  econômico「経済的な」 → economicamente「経済的に」

b) それ以外の語には、そのまま -mente を加える。
  fácil「容易な」 → facilmente「容易に」
  confortável「快適な」 → confortavelmente「快適に」

c) -mente が連続して使われるときには、最初の語の mente を省略することができる。
  Ele falou esforçada, sincera e continuamente.
   彼は元気よく、誠実に、かつ、継続的に話した。

4） 不規則な比較級を持つ形容詞・副詞

形容詞	副詞	比較級	形容詞	副詞	比較級
muito	muito →	mais	mau, ruim	mal →	pior(-es)
pouco	pouco →	menos	grande		→ maior(-es)
bom	bem →	melhor(-es)	pequeno		→ menor(-es)

不規則な比較級は上記の如く、優等比較級である。下線のある語は形容詞と副詞が同形のものである。副詞の場合は性数変化はしない。**mais** と **menos** 以外の形容詞の比較級は男女同形であるが、数変化はある。

Eles têm mais carros (do) que nós.
 彼らは我々よりも多くの車を持っている。[名詞の数量の比較]

Aquele balconista recebeu mais gorjeta (do) que os outros.
 あの店員は他の人たちよりも多くのチップを受け取った。

O pescador pegou menos peixes (do) que os clientes quiseram.
 その漁師はお客さんが望んだよりも少ない魚を釣っただけであった。

① 劣等比較級あるいは同等比較級には原級を使う。
 O seu cachorro é maior (do) que o meu.〔優等比較〕
  あなたの犬は私の犬よりも大きい。
 O seu cachoro é menos grande (do) o meu.〔劣等比較〕
  あなたの犬は私の犬ほど大きくない。
 O seu cachorro é tão grande como[quanto] o meu.〔同等比較〕
  あなたの犬は私の犬と同じぐらい大きい。
 Ela dança uma valsa pior (do) que Souza.〔優等比較〕
  彼女はソウザよりも下手にワルツを踊る。

第 11 課

Ela dança uma valsa menos mal (do) que Souza.〔劣等比較〕
　彼女はソウザほど下手にはワルツを踊りません。
Ela dança uma valsa tão mal como[quanto] Souza.〔同等比較〕
　彼女はソウザと同じくらい下手にワルツを踊る。

② 同一の人・物の比較では、不規則な比較級でなく、**mais grande, mais pequeno, mais bom, mais mau** などの形が用いられる。この場合 **mais** は「むしろ」を意味する。**mais** の代わりに **antes** を用いてもよい。
O cavalo é mais[antes] grande (do) que pequeno.
　その馬は小さいというよりも大きい。
Ele é mais[antes] bom (do) que inteligente.
　彼は頭が良いというよりも善良である。

③ 副詞 **bem, mal** は、過去分詞の前では **melhor, pior** の代わりに、それぞれ **mais bem, mais mal** の形も使われる。
Isto é mais bem feito (do) que aquilo.
　これはあれよりも見事に作られている。

5）他の比較表現
① 数詞や数量を従えて数の多少を示すときは、**que** ではなく **de** を用いる。範囲を示す「〜より上（の）」、「〜より下（の）」には、それぞれ、**acima de …, abaixo de …** という表現がある。
Ele pesa menos de 80 quilos.　彼の体重は 80 キロ以下です。
Esta motocicleta do modelo novo custou mais de meio milhão de ienes.
　新型のこのオートバイは 50 万円以上した。
Este brinquedo é para as crianças acima de 6 anos.
　このおもちゃは 6 歳以上の子供用である。
A temperatura desceu a 5 graus abaixo de zero.
　温度は零下 5 度に下がった。

② 「とても〜なので…する」、「とてもたくさん（の）〜なので…する」は、それぞれ「〜 **tão** ＋形容詞・副詞＋ **que** …」、「〜 **tanto**（＋名詞） **que** …」で表わされる。
Esta casa é tão cara que não posso comprá-la.
　この家はとても高いので、私は買えません。

163

Anteontem fez tanto calor que tomei muita água.
: 一昨日はとても暑かったので、私は水をたくさん飲みました。

Helena teve tantas coisas para fazer que não pôde ir ao cinema.
: エレナはすることがたくさんあったので、映画へ行くことができませんでした。

Estudei tanto que fiquei com dor de cabeça.
: 私はたくさん勉強したので、頭が痛くなりました。

③「～すればするほど、一層 … となる」は、「**(quanto)** 比較級～、**(tanto)** 比較級 …」という形で表現される。

Quanto mais se estuda, tanto mais se aprende.
: 人は勉強すればするほど、それだけ多くのことを学ぶ。

(Quanto) Mais rico, (tanto) mais avarento.
: 金持ちになればなるほど、一層けちになる。

＊ この表現では、quanto・tanto や主語が省略されたり、形容詞や副詞が強調されるので、多くの場合に主語と述語の順番が逆になる。

④「できるだけ～」は「… **tanto quanto possível**」で表わす。

Vou tomar medidas cabíveis depressa tanto quanto possível.
: できるだけ急いで適切な措置を講じます。

⑤ それ自体で比較の意味を有している **anterior**「以前の」・**posterior**「以後の」・**superior**「優れた」・**inferior**「劣った」・**interior**「内部の」・**exterior**「外部の」などは、比較する対象を **(do) que** ではなく、**a** で示す。

a época posterior ao descobrimento do Brasil
: ブラジルの発見以後の時代

4 手紙の名宛人に対する敬称と結語

① 公式の手紙の場合の名宛人には、以下の敬称をつける。

Exmo. Senhor ~	～ 殿（男性宛）
Exma. Senhora ~	～ 殿（女性宛）
Exmos. Senhores ~	団体・会社宛

＊ Exmo.(Excelentíssimo), Exma.(Excelentíssima) の代わりに Ilmo. (Ilustríssimo), Ilma. (Ilustríssima)も使われる。

結びの語句には、次のようなものがある。

Subscrevo-me, Subscrevemo-nos, Atenciosamente, Respeitosamente, など。

② 非公式な手紙の場合には、以下の敬称をつける。

Prezado(s) Senhor(es), Prezada Senhora, Prezados Amigos, など。

結びの表現には次のようなものがよく見られる。

Cordiais saudações, Cordialmente, Agradeço-lhe por sua atenção, Um forte abraço, Com todo meu carinho, Um abraço, Beijos

③ 完全な私信の場合には、特別な決まった語句がないが、以下のような語が名前の前に付けられることが多い。

男性に対して [Meu] Caro / Querido ~、女性に対して [Minha] Cara / Querida ~、など。

結びの語句も種々である。

Abraços, Beijos, Com saudades, Com carinho, など。

5 尊称を表わす人称代名詞

呼　称	略　号	対象者
Vossa Alteza	V.A.	皇太子、王妃、公爵：「殿下」
Vossa Eminência	V.Em^a	枢機卿：「猊下」
Vossa Excelência	V.E.X.^{a}	政府・軍などの高官：「貴下」
Vossa Magnificência	V.Mag.^{a}	大学の学長、総長：「貴殿」
Vossa Majestade	V.M.	王、皇帝：「陛下」
Vossa Excelência Reverendíssima	V.Ex.ª Rev.^{a}	司教、大司教：「猊下」
Vossa Paternidade	V.P.	僧院長、修道院の上級僧：「尊師」
Vossa Reverendíssima	V.Rev.^{a}	聖職者一般：「尊師」
Vossa Santidade	V.S.	法皇：「聖下」
Vossa Senhoria	V.S.^{a}	Vossa Excelência には該当しないが高位の人、高級官僚、大佐より上の軍人、形式を重んじる人：「貴殿」、「貴下」

* i) 人称はすべて 3 人称で受ける。

　ii) Vossa Excelência は申請書などでは、研究機関、役所などの所長などの一般の高い役職者にも使われる。

　iii) Ilustríssimo(a) Senhor(a)や Excelentíssimo(a) Senhor(a)も手紙でよく使用される。また、ブラジルでは、職業や名誉を表わす称号の前には o senhor, a senhora をつけることはまれである。

練習問題

1. (　　)内の動詞を直説法完全過去に活用させて、訳しなさい。

   1) (Na) Semana passada eu [　　　　] à praia. (ir)
   2) Ontem ela [　　　　] meu livro. (trazer)
   3) Ela me [　　　　] a verdade. (dizer)
   4) Anteontem eu [　　　　] de carro, mas ele [　　　　] de ônibus. (vir)
   5) Ela [　　　　] o livro na mesa. (pôr)
   6) Você [　　　　] de tudo? (saber)
   7) Nós não [　　　　] aqui ontem. (estar)
   8) Eu [　　　　] uma dor de cabeça. (ter)
   9) Você me [　　　　] um vinho muito bom. (dar)
   10) Eu [　　　　] uma viagem gostosa à Bélgica. (fazer)
   11) Eu não [　　　　] ir à festa. (poder)
   12) André não [　　　　] Júlia na praia. (ver)
   13) Aquele senhor [　　　　] uma cirurgia (na) semana passada. (fazer)
   14) Nós [　　　　] o possível, mas não conseguimos falar com ele. (fazer)
   15) Pedro [　　　　] despedido desse cargo. (ser)

2. (　　)内の動詞を過去分詞にして下線部に入れ、文を完成させて訳しなさい。

   1) Eu tenho ＿＿＿＿＿ o jornal diariamente. (ler)
   2) Eles têm ＿＿＿＿＿ viajando. (estar)
   3) Ela não tem ＿＿＿＿＿ de casa ultimamente. (sair)
   4) Eu tenho ＿＿＿＿＿ muitas frutas aqui. (comer)
   5) Eu tenho ＿＿＿＿＿ muito tempo com você desde a sua chegada. (perder)
   6) Ultimamente Manoel tem ＿＿＿＿＿ aqui duas vezes por semana. (vir)
   7) O rapaz está feliz porque tem ＿＿＿＿＿ bons negócios ultimamente. (fazer)
   8) Ele tem ＿＿＿＿＿ muitos livros nestes anos. (escrever)

3. （　）内の動詞を現在完了形にして、訳しなさい。

1) Nós (viajar) pouco recentemente.

2) Eles (ver) muitos filmes nestes meses.

3) Elas (sair) todas as manhãs para jogar tênis.

4) Meu tio (caminhar) muito todos os dias.

5) Eu (dormir) mal nestes dias.

6) Não me (sentir) bem.

7) Eu não os (ver) desde anteontem.

8) Neste século nós (ter) muitas guerras.

9) Você (visitar) os avós dele frequentemente.

10) Eles (almoçar) separados, mas (jantar) juntos.

4. ２文の情報をもとに、各文の主語を比較した文を作りなさい。

1) José tem dois carros. Gilberto tem dois carros.

2) José tem vinte reais na carteira. Pedro tem vinte reais na carteira.

3) O carro de João é rápido. O carro de Carlos é rápido também.

4) João tem duas bicicletas. Carlos tem três bicicletas.　　[Carlos を主語にして]

5) José ganha trinta reias por dia. Pedro ganha vinte reais por dia.
   　　　　　　　　　　　　　　　　　　　　　　　　[Pedro を主語にして]

5. 例のように、比較表現の文を作りなさい。

   例： o Canadá / grande / o México －　　優等比較
   → O Canadá é maior do que o México.

   1) Jorge / rico / López －　優等比較

   2) Cachorro / amigo / gato －　同等比較

   3) São Paulo / grande / Santos －　優等比較

   4) Belo Horizonte / pequeno / São Paulo －　優等比較

   5) Verão / quente / primavera －　優等比較

6. 上の語群と下の定義を結びなさい。

   1) o casal　　　2) o estado civil　　3) solteiro,ra　　4) casado, da

   5) divorciado, da　6) separado, da　7) viúvo,va　　8) coroa

(　) pessoa um pouco velha
(　) pessoa cujo casamento se desfez não legalmente
(　) par composto por homem e mulher ou macho e fêmea
(　) pessoa que está ligada à outra pelo casamento
(　) situação jurídica de uma pessoa em relação à família ou à sociedade
(　) pessoa cujo casamento foi desfeito legalmente
(　) pessoa que ainda não se casou
(　) pessoa cujo marido ou mulher morreu e que não se casou novamente

7. 次の各文を **tanto / tão** を用いて書き直しなさい。

   1) Ele não comeu menos do que eu.

   2) Ela não tem mais amigos do que eu.

   3) O custo de vida no Brasil é menos caro do que nos EUA.

   4) Nós não sofremos menos do que eles.

   5) Eu não acertei mais perguntas do que ele.

   6) O Gomes não é mais forte do que eu.

   7) O português do Brasil é menos difícil do que o de Portugal.

   8) Hoje tem menos trânsito do que ontem.

8. ポルトガル語にしなさい。

   1) マルタ (Marta) はシルヴァ(Silva)よりも 20 歳年上です。

   2) マリア (Maria) はヴィセンテ (Vicente) ほどお金持ちではありません。

   3) 私の車は彼の車ほど多くの問題を持っていません。

   4) この娘はあの娘ほど感じが良くありません。

   5) 彼はジルベルト (Gilberto) と同じくらいの才能があります。

   6) セナ (Senna) は初めて 1988 年に世界チャンピオンになった。

   7) ペドロ (Pedro) は賢い (inteligente) というよりむしろ抜け目がない (sagaz) です。

   8) そのタクシードライバーはゆっくり慎重に車を運転した。

第 12 課

1 直説法不完全過去

1）活用

	-ar (ach-ar)		-er (beb-er)		-ir (abr-ir)	
	単数	複数	単数	複数	単数	複数
1人称	ach-**ava**	ach-**ávamos**	beb-**ia**	beb-**íamos**	abr-**ia**	abr-**íamos**
2人称	ach-**avas**	ach-**áveis**	beb-**ias**	beb-**íeis**	abr-**ias**	abr-**íeis**
3人称	ach-**ava**	ach-**avam**	beb-**ia**	beb-**iam**	abr-**ia**	abr-**iam**

* i) この時制の -er 動詞と -ir 動詞の活用はまったく同じである。

 ii) 不規則活用をする動詞は以下の 4 つの動詞である。

  ser ： era, eras, era, éramos, éreis, eram
  ter ： tinha, tinhas, tinha, tínhamos, tínheis, tinham
  vir ： vinha, vinhas, vinha, vínhamos, vínheis, vinham
  pôr ： punha, punhas, punha, púnhamos, púnheis, punham

  ＊上記の動詞の派生語、conter「含む」、entreter「楽しませる」、manter「養う」、provir「由来する」、sobrevir「続発する」、impor「強制する」、sobrepor「優先する」も同様の活用をする。

2）用法

過去の事柄の完了について述べる絶対時制の直説法完全過去とは異なり、直説法不完全過去は、時間の区切りがあいまいで開始時点や終了時点が明確ではない相対時制であることに注意しなければならない。完全過去が「点の過去」とも呼ばれるのに対して、不完全過去は「線の過去」と呼ばれる所以である。

① 過去の動作・状態を持続的に示す。

 Meu pai morava em Santos dois anos atrás.
  2 年前、父はサントスに住んでいました。
 Fazia muito frio ontem.　昨日はとても寒かった。
 O computador estava desconectado.
  コンピューターは電源が切られていた。
 Já era tarde demais quando nos lembramos de enviar-lhes um telegrama.
  私たちが彼らに電報を送るのを思い出したときは、すでに遅すぎた。

* まだ終了しておらず、これから行われようとする過去の行為を表わすこともある。

 Quando Paulo chegou no aeroporto, o avião quase partia.
  パウロが空港に着いたとき、飛行機はほとんど出発するところだった。

② とくに頻度・反復などの副詞(句)と用いて、ある期間の過去の習慣的な行為を表わす。

 Eles sempre jogavam futebol nos fins-de-semana.
  彼らはいつも週末にはサッカーをしていたものです。

 Antigamente meu tio tomava muita cerveja comigo.
  昔は、叔父は私と一緒にたくさんのビールを飲んでいました。

③ 過去に同時に進行していた複数の動作・状態を示す。

 O senhor era magro quando tinha vinte anos ?
  20歳のとき、あなたは痩せていましたか。

 Joana assistia[estava assistindo] à televisão, enquanto eu estudava[estava estudando].　私が勉強していたのに、ジョアナはテレビを観ていた。

 Ela não via o namorado fazia[havia] dois meses.
  彼女は2ヶ月前から恋人に会っていなかった。

 * 進行している動作・状態を強調する場合には、助動詞として estar [ir・vir・andar など] の「不完全過去＋現在分詞」の形の表現を用いればよい。

④ 希望や依頼などの婉曲的な表現を表わす。

 Eu queria comprar um tíquete duplo para a avenida Paulista.
  私はパウリスタ大通りまでの往復切符を1枚買いたいのですが。

 Eu gostava de jantar em casa.　私は家で夕食をとりたいのですが。

⑤ 過去における未来を表わす。主として口語において、直説法過去未来（→第14課）の代用として用いられる。

 Ela me confessou que recusava[recusaria] a proposta dele.
  彼女は彼の申し出を断ると私に告白した。

 O candidato garantiu que não aumentava[aumentaria] os impostos.
  その候補者は、増税しないことを保証した。

⑥ 物語文などにおいて、叙述的に過去の状況を記述する際に用いられる。

 Era uma vez uma moça muito linda, trabalhando como uma costureira.
  昔々、お針子として働いていたとても美しい娘がいました。

2 形容詞・副詞の最上級

1) 形容詞の最上級には、相対最上級と絶対最上級がある。

① 相対最上級には、以下のように２通りある。

優等最上級： 「定冠詞＋（名詞＋）**mais**＋形容詞＋**de[dentre・em]**〜」
「〜でもっとも …」

劣等最上級： 「定冠詞＋（名詞＋）**menos**＋形容詞＋**de[dentre・em]**〜」
「〜 でもっとも …でない」

＊ 劣等比較級の場合と同様に、劣等最上級には不規則形はない。

Ele parece o aluno mais inteligente da sua classe.
　　彼はあなたのクラスで一番賢そうである。

Este edifício deve ser o mais alto de todos neste bairro.
　　この建物はこの地区のすべての建物のうちで最も高いに違いない。

Tóquio é uma das maiores cidades do mundo.
　　東京は世界の最大の都市のひとつである。

＊ 形容詞の不規則な相対最上級は、通常、名詞の前に置かれ、状況に応じた定冠詞を付ければよい。

O pior ingrediente é a gordura saturada.
　　最も悪い成分は飽和脂肪である。

Aquela moça é a menos simpática dentre as garçonetes .
　　あの娘はすべてのウェートレスのうちでもっとも感じが良くない。

＊ 比較級や、同等比較を否定する形を用いて最上級を表現できる。

Esta província é maior (do) que as outras.
　　この県は他の県よりも大きい。

A empregada doméstica é muito melhor (do) que as outras.
　　そのお手伝いさんは他のお手伝いさんよりもずっと良い。

Ninguém corre mais rápido (do) que ele.
　　誰も彼より速く走る人はいません。

Nenhum vestido é tão chique como este.
　　どんなドレスもこのドレスほど粋ではない。

② 絶対最上級

絶対最上級は、比較するものがなく、漠然と形容詞を強調する。通常の形容詞と同様に語尾は性・数変化する。

a) 強調の副詞 bastante, bem, muito, extremamente, extraordinariamente, などを形容詞の前に置く。

b) 形容詞に íssimo という語尾をつける。原則的には母音で終わる形容詞ではその母音をとり、この絶対最上級の語尾を付け加えればよい。

puro → puríssimo　　exigente → exigentíssimo
branco → branquíssimo（/k/の音を残すため、綴り字を変える）
cego → ceguíssimo（/g/の音を残すため、綴り字を変える）

c) 不規則な絶対最上級を持つ形容詞は以下のとおり。

(1) -mで終わる形容詞は -n に変えて、-íssimo をつける。
　　comum → comuníssimo

(2) -vel で終わる形容詞は -bil に変えて -íssimo をつける。
　　possível → possibilíssimo　　sensível → sensibilíssimo

(3) -z で終わる形容詞は -c に変えて -íssimo をつける。
　　feliz → felicíssimo　　veloz → velocíssimo

(4) -ão で終わる形容詞は -an に変えて -íssimo をつける。
　　são → saníssimo　　vão → vaníssimo

(5) 不規則なもの。[　]の形も使われる。
　　alto → supreme[altíssimo]
　　amargo → amaríssimo[amarguíssimo]
　　amigo → amicíssimo
　　antigo → antiquíssimo
　　áspero → aspérrimo[asperíssimo]
　　baixo → ínfimo[baixíssimo]
　　bom → ótimo[boníssimo]
　　chique → chiquérrimo
　　cruel → crudelíssimo[cruelíssimo]
　　difícil → dificílimo[dificilíssimo]
　　doce → dulcíssimo, docilíssimo, docílimo
　　fácil → facílimo[facilíssimo]
　　frio → frigidíssimo

geral → generalíssimo
grande → máximo[grandíssimo]
humilde → humílimo[humildíssimo]
livre → libérrimo
magro → macérrimo[magríssimo]
mau → péssimo[malíssimo]
mísero → misérrimo
negro → nigérrimo[negríssimo]
nobre → nobilíssimo
pequeno → mínimo[pequeníssimo]
pessoal → personalíssimo
pobre → paupérrimo[pobríssimo]
sábio → sapientíssimo
simpático → simpaticíssimo
simples → simplicíssimo, simplíssimo

２) 副詞の最上級にも、相対最上級と絶対最上級がある。
① 相対最上級は、副詞の前に **mais** を置く優等最上級と **menos** を置く劣等最上級とがある。
優等最上級： 「**mais** + 副詞 + de[dentre・em]〜」
劣等最上級： 「**menos** + 副詞 + de[dentre・em]〜」

* 比較する対象が自明の際に (do) que 以下が省略された比較級と同じであるため、文脈によって比較級か最上級であるかを判断しなければならない。
Quem gosta mais de futebol?
　　　誰がフットボールが一番好きですか。
É Pedrinho que gosta mais.　一番好きなのはペドロ君です。
　　　〔「É ... que ~」は「〜するのは ... です」という強調構文〕

* i) mais もしくは menos の前に定冠詞 o をつけることがある。
Este rapaz corre o mais rápido de todos.
　　　この若者は皆の中でもっとも速く走ります。
Ele tenta fazer a tradução o mais corretamente possível[corretamente tanto quanto possível].　彼は出来る限り正しく翻訳しようと試みる。

ii) 比較級を否定する形で、実質的に最上級を表現できる。
>Ninguém canta melhor que ela.
>>誰も彼女ほどうまく歌う人はいない。
>Nenhuma pessoa fala tão francamente como ele.
>>誰も彼ほど率直に話さない。

② 絶対最上級は、「**muito**などの強めの副詞＋副詞」と「形容詞の絶対最上級 (形容詞＋**íssimo**) ＋ **mente**」の２つの形がある。
>muito limpamente　　limpíssimamente

* i) 後者において、形容詞と副詞が同形の場合は、副詞の最上級も形容詞の最上級と同形である。
>muito → muitíssimo　　pouco → pouquíssimo

ii) 不規則な絶対最上級を持つ形容詞を副詞にする場合、それに -mente をつける。形容詞 bom と mau の副詞である bem と mal の絶対最上級は、それぞれ、otimamente, pessimamente となる。

iii) 形容詞から派生した副詞でない場合には、強めの副詞を置くか、強めの縮小辞（→第 13 課　4 縮小辞・増大辞）をつけることで表わす。
>agora → agorinha　　cedo → cedinho

3 単人称動詞

何らかの理由で、３人称でしか使われない動詞を単人称動詞という。それは広義における欠如動詞と考えられる。

１）自然現象を表わす本来の単人称動詞（３人称単数形のみ）

alvorear・alvorecer・alvorejar「夜が明ける」	amanhecer「夜が明ける」
anoitecer「日が暮れる」	chover「雨が降る」
chuviscar「小雨が降る」	diluviar「豪雨が降る」
entardecer「夕方になる」	gear「霜が降りる」
granizar「雹が降る」	nevar「雪が降る」
relampaguear「稲妻が光る」	troar・trovejar「雷が鳴る」
ventar「風が吹く」	

>Tem chovido muito desde a semana passada.
>>先週から大雨が続いている。
>Já começou a anoitecer quando parou de nevar.
>>雪が降り止んだときには、もう夜になり始めていた。

* ⅰ) これらの動詞が助動詞など他の動詞とともに使われる場合、その動詞も３人称単数形になる。
  ⅱ) 比喩的な使い方がなされる場合には、通常通り活用する。
     As bombas incendiárias choveram sobre essa cidade.
     焼夷弾はその都市の上に雨のごとく降り注いだ。

2) 特定の動物・植物の動作・状態を表わす動詞（３人称のみ）

   balar「羊が鳴く」　　　cacarejar「鶏が鳴く」　　coaxar「蛙が鳴く」
   galopar「馬が疾走する」　grunhir「（豚が）唸る」　ladrar・latir「犬がほえる」
   miar「猫が鳴く」　　　mugir「牛が鳴く」　　　piar「小鳥がさえずる」
   rinchar「馬がいななく」　rugir「猛獣がほえる」　trotar「馬が速歩で走る」
   zurrar「ロバがいななく」　brotar「芽を出す、花が開く」　florescer「花が咲く」、
   desabrochar「花が咲く」

   Meu cachorro ladra muito durante a noite.
   　私の飼っている犬は夜間によくほえる。
   As roseiras brotaram, recentemente, duma vez.
   　バラの木は最近一気に芽を出した。

3) 必要・程度・感情などを表わす以下の動詞が前置詞をとって、慣用的に使われる場合（３人称単数形のみ）

   Basta de uísque!　ウイスキーはもうたくさんだ！
   Chega de queixas!　ぐちはもう聞きたくない！
   Dói-me do lado direito do rosto.　私は顔の右側が痛い。

   * doer「痛む」は前置詞を伴わないときも、主語の数に合わせて活用する単人称動詞である。
     Dói-me o estômago.　私は胃が痛い。
     Doem-me ambas as mãos.　私は両手が痛い。

4) 下記の動詞が「　　」内のような意味で使われ、主語として普通名詞・名詞句・名詞節をとるとき（３人称のみ）

   acontecer・ocorrer・suceder「起こる」　　assentar「（服飾物が）似合う」
   constar「確かである、構成されている」　　convir「好都合である」
   cumprir「必要である」　　　　　　　　　importar「重要である」

第 12 課

incumbir「〜の責任に属する」　　　　　levar「（時間、費用が）かかる」
parecer「思われる」　　　　　　　　　urgir「急を要する」

O livro consta de três partes.　その本は3つの部分からなっている。
Esses vestidos assentam bem a ela.
　　それらのドレスは彼女によく似合っている。
Convém investigar mais detalhadamente o caso.
　　その事件をもっと詳細に捜査したほうがよい。

＊ convir は vir と同変化であるが、直説法現在では、3人称の単数、複数は、それぞれ、convém、convêmとなる。

5）転用の単人称動詞（3人称のみ）
普通の人称動詞としても単人称動詞としても使われる動詞がある。それらは、**ser**（時間・天候）、**estar**（時間・天候）、**haver**（存在・時の経過）、**fazer**（天候・時の経過）、**ter**（存在）、**dar**（時間・可能性）などである。

4 感嘆の表現
1）感嘆詞・感嘆の語句

感嘆・喜び	：	Ah !, Oh !, É mesmo !, É verdade !, Meu Deus !, Não diga !, Nossa (Senhora)!, Oba !, Puxa (vida) !, Santo Deus !, Será possível !, Viva !, Aleluia !, Eh !
呼びかけ	：	Alô !, Ô !, Olá !, Psiu !, Psit !, Socorro !, Ei !, Eh !, Valha-me Deus !
安堵	：	Ah !, Arre !, Até que em fim !, Graças a Deus !, Uf !, Ufa !
同情・哀れみ	：	Ai !, Coitado !, Ui !, Ai de mim !, Que pena !, Ah !, Oh !
不快	：	Ai !, Ui !, Essa não !, Francamente !, Hum !, Hem !, O que é isso !, Puxa(vida) !, Ora !, Xi !, Raios !, Diabo !, Pô !, Porra !
喝采	：	Apoiado!, Bis!, Bravo!, Formidável!, Excelente!, Muito bem !, Oba [Opa] !, Ótimo !, Que bom !, Viva !
励まし	：	Avante !, Coragem !, Eia !, Vamos !, Força !, Firme !
驚き・恐怖	：	Ah !, Oh !, Incrível !, Meu Deus !, Nossa (Senhora) !, Puxa (vida) !, Que absurdo !, Que coisa (horrível) !, Que horror !, Que susto !, Ui !, Uh !, Ué !, Xi !, Uai !,

177

		Céus !, Caramba !, Credo !, Cruzes !, Quê !, Opa !, Virgem !, Vixe !, Cruz !, Cruzes !
制止	:	Alto !, Alto lá !, Basta !, Psiu !, Silêncio !
願望	:	Oh !, Oxalá !, Tomara !, Pudera !
警告	:	Alerta !, Cuidado !, Calma !, Sentido !, Atenção !, Devagar !, Olha lá !
同意	:	Claro !, Sim !, Pois não !, Hã-hã !, Tá !
疑い・不信	:	Qual !, Qual o quê !, Pois sim !, Hum !, Epa !, Ora !
反対	:	Credo !, Fora !, Basta !, Francamente !, Xi !, Puxa !
*その他	:	Não dá！「無理だ」〔dar は可能性・時間を表わすとき、単人称動詞となる〕、Saúde！「乾杯」、Mentira!「嘘だ」など。

2）感嘆文

感嘆の表現は、前記のように感嘆の語のみであることが多いが、通常、感嘆文は疑問詞 **que, como, quanto** などを文頭においで表わされ、文尾に感嘆符をつける。

① **Que** ＋名詞 ［副詞・形容詞］…！

Que surpresa！　なんと驚いたことか！

Que frio (que) faz hoje！　今日はなんて寒いんでしょう！

Que tarde (que) ele chgou！　彼はなんと遅くに到着したことか！

Que feio (que) esse animal é！　その動物はなんと醜いのでしょう！

* ⅰ) que がさらに付加されることもある。

ⅱ) que の前に強めの語 mas が置かれることもある。

　　Mas que antipático ele é！　彼はなんと感じが悪いんだろう！

② **Como** ＋動詞 …！

Como correm rápido vocês！　君たちはなんと速く走るんでしょう！

Como bebe muito ele！　彼はなんとたくさん(酒を)飲むでしょう！

* ⅰ) 上の2例文は、以下のようにも言える。

　　Como vocês correm rápido！　君たちはなんと速く走ることか！

　　Como ele bebe muito！　彼はなんとたくさん酒を飲むことか！

ⅱ) como の前に強めの語 mas を伴うこともある。

　　Mas como ela é bondosa！　なんと彼女は優しいんでしょう。

③ **Quanto** ＋名詞［動詞］…！

    Quanto dinheiro você tem！
        君はなんとたくさんのお金を持っているのでしょうか！
    Quanto gastaram eles！　彼らはなんと浪費したことか！
    Quantas boas lembranças (que) eu tenho！
        私はなんと多くの良い思い出があることか！

5 不定主語文

不特定の人・人々が主語である文のことである。

1）3人称複数形の動詞

    Que língua falam no Haiti？
        ハイチではどんな言葉を話していますか。
    Dizem que ele emigrou para os Estados Unidos.
        彼は合衆国へ移住したそうです。
    Vendem vários aparelhos eletro-domésticos neste supermercado.
        このスーパーでは色々な家庭電化製品を売っています。

  ＊ 口語では、3人称単数形や a gente も使われる。
    Pode entrar？　　　　— Pode, sim.
    入ってもいいですか。　－はい、どうぞ。
    A gente come muito no almoço neste país.
    この国では、昼食に(人は)たくさん食べます。

2）3人称単数形の動詞 ＋ se　　(→第7課 2 再帰動詞)

    Diz-se que ela é uma artista.
        彼女はひとかどの芸術家（俳優）であるそうです。
    Não se trabalha aos domingos e sábados.
        日曜日と土曜日には(人は)働きません。

[職業・職場などを表わす語（句）]

o[a] funcionário[a]	会社員	o[a] aposentado[a]	年金生活者
o[a] funcionário[a] público[a]	公務員	o[a] presidente[a]	社長
o[a] empregado[a]	従業員	o[a] diretor[a]	重役
o[a] desempregado[a]	失業者	o[a] vice-chefe	次長
o[a] assalariado[a]	給与生活者	o[a] chefe	長

a companhia; a firma; a empresa; a sociedade		会社；企業	
o escritório	事務所	a loja; a casa comercial	商店
a fábrica; a usina	工場	o restaurante	レストラン
o correio	郵便局	o açougue	肉屋
o hospital	病院	a quitanda	八百屋
a clínica	診療所	o mercado	市場
a escola	学校	a editora	出版社
a universidade	大学	a casa de câmbio	両替店
a prefeitura	市役所	o banco	銀行

a profissão; o trabalho	職業	o[a] professor[a] universitário[a]	大学教員
o[a] empresário[a]	企業家		
o[a] trabalhador[a]	労働者	o[a] estudante	学生
o[a] político[a]; o[a] estadista	政治家	o[a] aluno[a]	生徒
o[a] instrutor[a]	教師、コーチ	o arquiteto	建築家
o[a] comerciante	商人	o[a] artista	芸術家
o[a] agricultor[a]	農民	o[a] escritor[a]	作家
o[a] fazendeiro[a]	大農園主	o[a] jornalista	新聞記者
o[a] sitiante	小農園主	o[a] advogado[a]	弁護士
o[a] estanceiro[a]	大牧場主	o[a] juiz[íza]	裁判官
o[a] colono[a]	契約農民	o[a] promotor[a] público[a]	検事
o[a] pescador[a]	漁民		
o militar	軍人	o[a] contabilista	経理士
o oficial	士官	o[a] médico[a]	医師
o[a] soldado[a]	兵士	o[a] dentista	歯科医

第 12 課

o guarda; o polícia; o[a] policial	警察官	o[a] enfermeiro[a]	看護師
o[a] detetive[a]	刑事	o[a] banqueiro[a]	銀行家
o[a] engenheiro[a]	技師	o[a] bancário[a]	銀行員
o[a] técnico[a]	技術者	o sacerdote	聖職者
o[a] operário[a]	工員	o[a] secretário[a]	秘書
o[a] artesão[sã]	職人	o[a] intérprete	通訳
o[a] cozinheiro[a]	料理人	o[a] tradutor[a]	翻訳人
o[a] professor[a]; o[a] mestre[a]	教師	o[a] balconista	店員

練習問題

1. ( ) 内の動詞を直説法完全過去か直説法不完全過去に活用させて、訳しなさい。

   1) No mês passado eu [   ] a Tóquio. (ir)
   2) [   ] um pouco quando saímos do cinema. (nevar)
   3) Minha esposa [   ] ontem à noite. (cozinhar)
   4) Na adolescência, nós [   ] muito mais cedo. (acordar)
   5) Quando ela era criança, [   ] muito chocolate. (comer)
   6) Meu pai sempre nos [   ] para o parque perto da nossa casa. (levar)
   7) Quando en estava no banho, de repente minha irmã me [   ]. (ligar)
   8) Todas as manhãs, meu irmão e eu [   ] à praia. (ir)
   9) Em Quioto, [   ] um frio horrível durante o inverno. (fazer)
   10) Anteontem nós nos [   ] muito tarde. (levantar)

2. 例のように ( ) 内の動詞を過去進行形にしなさい。

   例：Quando eu entrei na casa de Jorge, ele [estava] [escutindo] música.

   1) Quando você me telefonou, eu [   ] [   ]. (jantar)
   2) Quando meu filho chegou, eu [   ] [   ]. (dormir)
   3) Quando Marcos entrou na loja, eu [   ] [   ] um vestido. (comprar)
   4) Quando o telefone tocou, ela [   ] [   ] banho. (tomar)
   5) Quando Marcelo chegou, ela [   ] [   ]. (almoçar)
   6) Quando você chegou, nós [   ] [   ]. (trabalhar)
   7) Quando meu chefe chegou, nós [   ] [   ] cartas. (jogar)
   8) Quando Daniel acordou, seus primos [   ] [   ]. (nadar)

3. 例のように（　　）内の主語に対する直説法現在・不完全過去・完全過去の活用形を書きなさい。

　　例：pôr(vocês/eles/elas) → poem, punham, puseram

　1) saber(eu) →

　2) dizer(você/ele/ela) →

　3) ir(vocês/eles/elas) →

　4) pôr(nós) →

　5) dar(eu) →

　6) provir(você/ele/ela) →

　7) poder(você/ele/ela) →

　8) trazer(eu) →

　9) ter(vocês/eles/elas) →

　10) fazer(você/ele/ela) →

　11) vir(nós) →

　12) ver(nós) →

　13) estar(eu) →

　14) dispor(vocês/eles/elas) →

　15) querer(você/ele/ela) →

4. 次の各文を、[　　]の語句を用いて、各文を最上級の文に作り換え、訳しなさい。

　　例：　A Bíblia é (　　　　) livro (　　　　) de todos os tempos. [vendido]
　　　　→ A Bíblia é (　o　) livro (mais vendido) de todos os tempos.
　　　　　聖書はいつの時代もベストセラーの本です。

　1) São Paulo é (　　　) cidade da América do Sul.　[grande]

　2) O Amazonas é (　　　) rio (　　　) do Brasil.　[extenso]

　3) O Monte Everest é (　　　　) montanha (　　　) do mundo.　[alto]

183

4) O italiano é (   ) língua românica que (   ) com o latim. [parecer-se]

5) A região Sudeste é (   ) região (   ) do Brasil. [populoso]

6) O japonês é (   ) povo que (   ) no mundo. [comer peixes]

7) (   ) vinhos do mundo são os franceses. [bom]

8) O deserto do Atacama é o lugar onde (   ) no planeta. [chover pouco]

5. (   ) 内の語を用いて、最上級の表現を作りなさい。

    1) André é (gordo) da classe. →

    2) Este hotel é (bom) desta cidade. →

    3) Esta casa é (grande) desta rua. →

    4) Ela é (alegre) da classe. →

    5) Fernanda é (ruim) jogadora. →

6. (   ) 内の動詞を直説法不完全過去に活用させ、訳しなさい。

    1) Quando eu (ser) criança, eu (gostar) de leite.

    2) Antigamente, ela (viajar) muito.

    3) Nós (ter) muitos amigos.

    4) Antigamente eles (morar) aqui perto.

    5) Quando nós (ser) crianças, nós (ir) à praia juntos.

    6) Quando você (estudar) na universidade, o que você (fazer) ?

    7) Quem (ser) seu namorado quando você (estar) no colégio ?

8) Você (trabalhar) aqui no ano passado ?

9) No ano passado nós (ter) aula de Português todos os dias.

10) Naquela época, eles (comer) muito queijo.

7. ポルトガル語にしなさい。
1) ロドリゲスの両親はイタリア語を話していた。

2) ブラジルの飛行士 (aviador) サントスは立派な男であった。

3) 我々は5年間カンピーナスに住みました。

4) マリアは、彼女の父親が先生として働いていたサントスで生まれました。

5) 私はフランスに住んでいたとき、何度もパリへ行きました。

6) その本は期待していた以上に面白い。

7) その店はいつも9時に開いていたが、その日は少し遅く開いた。

8) カルロス (Carlos) はブラジルの最も有名なテニスの選手(tenista)です。

9) フェイジョアーダ (feijoada) はブラジルの最もよく知られた料理です。

10) 彼女はポルトガルの最高のファド (Fado) の歌手です。

11) ブラジリア (Brasília) はラテン・アメリカの最も近代的な首都です。

12) サッカーはブラジルの最も人気のあるスポーツです。

notas

第7章

第13課
1. 直説法未来
2. 直説法未来完了
3. 分数・倍数
4. 縮小辞・増大辞
5. 否定語

第14課
1. 直説法過去未来
2. 直説法過去未来完了
3. 直説法過去完了
4. 前置詞 para と por
5. 前置詞を伴った ser と estar の慣用表現

第 13 課

1 直説法未来

1）活用

① 規則動詞

> 動詞の原形 + -ei, -ás, -á, -emos, -eis, -ão

② 不規則動詞：不規則動詞は、-zer で終わる動詞とその派生語のみである。

dizer： direi, dirás, dirá, diremos, direis, dirão
fazer： farei, farás, fará, faremos, fareis, farão
trazer： trarei, trarás, trará, traremos, trareis, trarão

2）用法

① 未来の動作・状態を表わす。

Essa reunião começará hoje de tarde.
　　その会合は今日の午後に始まるでしょう。

O avião com o destino a Recife partirá dentro de 30 minutos.
　　レシーフェ行きの飛行機は 30 分以内に出発するでしょう。

Os remédios que você precisa serão pagos pelo governo.
　　君が必要とする薬は政府によって代金が支払われるでしょう。

* i) 口語では、単に未来の行為や状態を表わすために、この未来形はあまり使われず、代わりに「現在形」や「ir の現在形 + 不定詞」が用いられることが多い。1 人称の未来形は、話し手の意志を表明するのに用いられる。

O senhor estará[vai estar] em casa amanhã？
　　あなたは、明日、ご在宅でしょうか。
Sim, estarei em casa.
　　ええ、在宅しております。

ii) この直説法未来形は、時・条件などを示す副詞節には使われない。その場合は、接続法未来（→第 17 課）などが用いられる。

② 現在の事実に対する推量を表わす。

Serão mais ou menos cinco da manhã.　およそ朝の 5 時でしょう。
Será que ele é japonês？ Acho que sim[não]
　　彼は日本人だろうか。そうだと[違うと]思う。

Essa senhora terá seus 60 anos.
　　そのご婦人は 60 歳ぐらいでしょう。
＊ seus は「およそ」の意味。

Isso será realizável？　それは実現可能だろうか。
＊ 疑問文や感嘆文では、強い疑問や驚きを示す。

③ 聖書や格言などの中で、命令・希望などを示す。
Honrarás pai e mãe.　父母を敬え。
Defenderás os teus direitos.　汝の権利を守れ。
Eu lhe direi agora: — Ama a sua esposa !
私はあなたに、「奥さんを愛しなさい！」と、今申し付けているのです。

3）直説法未来と目的格代名詞

直説法未来と目的格代名詞(再帰代名詞を含めて)とが同時に現れるときには、代名詞を動詞の前に置くのが通常である。しかし、文語およびポルトガルでは、しばしば動詞の直後に置かれることがある。その場合には、次のような特殊な形になる。

① 3人称の直接目的格 **o, os, a, as** の場合は、それぞれ、**lo, los, la, las** に変えて不定詞から語尾の「**r**」をとり、未来形の語尾との間に挟み、ハイフンでつなぐ。その際に、アクセント記号をつけることに注意すること。
encontrarei + o　　→　　Encontrá-lo-ei.　私は彼に会うでしょう。
conheceremos + a　→　　Conhecê-la-emos.
　　我々は彼女と知り合いになるでしょう。
construirão + o　　→　　Constituí-lo-ão.　彼らはそれを建設するでしょう。

② その他の場合には、単に不定詞と未来形の活用語尾との間に挟み、ハイフンでつなぐ。
Contar-nos-ão tudo a respeito do caso.
　　その事例について、彼らは我々にすべてを語るだろう。
Esquecer-se-ão de nós.
　　彼らは我々のことを忘れるでしょう。

＊ i) 後述の直説法過去未来(→第14課)の後に目的格の代名詞が来る場合も同様である。
　ii) 上記の形は文語体であり、口語では目的格の代名詞は動詞の前に置かれるか、省略されることが多い。

2 直説法未来完了

1）活用

ter[haver] の直説法未来 ＋ 過去分詞

＊ 助動詞として ter を使うのが普通で、2つの過去分詞を持つ動詞は規則形を用いる。
（→第10課 **4** 1）③規則形と不規則形を持つ動詞）

2）用法

① 未来のある時点までに完了する行為・状態を示す。

Até as três da tarde, terei consertado este relógio.
午後の3時までには、この時計の修理は終えておきます。

Elas terão chegado em Rio Claro lá pelas oito horas da manhã.
彼女たちは、午前の8時頃にはリオ・クラロに到着しているでしょう。

② 現在までに完了した動作についての推量を表わす。

Aquele malandro terá vendido nosso carro.
あの悪党は、我々の車を売り払ってしまったのだろうか。

A professora Luísa terá ficado aborrecida com o meu comportamento?
ルイーザ先生は、私の行状にうんざりしてしまったのだろうか。

Eu não sei se Pedro terá conseguido as passagens.
私は、ペドロが切符を手に入れたかどうかを知りません。

3 分数・倍数

1）分数

1/2	meio[uma metade]	1/11	um onze avos
1/3	um terço[uma terça parte]	1/12	um doze avos
1/4	um quarto[uma quarta parte]	1/13	um treze avos
1/5	um quinto[uma quinta parte]	・	
1/6	um sexto[uma sexta parte]	1/16	um dezesseis avos
1/7	um sétimo[uma sétima parte]	・	
1/8	um oitavo[uma oitava parte]	1/100	um centésimo
1/9	um nono[uma nona parte]	1/1000	um milésimo
1/10	um décimo[uma decimal parte]	1/1,000,000	um milionésimo

＊ i) 分子に基数、分母に序数を用いるのが原則である。分子が1ならば、分母は単数形、分子が2以上ならば、分母は複数形となる。
　　　3分の2　　dois terços
　　　［分母が3のときは terceiro の短縮形の terço を用いる］
　　　8分の4　　quatro oitavos
　ii) 1/2 を表わす meio は形容詞で、metade は名詞である。
　　　meio grama de platina　　500グラムのプラチナ
　　　a metade da população　　人口の半分
　iii) 分母の序数に parte(s) をつける形もある。
　　　6/8　　seis oitavos あるいは seis oitavas partes
　iv) 分母が11以上の場合には、分母は基数に avos を加えた形が一般的である。
　　　5/14　　cinco catorze [quatorze] avos
　v) 帯分数は「基数 + e + 基数 + 序数」と読む。
　　　2 1/6「2と1/6」：dois e um sexto
　vi) 百分率には por cento を用いる。

2）倍数

2倍（の）	duplo・dobro	7倍（の）	sétuplo
3倍（の）	triplo	8倍（の）	óctuplo
4倍（の）	quádruplo	9倍（の）	nônuplo
5倍（の）	quíntuplo	10倍（の）	décuplo
6倍（の）	sêxtuplo	100倍（の）	cêntuplo

＊ i) dobro は名詞である。
　　　Meu pai tem o dobro[duplo] da minha idade.
　　　　父の年齢は私の2倍である。
　ii) 4倍以上は「基数 + vezes + 比較級」の表現の方が普通である。
　　　O Brasil é aproximadamente 23 vezes maior do que o Japão.
　　　　ブラジルは日本よりもおよそ23倍大きい。
　iii) 数・量・長さを表わす場合、tantos を用いることもできる。
　　　Minha avó tem três tantos da minha idade.
　　　　私の祖母は、私の年齢の3倍です。

4 縮小辞・増大辞

1）縮小辞

「小さい・可憐さ・親愛」などの意味を加えたり、幼児語に付けたりする接尾辞である。肯定的に用いられることが多いが、本来、大きいほうが好まれるものに縮小辞を付加すると軽蔑的なニュアンスになることがあるので、使用には注意が必要である。

代表的な例： -inho[a], -zinho[a], -zito[a], -bre, -ete, -ito[a], -acho, -ilho, -im, -ino、など。

amiguinho(← amigo)「可愛い友達」、**avózinha**(← avó)「おばあちゃん」、**diabrete**(← diabo)「小悪魔」、**caixote**(← caixa)「小箱」、**casebre**(← casa)「あばら家」、**casinha**(← casa)「小さな家」、**espadim**(← espada)「小刀」、**florzinha, florzita**(← flor)「小さな花」、**homenzinho**(← homem)「小男」、**ilhota**(← ilha)「小島」、**livreco**(← livro)「つまらない本」、**manhãzinha**(← manhã)「早朝」、**mosquito**(← mosca)「蚊」、**passarinho**(← pássaro)「小鳥」、**Pedrinho**(← Pedro)「ペドロ君」、**poviléu**(← povo)「下層民」、**rapazola**(← rapaz)「若造」、**riacho**(← rio)「小川」、**sabonete**(← sabão)「化粧石鹸」、**senhorita**(← senhora)「お嬢さん」、など。

* i) 形容詞や副詞に付けられると、通常、強調を表わす。

    agorinha(← agora)「たった今」、**baixinho**(← baixo)「とても低い」、**bonitinho**(← bonito)「とても綺麗な」、**cedinho**(← cedo)「とても早く」、**pequenino**(← pequeno)「とても小さい」、**pertinho**(← perto)「ごく近くに」、**sozinho**(← só)「独りぼっちで」、など。

  ii) -zinho・-zito を伴う語の複数形は次のようになる。

    animal → animais + zinhos → **animaizinhos**
    cão → cães + zinho → **cãezinhos**
    coração → corações + zinhos → **coraçõezinhos**
    pão → pães + zinhos → **pãezinhos**

2）増大辞

「大きさ・不恰好」などの意味を加える接尾辞である。縮小辞に比べて否定的なニュアンスで用いられることが多いので、固定的あるいは習慣的に用いられる場合を除いて、やはり使用には注意が必要である。

第 13 課

代表的な例： **-ão, -ança, -ona, -(z)arrão, -aço[a], -alho, -arra, -asco, -az, -eiro, -ona, -orra, -rão**、など。

bocão(← boca)「大きな口」、**caixão**(← caixa)「大きな箱、棺おけ」、**canzarrão**(← cão)「大きな犬」、**carão**(← cara)「醜い顔」、**casarão**(← casa)「大きな家、豪邸」、**festança**(← festa)「お祭り騒ぎ」、**fogueira**(← fogo)「焚き火」、**homenzarrão**(← homem)「大男」、**mulherão・mulherona**(← mulher)「大女」、**muralha**(← muro)「大きな塀」、**palavrão**(← palavra)「卑猥な言葉」、**penhasco**(← penha)「大岩石」、**poetaço**(← poeta)「三文詩人」、**ricaço**(← rico)「金持ち野郎」、**salão**(← sala)「大広間」、**vilarejo**(← vila)「寒村」、など。

* i) -ão の増大辞がつくと男性名詞になる。
    a parede「壁」 → o paredão「大壁、堤防」
  ii) すでに接尾辞を伴っている語に、さらに増大辞あるいは縮小辞が付加される語がある。
    caixa「箱」→ caixão「大きな箱、棺おけ」→ caixãozinho「小さな棺おけ」
    sala「部屋」→ salão「広間」→ salãozinho「小広間」

3）慣用化した増大辞・縮小辞を伴った語

cartão「カード；ボール紙」、portão「表門；玄関」、ferrão「ほこさき；昆虫針」、corpete「ブラジャー；[婦人用の]胴着」、cartilha「入門書；手本」、flautim「[音楽]ピッコロ」、pastilha「錠剤、ドロップ」、cavalete「画架；仕事台」、folhinha「カレンダー、日めくり」、vidrilho「ガラスビーズ」、など。

5 否定語

否定の副詞 **não** 以外にも、以下のような否定語がある。

nada「全く〜ない、何も〜ない」　　　　ninguém「誰も〜ない」
jamais「決して〜ない、かつて〜ない」　　nunca「決して・１度も〜ない」
nunca jamais「断じて〜ない」　　　　　　nem「〜ない（não の強めの語）」
nenhum「どんな〜もない、誰一人・何ひとつ〜ない」　nem sequer「〜すらない」
nem 〜 nem …「〜でもなく…でもない」　sem「〜（すること）なしに」

Não sei de nada.
　　私は何も知りません。
Isso não tem nada(a ver) com ele.
　　そのことは彼とは全く関係がない。

193

Ninguém aparece aqui hoje[Não aparece ninguém aqui hoje].
今日は誰もここに現れません。
Aquele homem não deu nada nunca a ninguém.
あの男は誰にも決して何も与えなかった。
Jamais nunca vi coisa assim.
これまでにこのような物を決して見たことはない。
Não quero comer carne nem peixe.
私は肉も魚も食べたくない。
Não conheço nenhuma pessoa[pessoa alguma, ninguém] lá.
私はあちらで誰も知っている人は全くいません。
Ele saiu de casa sem dizer nada.
彼は何も言わずに外出した。
Nem sequer tivemos tempo de dizer adeus.
私たちはさようならを言う時間すらなかった。

* i) 文全体を否定するときのみ、二重否定となる。それ以外の場合は、後の否定語は強調を示す働きをする。
  ii) 否定語の後には、não は使われない。しかしながら、口語においては、次の例のように二重に使われることがあるが、意味は変わらない。
    Ela vai para a escola hoje?　彼女は、今日、学校へ行きますか。
    Não, não vai.
    Não, não vai não.　　いいえ、行きません。
    Não, vai não.
  iii) 否定語（句）に対応する肯定語（句）の例。

    否定語（句）　　　　　　　　　　　　肯定語（句）
    não「いいえ、～ない」　　　　　　　sim「はい、そう」
    nada「何も～ない」　　　　　　　　alguma coisa, algo「何か」
    ninguém「誰も～ない」　　　　　　alguém「誰か」
    em lugar nenhum「どこでも～ない」　em algum lugar「どこかで」
    nunca, jamais, em tempo algum　　　sempre「いつも」
    「決して～ない」
    também não「～もまた…ない」　　　também「～もまた」
    ainda não「まだ～ない」　　　　　　já「もう」
    não ... mais「もう～でない」　　　　ainda「まだ」

生きた会話を聞いてみよう！

［電話でご招待］

Rita	:	Alô!
Kazuko	:	Gostaria de falar com Graça.
Rita	:	No momento ela não se encontra.
Kazuko	:	Quem está falando ?
Rita	:	É a mãe dela, Rita.
Kazuko	:	Dona Rita, por favor peça-lhe para ligar-me assim que voltar. É Kazuko quem está falando.
Rita	:	Certo, darei o seu recado.

Alguns minutos depois

Kazuko	:	Alô, Graça ! Tudo bem ?
Graça	:	Tudo bem, Kazuko, e as novidades ?
Kazuko	:	Gostaria de convidar você para ir ao jardim zoológico neste sábado.
Graça	:	Boa ideia ! Estou precisando me distrair um pouco. Tenho trabalhado demais. A que horas ?
Kazuko	:	Às 9:00 horas, está bom.
Graça	:	Está bom.　Estarei aguardando.
Kazuko	:	Então, até lá.
Graça	:	Tchau !

練習問題

1. 最初の文を、（完全)過去、未来の時制に書き換えなさい。

   1) José compra um vestido.

      Ontem

      Amanhã

   2) Maria faz a bainha do vestido.

      Ontem

      Amanhã

   3) João vai à festa também.

      Ontem

      Amanhã

   4) Eu venho aqui

      Ontem

      Amanhã

   5) Ele dá flores à esposa.

      Ontem

      Amanhã

2. 縮小辞、増大辞に注意して、訳しなさい。

   1) Anteontem eles fizeram uma provinha de alemão.

   2) Elas sempre ensinam matemática para os alunos nessa salinha.

   3) Não temos espaço para guardar este livrão.

   4) Esse ricaço comprou um casarão no centro da cidade.

   5) Ele nasceu numa cidadezinha perto de Recife.

3. ポルトガル語に訳しなさい。

1) これから1ヶ月したら (daqui a um mês)、彼はその車を買ってしまっているでしょう。

2) その学者が明日の講演 (o discurso para amanhã) を準備したかどうかを私は知りません。

3) 私が戻って来る (quando eu voltar) 頃までに、君はすでに台本（o roteiro）を受け取っているでしょう。

4) 夜の8時には、その飛行機は着陸してしまっているでしょう。

5) 深夜零時までには、私たちはもうその映画を見てしまっているでしょう。

4. 次の文を、肯定文は否定文に、否定文は肯定文に直しなさい。

1) Eu não vi ninguém na praça.

2) Você ainda tem medo deste cachorro.

3) Ela sempre telefona à noite.

4) Eles estão fazendo alguma coisa.

5) Lula não encontrou nada em casa.

6) Minha mãe sempre vai ao supermercado.

7) Eu ainda não acabei de ler este livro.

8) Nós já fomos ao banco.

9) Eu não a vi em lugar nenhum.

10) Tem alguém na sala.

5. 各疑問文に対して、否定の答えの文を書きなさい。

　　例： Ela sempre chega tarde ?
　　　　 Não, ela nunca chega tarde.

1) Você fala holandês ?

2) Você sempre deixa alguma coisa para arrumar ?

3) Você já viajou pela Europa ?

4) Ele sempre sai com alguém no sábado à noite ?

5) Cláudio deixou algum recado ?

6) Você sempre tem algo a reclamar ?

7) Maria já esquiou alguma vez ?

8) Você contou o segredo para alguém ?

6. 上の疑問文に対する適切な答えを下から選び、全文を訳しなさい。
1) Você está pálida. Está tudo bem ? [   ]
2) Que tal o sorvete de nozes ? [   ]
3) Ficou satisfeito com o atendimento que recebeu ? [   ]
4) Foi isso que a senhora pediu ? [   ]
5) O que você achou do hotel ? [   ]
6) Tudo bem aí ? [   ]
7) Coloquei o ar-condicionado no máximo. Está bom assim ? [   ]
8) Agora perdi o meu emprego. Era isso que você queria ? [   ]

① Não o achei bom.

② Tudo ótimo.

③ Está uma delícia.

④ Está ótimo, obrigado.

⑤ Claro que não.

⑥ Mais ou menos. Achei meio demorado.

⑦ Não estou me sentindo muito bem.

⑧ Não, queria uma coca.

第 14 課

1 直説法過去未来

1）活用

① 規則動詞

> 動詞の原形 + -ia, -ias, -ia, -íamos, -íeis, -iam

② 不規則動詞：不規則動詞は、-zerで終わる動詞とその派生語のみである。

dizer ： diria, dirias, diria, diríamos, diríeis, diriam
fazer ： faria, farias, faria, faríamos, faríeis, fariam
trazer ： traria, trarias, traria, traríamos, traríeis, trariam

2）用法

① 過去のある時点から見た未来の動作・状態を示す。

Ele me avisou que não assistiria à reunião.
> 彼は集会に出席しないだろうと私に告げた。

Anteontem, ela disse que mudaria de casa.
> 彼女は転居すると一昨日言った。

② 過去・現在・未来の動作・状態についての推量を表わす。

Antônio teria uns trinta anos então.
> そのとき、アントニオは30才ぐらいであったでしょう。

Seria duas horas da tarde quando o nosso ônibus chegou lá.
> 我々のバスが向こうに着いたとき、午後の2時であったでしょう。

＊ 現在の事柄についての推量は直説法未来によっても表わせるが、過去未来の表現のほうが推量の程度が強まる。

③ 現在の事柄に言及して、婉曲な表現を表わす。

Eu quereria[queria] ficar mais tempo aqui mas tenho que voltar para casa por causa do meu trabalho.
> 私はここにもっといたいのですが、仕事のために帰宅しなければなりません。

Eu gostaria [gostava] de dar uma olhadinha neste apartamento.
> 私はこのアパートをちょっと見たいのですが。

＊ i) 上記の③の例文のように直説法不完全過去も用いられる。

ii) 過去未来は、現在と過去の事実に反する仮定文の帰結節にも用いられる。(→第 18 課　**1** 仮定文)

iii) 一般に目的格代名詞と再帰代名詞は、直説法過去未来形の動詞の前に置かれる。後にくるときには、直説法未来形の場合と同様である。(→第 13 課　**1** 3) 直説法未来と目的格代名詞)

iv) 過去から見た行為が現在から見ても明らかに未来の場合は、未来形を使うことができる。

　　José disse que voltará[voltaria] para a sua terra natal no fim deste ano.
　　　　ジョゼは今年の年末に郷里に帰ると言った。

2 直説法過去未来完了

1) 活用

　　| ter[haver] の直説法過去未来 + 過去分詞 |

　＊ 助動詞として ter を使うのが普通で、2つの過去分詞を持つ動詞は規則形を用いる。
　　(→第 10 課　**4** 1) ③規則形と不規則形を持つ動詞)

2) 用法

① 過去のある時点から、それ以後のある時点までに完了するであろう行為・状態を示す。

　　Eu pensava que o concurso teria terminado até as cinco horas da tarde.
　　　　私は、コンクールが午後の5時までに終わっているであろうと考えていた。
　　Ela me disse que ela já teria saído de casa a essas horas.
　　　　彼女は、その頃にはもう家を出てしまっているだろうと私に言った。

② 過去のある時点までに完了した事柄についての推量を表わす。

　　Naquele dia, já teria ele gasto todo o orçamento ?
　　　　あの日に、彼はもう予算をすべて使ってしまったのだろうか。
　　Quem teria feito tal bobagem ?
　　　　誰がそんな馬鹿なことをしたのだろうか。

③ 過去の事柄についての婉曲な表現に使われる。

　　Teria sido melhor não dizer nada a respeito desse fato.
　　　　その事実について何も言わないほうがよかったでしょう。

　＊ 過去未来完了は、過去の事実に反する仮定を表現する文の帰結節にも用いられるので、この用法は仮定文の帰結節のみが使われたとも考えられる。

3 直説法過去完了

1）活用

① 単純形

	ach-**ar**		beb-**er**		abr-**ir**	
	単数	複数	単数	複数	単数	複数
1人称	ach-**ara**	ach-**áramos**	beb-**era**	beb-**êramos**	abr-**ira**	abr-**íramos**
2人称	ach-**aras**	ach-**áreis**	beb-**eras**	beb-**êreis**	abr-**iras**	abr-**íreis**
3人称	ach-**ara**	ach-**aram**	beb-**era**	beb-**eram**	abr-**ira**	abr-**iram**

② 複合形

> ter[haver] の直説法不完全過去 ＋ 過去分詞

* i) 助動詞として ter を使うのが普通で、2つの過去分詞を持つ動詞は規則形を用いる。（→第10課 4 1）③規則形と不規則形を持つ動詞）

  ii) 単純形の不規則動詞は、直説法完全過去の3人称複数形の語尾から -ram を取り、-ra, -ras, -ra, -ramos, -reis, -ram を付け加えればよい。以下に若干の例を掲げておく。なお、-e- の幹母音をもつ不規則動詞では、-e- の幹母音は開口音となり、アクセント記号をつける場合にはアセント・アグードとなる。

  dar ： dera, deras, dera, déramos, déreis, deram
  dizer ： dissera, disseras, dissera, disséramos, disséreis, disseram
  fazer ： fizera, fizeras, fizera, fizéramos, fizéreis, fizeram
  querer ： quisera, quiseras, quiseras, quiséramos, quiséreis, quiseram
  ser, ir ： fora, foras, fora, fôramos, fôreis, foram
  ter ： tivera, tiveras, tivera, tivéramos, tivéreis, tiveram
  ver ： vira, viras, vira, víramos, víreis, viram
  vir ： viera, vieras, viera, viéramos, viéreis, vieram

  iii) 口語では複合形（助動詞としては ter を用いる）が使われることが普通である。単純形は文語的であり、文体的な配慮から用いる場合は別として、現在では他の時制の代用として使われることが多い。また、直説法大過去とも呼ばれるこの単純形は、慣用的な使い方にも残っている。

  a) 仮定文の条件節において、接続法過去の代わりに用いられる。
  Eu aceitaria o seu convite, se pudera[=pudesse].
  できたら、あなたの招待を受けたいのですが。(→ 第17課 1 接続法過去)

b）仮定文の帰結節において、直説法過去未来の代用をする。
　　　Ele não fizera[faria] tal besteira se soubesse o que aconteceu.
　　　　起こったことを知っているならば、彼はそのようなばかなことをしないでしょうに。（→ soubesse：saber の接続法過去）
　　c）熟語表現において願望・祈願を表わす。
　　　Tomara que sim!　そうであったらなあ！
　　　Quem me dera encontrá-la!　彼女に会うことができたらなあ！

2）**用法**
　① 過去のある時点までに行為・状態が完了したことを示す。
　　Quando chegamos ao teatro, eles já tinham vendido todas as entradas.
　　　私たちが劇場に着いたとき、すでにすべての入場券は売り切れていた。

　② 過去のある時点より前の行為や出来事であることを示す。大過去とも呼ばれる。
　　O filme era bem melhor do que eu tinha imaginado.
　　　その映画は私が想像していたよりもずっと良かった。
　　Carlos pediu uma vitamina de goiaba e abacate que a minha amiga Helena tinha recomendado.
　　　カルロスは、私の友人のエレナが勧めていたグァバとアボカドのミックスジュースを注文した。
　　O plano tinha sido elaborado cuidadosamente, logo não houve problemas.
　　　その計画は念入りに注意深く作成されたので、問題は起こらなかった。

　③ 時制の一致による過去完了。（→第19課）
　　　＊ 時の経過を示す表現「Faz[Há] + 時間を表わす語 + que ~」（あるいは「~ faz[há] + 時間を表わす語」→第6課）は、過去を基準にすると、faz[há] か fazia[havia] となり、que によって導かれる節の動詞も、現在形は不完全過去形に、完全過去形は過去完了形に変わり、過去のある時点までの動作・状態の継続や完了を意味する。
　　　Quando meu tio morreu, fazia 7 anos que eu tinha inaugurado a loja.
　　　= Quando meu tio morreu, eu tinha inaugurado a loja fazia 7 anos.
　　　　私の叔父がなくなったとき、私がその店を始めて7年経っていた。

Quando ele me perguntou se eu era estudante, fazia 4 anos que eu tinha começado a estudar na universidade.
= Quando ele me perguntou se eu era estudante, eu tinha começado a estudar na universidade fazia 4 anos.
　　彼が私に学生であるかどうかを尋ねたとき、私は大学で勉強を始めて4年経っていた。

4 前置詞 para と por
1）para の用法
①　目的
Ele me deu muito dinheiro para comprar esse carro.
　　彼は、その車を買うために私にたくさんのお金をくれました。

②　方向・行き先
Está na hora de ir para a escola.　学校へ行く時間です。
Ele escreveu uma carta para os filhos.
　　彼は息子たちに宛てて1通の手紙を書きました。

＊ 動詞 ir・vir・levar・trazer などと使われるとき、para は「永続的な場所」を言及するのに対して、a は「一時的な場所」の意味を表わすことがある。

Eu vou para casa.　私は帰宅します。
Eu vou à casa do meu tio.　私は叔父の家に行きます。
Ele levou a família para o Japão.
　　彼は家族を日本へ連れて行きました。（彼はいま日本に住んでいる）
Ele levou a família ao Japão.
　　彼は家族を日本へ連れて行きました。（短期的な訪問のために）

③　比較
Para uma criança de sua idade, ele sabe muitas coisas.
　　彼の年齢の子供と比べると、彼は多くのことを知っている。

2）por の用法
①　原因・理由
Ele trabalha por dinheiro.
　　彼女はお金のために働いています。

第 14 課

② 目的・動機
   Eu me esforcei pela família.
   　　私は家族のために努力しました。

③ 通過・経由
   Eu fui pela rua muito estreita.
   　　私は非常に狭い通りを通っていきました。

④ 交換
   O comerciante me deu muito dinheiro pelo carro.
   　　その商人は私にその車の代金としてたくさんのお金をくれました。

⑤ 価格
   Comprei este gravador por 20 reais.
   　　私は 20 レアルでこのレコーダーを買いました。
   cf. 単なる値段を示すときには a を用いる。
   　　Eles vendem laranjas a R$1,00 cada.
   　　　　彼らはオレンジを 1 個 1 レアルで売っている。

⑥ 代理
   Minha esposa fez isso por mim.
   　　妻は私の代わりにそのことをしました。

⑦ 賛成
   Eu votei pelo atual presidente.　　私は現大統領に投票しました。
   cf. 反対は contra を用いる。
   　　Ele votou contra o projeto de lei.
   　　　　彼はその法案に反対の票を投じた。

⑧ 期間
   Ela estava doente por três meses.　　彼女は 3 ヶ月間病気でした。

⑨ 単位
   duas vezes por semana　　1 週間に 2 度

⑩ 行為者（物）
   As cartas foram entregues pelo mesmo carteiro.
   　　手紙は同じ郵便配達人によって引き渡されました。

⑪ 手段・方法
   Ela me confessou a verdade pelo telefone.
   　　彼女は電話で私に真実を告白しました。

205

5 前置詞を伴った ser と estar の慣用表現

（1） Não sou de perder a paciência.〔ser de ~「~するのにふさわしい」〕
　　　私は、我慢しきれなくなるような（性質の）人ではない。

（2） O avião estava para partir quando o aeroporto foi fechado por causa da chuva.〔estar para~「~するところである」〕
　　　空港が雨のために閉鎖されたとき、その飛行機は出発するところであった。

（3） É para gente esperar aqui.〔ser para~「~することになっている」〕
　　　我々[人々]はここで待つことになっている。

（4） O mistério ainda está por ser desvendado.〔estar por~「まだ~していない」〕
　　　謎はまだ明らかにされていない。

（5） Eu estava com uma espinha na ponta do nariz.〔estar com~「~に罹っている」〕
　　　私は鼻の先端に吹き出物ができていた。

（6） Chamaram o meu nome, mas fingi que não era comigo.
　　　　　　　　　　　　　　　　　　　　〔ser com~「~に関係がある」〕
　　　私の名前が呼ばれたが、それは私に対してではないふりをした。

（7） Eu é que peço desculpas.〔é que：強調〕
　　　謝らなければならないのは私です。

（8） Estamos é acabando com o nosso planeta.〔é：強調〕
　　　地球を破壊しているのは我々がしていることである。

（9） Você está com o seu celular aí？〔estar com~「~を持ち合わせている」〕
　　　君は携帯電話をそこに持っていますか。

（10） O bule de café é de prata.〔ser de~「~でできている」
　　　コーヒーポットは銀製です。

[家族・親族関係を示す語(句)]

a família; o lar　家族；家庭
o pai; papai　父；お父さん
a mãe; mamãe　母；お母さん
os pais　両親、父親たち
os irmãos　兄弟
o irmão maior[mais velho]　兄
o irmão menor[mais novo]　弟
a irmã maior[mais velha]　姉
a irmã menor[mais nova]　妹
o filho; a filha　息子；娘
o primogênito; o primeiro filho　長男
a primogênita; a primeira filha　長女
o[a] caçula; o último filho　末っ子
o casal　夫婦
o esposo; o marido　夫
o genro; a nora　婿；嫁
o sogro; a sogra　しゅうと；しゅうとめ
o filho adotivo; a filha adotiva　養子；養女
o pai adotivo; a mãe adotiva　養父；養母

os avós　祖父母
o avô; vovô　祖父
a avó; vovó　祖母
o neto; a neta　孫息子；孫娘
o tio; titio　おじ
a tia; titia　おば
o primo; a prima　兄弟；従姉妹
o sobrinho; a sobrinha　おい；めい
o padrasto; a madrasta　継父；継母
o parente　親類
a parenta　女の親類
o parente próximo　近親者
o parente afastado　遠い親類
o parente consanguíneo　血縁者
a esposa; a mulher　妻

練習問題

1. 以下の文の（　）内に［定冠詞との縮合形も含めて］**por, para, a** を入れて、訳しなさい。

   1) Vou (　　　) banco e depois (　　　) o trabalho.
   2) O curso foi cancelado (　　　) falta de inscrições.
   3) É possível alugar uma casa de praia só (　　　) uma semana ?
   4) Eles desceram juntos (　　　) rua principal.
   5) Ele ganha R$500,00 (　　　) hora.
   6) Vamos (　　　) esta rua que é bem mais rápido.
   7) Eu queria trocar isso (　　　) outra coisa.
   8) Quer ir (　　　) cinema ? Eu preferia ir (　　　) praia.
   9) Quanto você pagou (　　　) aluguel do carro ? － Paguei um absurdo.
   10) Queria trocar esta camisa branca (　　　) uma azul.
   11) Você passou (　　　) parque ou veio (　　　) avenida ?
   12) Vou dar-lhe a notícia (　　　) telefone.
   13) Este samba foi composto (　　　) Noel Rosa.
   14) Eu amo você. Farei tudo (　　　) você.
   15) Pode escrever seu nome (　　　) extenso ?

2. 日本語に訳しなさい。

   1) Eles teriam preenchido a ficha cadastral mas sabiam como.
   　　　　　　　　　　　　　　　　［a ficha cadastral：登記申し込み用紙］
   2) Esse cavalheiro não alugaria uma casa sem jardim.
   3) Ela disse ao corretor que assinaria o contrato. ［o corretor：不動産仲介業者］
   4) Eu queria um aluguel por longa temporada. Assim me custaria muito menos.
   5) Elas teriam mudado ontem mas foi feriado.

3. (　　) 内の動詞を過去完了複合形に変え、訳しなさい。

　1) Quando eu cheguei no aeroporto, Helena já (partir).

　2) Quando o Sr. Kato chegou em casa, a Sra.Kato já (sair).

　3) O filme que você assistiu, eu já (assistir).

　4) Quando Mariana chegou, seus pais já (jantar).

　5) Quando João e Maria foram a Ouro Preto, Carlos já (visitar).

　6) Quando Lúcia foi à festa de Ano Novo, ela já (comprar) um vestido novo.

　7) Quando você me telefonou, eu já (sair).

　8) Quando Cabral descobriu o Brasil, Colombo já (descobrir) a América.

4. 各文の (　　) 内の動詞を過去分詞に直し、訳しなさい。

　1) Ele foi (eleger) presidente.　　　　　　　　　　[　　　　　]
　2) O abajur estava (acender).　　　　　　　　　　[　　　　　]
　3) O professor havia (dizer) a mesma coisa.　　　　[　　　　　]
　4) Ele foi (surpreender) pela polícia facilmente.　　[　　　　　]
　5) Ele foi pôr no correio os postais que tinha (escrever).　[　　　　　]
　6) Ele foi (salvar) pelos bombeiros.　　　　　　　　[　　　　　]
　7) Ela tem (ser) muito solícita comigo ultimamente.　[　　　　　]
　8) As janelas ficam (abrir) o dia inteiro.　　　　　　[　　　　　]
　9) Eu tinha (conversar) longamente com eles.　　　　[　　　　　]
　10) As montanhas estavam (cobrir) de neve.　　　　[　　　　　]

5. 各文の前に、後の [　] 内の語句を置いて、直説法未来形を直説法過去未来形に変えた1文にしてから、全文を訳しなさい。

   1) O trem-bala ligará Campinas ao Rio de Janeiro. [O ministro explicou que ～]

   2) Os trens farão paradas nos aeroportos de Guarulhos e Galeão.
   [Ele acrescentou que ～]

   3) Os trens viajarão a uma velocidade de 300 km/h. [Segundo o ministro ～]

   4) A viagem Rio – São Paulo levará apenas 90 minutos. [Ou seja ～]

   5) Muitas pessoas preferirão o trem ao avião.
   [O minstro expressou a certeza de que ～]

6. 前置詞に注意して、訳しなさい。

   1) Fiquei muito feliz com a notícia.
   2) É melhor a gente ir de metrô.
   3) Chegaram no dia 3 de maio.
   4) O banco fica a três quarteirões daqui.
   5) Vai ter uma palestra sobre a história do Brasil.
   6) O brinquedo é para crianças de 3 a 5 anos.
   7) Será que existe alguma ligação entre esses dois fatos ?
   8) Aquele senhor de óculos é o meu professor.
   9) Temos que lutar contra o preconceito racial.
   10) O que é que aconteceu com o frango que estava na gcladcira ?
   11) Ele morou na Argentina durante 5 anos.
   12) A família toda vai mudar para os Estados Unidos.
   13) Eles falam desse assunto delicado sem o menor constrangimento.
   14) A festa vai cair num sábado.

15) Temos que trabalhar até o final do mês para pagar essa conta.
16) Estou lendo um romance de Jorge Amado.
17) Eu volto daqui a 3 dias.
18) Segundo o noticiário, o autor do crime já foi preso.
19) Deixei a porta aberta de propósito.
20) O trabalho vai ser feito sob a minha supervisão.
21) O aluguel é razoável para esse bairro.
22) Estive no médico hoje de manhã.
23) Ninguén quer remar contra a maré.
24) Em moça, Renata não estudava nada.
25) Os meninos correram após o cachorro.

notas

第8章

第15課
1 不定詞
2 命令・依頼などの表現
3 命令表現に続く接続詞 **e** と **ou**

第16課
1 接続法現在の用法
2 動詞活用と弱勢代名詞の位置

第 15 課

1 不定詞

ポルトガル語の不定詞には、人称・数に関係なく、常に原形を保つ非人称不定詞と人称・数にしたがって変化する人称不定詞とが存在する。時制は持たず、主節の時との関係で「相対的な時」を示す「時相」－完了形－を有するのみである。

1）非人称不定詞

① 非人称不定詞は、男性単数扱いの名詞として、主語・補語・（動詞・前置詞の）目的語の機能を果たす。男性形の定冠詞を伴うこともある。

Querer é **poder**.　欲することはできることである。

O perder tempo é vício.　時間を浪費することは、悪習である。

Não se faz omelete sem **quebrar** ovos.
　卵を割らずに、オムレツはつくれない。

Eu quis **gritar** mas não pude.
　私は叫びたかったが、できなかった。

Isso não tem nada a **ver** com você.
　そのことは君には何も関係がない。

Entrei no restaurante para **tomar** lanche.
　私は軽食をとるためにレストランに入った。

Ao **receber** o pacote, precisa **apresentar** a identidade.
　　　　　　　　　　　　　　　　　＊ ao＋不定詞「～するとき」
　小包を受け取るとき、身分証を提示する必要がある。

② 知覚動詞 (**ouvir**・**sentir**・**ver** など) や使役動詞 (**deixar**・**fazer**・**mandar** など) とともに不定詞が用いられるとき、その意味上の主語が名詞ならば、通常、不定詞の後に置かれる。また、代名詞の場合は、通常、動詞の前に置かれる

使役動詞の場合、その意味上の主語の代名詞は、その不定詞が自動詞ならば **o・os・a・as** となり、他動詞ならば **o・os・a・as** でも、**lhe・lhes** でもよい。

Eles o viam **nadar** na piscina.
　彼らは彼がプールで泳ぐのを見ていました。

Vimos **voar** uma borboleta.
　私たちは1匹の蝶が飛ぶのを見ました。

Eles as ouviam **cantar**.
　彼らは彼女らが歌うのを聞いていました。

Meu pai me mandou **comprar** duas cervejas.
　　父は私にビールを二本買いに行かせました。
O professor o [lhe] fez ler esse livro.
　　先生は彼にその本を読ませた。

③ 命令・禁止・願望などを表わす。
Não **usar** telefone celular durante a aula.
　　授業中に携帯電話を使わないこと。
Não **cuspir** no chão.　地面に唾を吐くな。
Passar bem！　お達者で！
Favor não **estacionar**.〔Favor をつけると丁寧になる。〕
　　駐車しないでください。

＊口語において、接続法の代わりに用いられる。(第 16 課 **1**)
É melhor pensar bem antes que **compre** um carro.
É melhor pensar bem antes de **comprar** um carro.
　　新しい車を買う前によく考えたほうがいいです。

　　　　　　　　　　　　(compre → comprar 接続法現在 3 人称単数形)

④ 疑問詞とともに用いて、「～すべき」の意味を表わす。
Você não sabe aonde **ir** ?
　　君はどこへ行くべきか分からないのですか。
Tenho que pensar bem o que **fazer**.
　　私は何をすべきかよく考えなければならない。

２）完了非人称不定詞
① 活用

　　| **ter[haver] ＋ 過去分詞** |

　　＊助動詞として ter を使うのが普通で、２つの過去分詞を持つ動詞は規則形を用いる。(→第 10 課 **4** 1)③規則形と不規則形を持つ動詞)

② 用法
主文の動詞の時制よりも不定詞の時制のほうが先であることを強調する形である。
Ele tem orgulho de **ter nascido** neste país.
　　彼はこの国に生まれたことを誇りに思っている。

Pode-nos desculpar de **ter cometido** um erro grave ?
　　私たちが重大な過ちを犯したことを許してくれますか。

O menino foi repreendido por **ter feito** uma travessura.
　　その男の子はいたずらをしたために、叱られた。

3）人称不定詞
　① 活用

　　| 原形, 原形 + -es, 原形, 原形 + -mos, 原形 + -des, 原形 + -em |

　　＊ -air・-uir(-guir を除く)で終わる動詞は、2人称単数形と3人称複数形で i にアクセント記号をつけなければならない。

　　例　cair : caíres, caírem

　② 用法
　　人称不定詞は口語ではほとんど使われることはないが、文体的な理由や特殊な状況－たとえば、法律文や契約書など－においては頻繁に見られる。

　　a) 主文の動詞の主語と不定詞の主語が異なり、文意を明確にするとき。
　　　　O médico pediu para lhe **telefonarmos** logo.
　　　　　　その医者はすぐにあなたに[彼に]我々が電話をかけるように頼んだ。
　　　　É possível elas **virem**.　彼女らが来ることは可能です。
　　　　Ele saíu de casa sem o **verem**.
　　　　　　彼は、彼らに見られることなく外出しました。
　　　　Tenho os meus CDs para tocar na festa, e pedi para meus amigos **trazerem** os deles também.
　　　　　　私は、パーティでかけるために私の CD を持っています。そして私の友人たちにも彼らの CD を持ってくるように頼みました。

　　b) 主文の動詞と不定詞の主語が同一であっても、意味を明確にしたり強調するとき。
　　　　Gostamos desta cidade depois de **conhecermos** muita gente.
　　　　　　我々は、多くの人々と知り合いになってから、この町が好きになりました。
　　　　Nós trouxemos muita carne para nós **fazermos** um churrasco.
　　　　　　我々はシュラスコをするためにたくさんの肉を持ってきました。

　　c) 知覚・使役動詞の後の目的語に普通名詞をとるとき、意味を明確にしたり強調するのに人称不定詞が用いられることがある。
　　　　Vimos os meninos **nadarem** [**nadarem** os meninos].
　　　　　　私たちはそれらの少年が泳ぐのを見ました。

4） 完了人称不定詞

① 活用

> **ter[haver] の人称不定詞 + 過去分詞**

② 用法

主文の時制よりも、不定詞の時制のほうが前であることを強調する人称不定詞である。

Por **termos percorrido** muito, estamos cansados.
　大いに歩き回ったので、私たちは疲れています。

Eles não conseguiram sair do hotel por **terem chegado** lá tarde.
　彼らはホテルに遅く着いたので、そこから出かけられませんでした。

Apesar de **terem emigrado**, João e Antônio ainda mantém contato com os seus pais.
　移住したけれども、ジョアンとアントニオは両親と今も連絡を取っている。

2 命令・依頼などの表現

相手	肯定命令	否定命令
(tu)	命令法	接続法現在
(você など)	接続法現在	接続法現在
(nós)	接続法現在	接続法現在
(vós)	命令法	接続法現在
(vocês)	接続法現在	接続法現在

1） 接続法現在の活用

接続法は、話者がある行為や状態を主観的に表現する方法であり、感情や願望、価値判断などを表わすときに用いる。命令文におけるように独立して使われることもあるが、主として従属節において、すなわち何らかの要素に接続・従属して用いられる法である。

① 規則活用

ach-**ar**	beb-**er**	abr-**ir**
-ar → -e	\multicolumn{2}{c}{-er, -ir → -a}	
ach-**e** 　　ach-**emos**	beb-**a** 　　beb-**amos**	abr-**a** 　　abr-**amos**
ach-**es** 　　ach-**eis**	beb-**as** 　　beb-**ais**	abr-**as** 　　abr-**ais**
ach-**e** 　　ach-**em**	beb-**a** 　　beb-**am**	abr-**a** 　　abr-**am**

* i) -car・-çar・-gar で終わる動詞の1人称単数形は、それぞれ、-que・-ce・-gue となる。同様に -cer・-ger・-guir で終わる動詞は -ça・-ja・-ga となる。

ii) 直説法現在の活用が不規則な動詞の場合も、1人称単数形の語尾の-o を取り除き、-ar 動詞 → -e、その他の動詞 → -a にして、上記のように活用させればよい。

poder : possa, possas, possa, possamos, possais, possam
pôr : ponha, ponhas, ponha, ponhamos, ponhais, ponham
ter : tenha, tenhas, tenha, tenhamos, tenhais, tenham

② 不規則活用

上記の規則に当てはまらない不規則活用の動詞は以下のとおり。

dar : dê, dês, dê, demos, deis, deem
estar : esteja, estejas, esteja, estejamos, estejais, estejam
haver : haja, hajas, haja, hajamos, hajais, hajam
ir : vá, vás, vá, vamos, vades, vão
querer : queira, queiras, queira, queiramos, queirais, queiram
saber : saiba, saibas, saiba, saibamos, saibais, saibam
ser : seja, sejas, seja, sejamos, sejais, sejam

2）命令の表現
　① 3人称（意味上は2人称）と1人称複数に対する命令
　　a) **肯定命令：接続法現在**

　　　Volte amanhã depois das oito.
　　　　明日8時以降にもう一度来てください。
　　　Ponha loção ou brilhantina no cabelo.
　　　　髪の毛にローションかポマードをつけてください。
　　　Deixe-me ver o seu álbum.　あなたのアルバムを見せてください。
　　　Por favor, prestem muita atenção.
　　　　どうぞ、十分に注意を払ってください。
　　　Sigamos os conselhos do médico com mais afinco.
　　　　もっと忍耐強く医師の忠告に従いましょう。
　　　Continuemos com a fisioterapia.　理学療法を続けましょう。

* i) 丁寧な依頼を表わすためには、文頭あるいは文末に por favor, por gentileza, por obséquio, se faz favor などを付ける。その他に、不定詞を用いて、次のようなより丁寧な表現もある：
  Faça[Façam] (o) favor de ~, Tenha[Tenham] (a) bondade de ~

  ii) 再帰動詞の場合には、再帰代名詞は動詞の後にハイフンをつけて置かれる。その際、1人称複数形には注意が要る（活用語尾の-s がとれる）。なお、否定文では、再帰代名詞は動詞の前に置かれる。
  levante-se [levantemo-nos].
  　　起きてください［起きましょう］。

b) **否定命令：接続法現在**

Não se incomode, por favor.
　　どうぞ、お構いなく。

Não percam paciência para as crianças.
　　子供たちに対して忍耐を失わないでください。

Não tomemos muita coisa fora da hora.
　　間食はあまりしないようにしましょう。

* 前記の非人称不定詞の代わりに、掲示板などで一般に3人称単数形が用いられることがある。
  Não pise na grama. = Não pisar na grama. 芝生を踏むな。
  Não fume. = Não fumar. 禁煙。
  Não estacione aqui. = Não estacionar aqui. ここは駐車禁止。

② 2人称 **tu, vós** に対する命令

	命令法		
	ach-**ar**	beb-**er**	abr-**ir**
(tu)	ach-**a**	beb-**e**	abr-**e**
(vós)	ach-**ai**	beb-**ei**	abr-**i**

* i) 活用の例外は ser：(tu) sê, (vós) sede のみである。ser と estar の場合は接続法現在の3人称の形を用いるほうが普通である。

  ii) dizer, fazer など、直説法現在の3人称単数形が -z で終わる動詞は2人称単数に対して、diz, faz の形が使われることが多い。

  iii) ブラジルにおいては、tu, vós はあまり使われない。しかし、肯定命令の場合、親しい間柄の você に対して上記の tu の活用形が使われることがある。

219

a) 肯定命令：命令法
   Canta mais alto.　お前、もっと大きな声で歌え。
   Sai da minha frente.　お前、私の前からどいてくれ。
   Meu Deus, perdoai-me.　わが神よ、私をお赦しください。［敬語的な用法］

b) 否定命令：接続法現在
   Não olhes para trás.　お前、後ろを見るな。
   Não nos deixeis cair em tentação.　我らを試みに引き給わざれ。

   ［敬語的な用法］

* i) vós に対する肯定命令も否定命令も、敬語的な用法以外はほとんど使われない。

  ii) 口語では、この場合にも、直説法現在形の 3 人称の単数・複数形が使われるのが普通である。
   Não toca em nada.　何にも触れるな。
   Não comem tão depressa.　そんなに急いで食べては駄目だ。

③ その他の命令・依頼などの表現
 a) 「ir・poder・querer ＋ 不定詞」の形で丁寧な依頼を表わす。
   Vai fechar as janelas na entrada？
     入り口の窓を閉めてください。
   Garçom, pode me trazer o cardápio？
     ボーイさん、メニューを私に持ってきてくれますか。

   * 状況によっては、主語を伴って、命令・依頼を表わすこともある。
   Você toma o remédio receitado.
     君は処方された薬を飲みなさい。
   O senhor pega o ônibus naquela parada de ônibus.
     あのバスの停留所でそのバスに乗ってください。

 b) 名詞・副詞・不定詞などによって、命令・禁止などを示す。
   Calma, pessoal！　みんな、落ち着いて！
   Depressa！　急いで！
   Avante！　進め！

3 命令表現に続く接続詞 e と ou

1）「命令文 + e + 未来形」：「～しなさい、そうすれば…」

Estude mais a nossa história, e conhecerá melhor o Brasil.
我々の歴史をもっと勉強しなさい。そうすればブラジルをもっとよく知ることができますよ。

Vá depressa, e poderá chegar a tempo para a palestra.
急いで行きなさい。そうすれば座談会に間に合いますよ。

2）「命令文 + ou[senão] + 未来形」：「～しなさい、さもないと…」

Esforce-se mais, ou não vai passar no exame vestibular.
もっと努力しなさい。そうしないと入学試験に通らないでしょう。

Façam um plano mais minucioso, senão você perderá a boa oportunidade.
もっと綿密な計画を立てなさい。さもないと君はよい機会を逃がしますよ。

練習問題

1. 以下の対話を訳しなさい。

    — Desculpe, estou atrasado.

    — Não tem importância.

    — Você está me esperando há muito tempo ?

    — Não, há pouco tempo. A que horas vamos sair para jantar ?

    — Às 9h. Você está com muita fome ?

    — Não, está bom para mim.

2. (　　) 内に適当な前置詞を入れなさい。

    1) Ela passou (　　　　　) trabalhar numa companhia.
    2) Eles estão pensando (　　　　　) mudar para Curitiba.
    3) Eu esqueci (　　　　　) lavar bem os legumes.
    4) Quando fomos à Argentina, aprendemos (　　　　　) esquiar.
    5) Nós nos sentimos melhor, pois paramos (　　　　　) fumar.
    6) Acho que eu convenci o meu pai (　　　　　) pagar o curso de alemão.
    7) Tenho muito prazer (　　　　) convidá-los para conhecer meu novo restaurante.
    8) A polícia impediu os manifestantes (　　　　　) entrar no prédio.
    9) Ele foi obrigado (　　　　) sair da empresa.
    10) Ele me pediu (　　　　) usar o telefone.

3. 後ろの [　　] 内の主語に合わせて、(　　) 内の動詞を正しい形の人称不定詞に変えなさい。

    1) Antes de (fazer) o investimento, a expansão da empresa foi lenta. [eles]

    2) Depois de (introduzir) o Plano Real, a inflação baixou. [o presidente]

    3) É fácil para (colocar) estes planos econômicos em ação. [nós]

4) É melhor (vender) o carro, agora pode viajar de ônibus. [você]

5) Viajaram muitos dias até (chegar) ao Brasil ? [elas]

4. 左欄の文に続く目的を表わす右欄の語句の番号を、[　]内に書きなさい。

　　1) Tivemos que correr …　　　　　　　[　]　　① para não acordar o bebê.
　　2) Comprei ovos …　　　　　　　　　　[　]　　② para viajar no feriado.
　　3) Améria me ligou…　　　　　　　　　[　]　　③ para não perder o ônibus.
　　4) Precisamos de mais tempo…　　　　　[　]　　④ para se conhecerem melhor.
　　5) Não fiz barulho…　　　　　　　　　　[　]　　⑤ para fazer bolo.
　　6) Vou anotar na minha agenda…　　　　[　]　　⑥ para terminar o trabalho.
　　7) Alugamos um carro…　　　　　　　　[　]　　⑦ para contar a novidade.
　　8) Os alunos organizaram uma festa…　　[　]　　⑧ para não esquecer.

5. 次の命令文を訳しなさい。

　　1) Para !　　　　　　　　　　2) Me deixa em paz !
　　3) Me solta !　　　　　　　　4) Cala a boca !
　　5) Tira as mãos de mim !　　　6) Sai daqui !
　　7) Deixa pra lá !　　　　　　 8) Vai pro inferno !

6. 日本語に訳しなさい。

　　1) Fale o justo, e suas palavras comoverão os espíritos honestos.
　　2) Coma aquilo de que necessita, e terá muita saúde.
　　3) Saiam cedinho de casa, deem uma volta pelo bairro, e tragam aquele livro grande que está dentro do guarda-roupa.
　　4) Poupemos o nosso dinheiro, porque não sabemos como serão os dias de amanhã.
　　5) Não riam daquele menino, só porque ele tem um dentão.
　　6) Sufoque a raiva no seu coração, eleve seus pensamentos para as coisas boas da vida.

7) Esvaziem o saquinho e vejam o que há dentro dele.

8) Trepe na escada e pegue a garrafinha que está na última prateleira.

9) Esteja atento para não excitar o cãozinho, ou ele poderá mordê-lo.

10) Ouça o que diz o guarda do narigão, e não avance contra o sinal vermelho.

7. （　）内に下記の動詞の中から文意に合うもの選び、それを **você** に対する肯定命令の形（接続法現在形）に変えて、入れなさい。ちなみに、下記の文は友人にパンケーキの作り方を説明したものである。

1) (　　　) a farinha numa bacia e (　　　) os ovos na farinha.

2) (　　　) o leite e a água aos poucos e (　　　) bem até a massa ficar homogênea.

3) (　　　) um pouco de manteiga numa frigideira e (　　　) ficar bem quente.

4) (　　　) uma concha de massa e (　　　) na frigideira.

5) Enquanto isso, (　　　) a frigideira para a massa se espalhar bem.

6) (　　　) a panqueca durante uns 30 segundos e depois (　　　) com uma espátula.

7) (　　　) mais alguns segundos e (　　　) da frigideira.

8) (　　　) suco de limão por cima e (　　　) a gosto.

[colocar, quebrar, fritar, adoçar, derreter, esperar, deixar, despejar, mexer, encher, espremer, virar, misturar, tirar, acrescentar]

第 16 課

1 接続法現在の用法

1） **名詞節**：主動詞の時制が直説法現在・未来または命令文で、下記のような主観的意見や感情を表わす動詞の目的格の名詞節に用いられる。

① **意志を表わす動詞**：aconselhar「助言する」、consentir「同意する」、deixar「放任する」、desejar「望む」、esperar「期待する」、exigir「要求する」、fazer「させる」、mandar「命じる」、ordenar「命じる」、pedir「頼む」、permitir「許す」、preferir「好む」、proibir「禁止する」、propor「提案する」、querer「欲する」、rogar「懇願する」、など。

As alunas esperam que não haja aulas amanhã.
　　女生徒たちは、明日、授業がないことを期待している。
Exijo que eles não fumem aqui.
　　私は、彼らがここでタバコを吸わないことを要求している。
O professor proíbe que eles façam barulho durante o discurso.
　　その先生は、彼らが演説の最中に騒ぐことを禁じている。

＊ 第3者に対する命令にも使われる。その際は主動詞が省略される。
　　Se eles estão com muita fome, que venham comer.
　　　　もし彼らが非常に空腹ならば、食べに来させなさい。

② **感情を表わす動詞［動詞句］**：lamentar「嘆く」、recear「心配する」、sentir「残念に思う」、temer「恐れる」；estar com medo (de) que ～・ter medo (de) que ～「恐れる」、など。

Lamentamos que ele não possa comparecer.
　　私たちは、彼が出頭できないことを悲しく思っている。
Sinto muito que José não esteja aqui.
　　私は、ジョゼがここにいないことをとても残念に思っている。
Estou com medo (de) que minha esposa não goste desta casa.
　　私は、妻がこの家を好きではないのではと恐れている。

③ **疑問・不確実・否定などを表わす動詞［動詞句］**：duvidar・suspeitar「疑う」、negar「否定する」；não estar certo[seguro] (de) de ～「確信がない」、não ter certeza (de) que ～「確信がない」、ter pena (de) que ～「残念に思う」、など。

Tenho pena que o Ministério da Fazenda não use bem o dinheiro do povo.
　　私は、財務省が国民のお金をうまく使っていないことを残念に思っています。
Suspeitamos que neve muito amanhã.
　　私たちは、明日、雪がたくさん降るとは思っていません。
Pedro nega que sua esposa seja japonesa naturalizada no Brasil.
　　ペドロは、彼の妻がブラジルに帰化した日本人であることを否定している。
Não tenho certeza (de) que eu possa ganhar na loteria.
　　私は、宝くじで当たるという確信を持てません。

　　＊ achar「思う」、acreditar・crer「信じる」、cuidar「思う・想像する」、entender「思う・判断する」、imaginar「想像する」、julgar「判断する」、parecer「思われる」、presumir「推定する」、pretender「要求する」、などは、否定語を伴う文の場合や疑問文で使われるときには、通常、接続法を要求する。肯定文では直説法になることに注意すること。

Você não acha que ele seja francês.
　　君は、彼がフランス人であるとは思っていない。
cf. Creio que ele é homem digno de confiança.
　　私は、彼が信頼に足る男であると思っている。

2）**名詞節**：主節が感情・意志・否定・疑惑などを示す内容の非人称的表現になっている**主格および従属節の名詞節**には接続法が用いられる。主動詞の時制は、直説法の現在・未来・現在完了になる。

① 「**ser ＋ 形容詞**」：形容詞には、bom「良い」、conveniente「都合が良い」、feio「みっともない」、importante「重要な」、impossível「ありえない」、inevitável「不可避な」、lastimável「残念な」、mau「悪い」、natural「当然の」、melhor「より良い」、necessário「必要な」、notável「注目に値する」、possível[pode ser]「ありえるかもしれない」、preciso「必要な」、provável「ありうる」、proveitoso「有益な」、raro「奇妙な」、repugnante「腹立たしい」、suficiente「十分な」、triste「遺憾である」、útil「有益な」、など。

É natural que a gente vista roupa esporte durante o verão.
　　人々が、夏の間スポーツウェアを着るのは当然である。
É provável que eles não visitem uns lugares tão perigosos.
　　おそらく彼らはそのように危険な場所を訪問しないでしょう。

Será preciso que os rapazes combatam contra o racismo, arriscando suas próprias vidas ?
　　若者が自身の命を危険に曝して人種主義に反対して戦うことは必要だろうか。

② **「ser ＋ 名詞」**：名詞には、hora「時間」、(uma) lástima「残念」、(uma) pena「残念」、tempo「時間、時」、(uma) vergonha「恥」、など。
　É uma pena que ela aceite essa proposta.
　　彼女がその提案を受け入れるのは残念です。
　É tempo que nós mostremos a verdadeira imagem do país.
　　我々が国の真の姿を示す時である。

③ **「特殊な動詞の3人称単数形」**：動詞には、bastar「十分である」、convir「都合が良い」、cumprir「必要である」、importar「重要である」、repugnar「腹立たしい」、など。
　Basta que o governo sustente o povo economicamente.
　　政府が人々を経済的に支援するだけで十分である。
　Importa que nós depositemos dinheiro no banco sem gastá-lo.
　　お金を浪費しないで、我々がそれを銀行に預けることは重要である。
　Convém[É conveniente] que você ponha suéter porque está muito frio.
　　とても寒いから、君はセーターを着たほうがよい。

④ **「ser de ＋ 不定詞」**：ser de esperar-se「期待するべきである」、ser de desejar(-se)「望ましい」、など。
　É de desejar(-se) que a gente possa passar a vida em paz.
　　人々が平和に生活を送ることは望ましい。

* i) 例外的な形として、否定を表わす主節の não (é) que ~「~というわけではない」というのもある。

　ii) もちろん主節が確実な事柄を表現している場合には、名詞節の動詞は直説法になる。
　　É certo que ele será eleito como presidente.
　　　彼が大統領として選出されるのは確かである。

3）**形容詞節**：名詞や代名詞を{先行詞}として修飾する関係詞によって導かれる形容詞節で、その内容が不定の観念を含んでいるか、あるいは先行詞が漠然とした内容である場合には接続法が用いられる。主動詞の時制は、直説法現在ま

たは未来、命令文である。ただし、主動詞の時制が直説法未来〔未来の意味内容の現在形〕で、先行詞の数が不定であるときは接続法未来を用いるのが普通である（→ 第17課 **4** 2）①接続法未来）。また、先行詞を内包した関係節、すなわち名詞節になる場合も含めている。

Quero comprar um carro que me agrade.
 私は、私に気に入るような車（があれば）を買いたい。
cf. Quero comprar um carro que me agrada.
 私は、私に気に入っている車を買いたい。
Não há ninguém que acredite nesse fato.
 その事実を信じる(ような)人は誰もいない。
Realizarei o que ele me mande.
 私は、彼が私に命じるようなことを(何でも)実行します。
cf. Realizarei o que ele manda. 私は彼が命じることを実行します。

4）**副詞節**：主動詞の時制が直説法の現在・未来あるいは命令文の場合、以下のような副詞節には接続法現在が使われる。

① **主節で感情を表わし、その原因・理由を示す(de) que ~ の率いる副詞節**：
estar contente (de) que ~「嬉しく思う」、estar surpreso (de) que ~「驚く」、ficar contente (de) que 「嬉しくなる」、など。
Estou desesperado (de) que minha mãe esteja grave.
 母が重病であるので、私は絶望的になっている。
Ela está contente (de) que Maria more no mesmo bairro.
 マリアが同じ地区に住んでいるので、彼女は喜んでいる。
Estamos muito contentes que o senhor fique presente na reunião.
 私たちは、あなたが集会に出席することをとても喜んでいます。
Ela está admirada (de) que Paulo perca tempo lendo estes livros.
 彼女は、パウロがこれらの本を読んで時間を無駄にしているので、驚いている。

② **条件を表わす接続詞(句)に率いられた副詞節**：caso ~「~する場合には」、contanto que ~「~するのであれば」、com[sob] a condição de que ~「するという条件で」、dado que ~「~の場合には」、a mesnos que ~「するのでなければ」、a não ser que ~「~するのでなければ」、desde que ~「~するのであれば」、sem que ~「~せずに」、など。
Caso seu pai não permita, avise-me por telefone.
 あなたのお父さんが許さない場合には、私に電話で知らせてください。

第 16 課

Você será reprovado no exame vestibular a não ser que faça mais esforços.
もっと努力をしないならば、君は入学試験に不合格になるでしょう。
Eu não vou ao cinema a menos que ela vá.
彼女が行かないのならば、私は映画を見に行きません。
Antônio pode liderar, contanto que seja honesto.
アントニオは、正直であるならば、指導者になれるかもしれない。

* i) 「desde que + 直説法」の表現は理由・原因を示すので注意すること。
ii) 条件を示す次の接続詞(句)とともには、接続法現在が使われることはない：
se ～「～するならば」、exceto se ～「～する場合を除いては」、salvo se ～「～する場合を除いては」、(→ 第17課 **4** 接続法未来)。

③ 譲歩を表わす接続詞（句）に率いられた副詞節：ainda[mesmo] quando ～・ainda que ～・(se) bem que ～・conquanto que ～・embora ～・mesmo que ～・posto que ～・suposto que ～「たとえ～しても」、a despeito de que ～・apesar de que ～・não obstante ～・sem embargo de que ～「～にもかかわらず」、nem que ～「たとえ～でないとしても」、como quer que ～「どのように～しても」、onde quer que ～「どこで～であろうとも」、qual quer que ～「どんな～でも」、quando quer que ～「～のときはいつでも」、quem quer que ～「誰であろうとも」、quer … quer ～「あるいは…またあるいは～」、por … que ～「どんなに～でも」、など。

Ainda que Alice ponha os óculos, não verá com perfeição.
アリセはめがねをかけたとしても、完全には見えないでしょう。
Ele está engordando por pouco que coma.
彼は、どんなに少ししか食べなくても太っている。
Quer queira quer não, você tem que apresentar a sua tese final do mestrado.
望むにせよ望まないにせよ、君は修士課程の最終論文を提出しなければならない。
Sempre chego atrasado à escola ainda que me levante cedo.
私は、どんなに早く起きてもいつも学校に遅刻する。

* i) 譲歩の表現には、「接続法現在＋関係詞＋接続法未来」の形もある。(→ 第17課 **4** 接続法未来)
Venha quem vier, não mudarei de minha decisão.
誰が来ようとも、私は決心を変えません。
ii) 接続法現在を用いて「～ ou …」の形で、「～であろうと…であろうと」の表現もある。
Queira ou não queira, você deve observar as prescrições do médico.
好むと好まざるに関わらず、君は医者の指示に従わなければならない。

④ **目的・方法・様態・程度を表わす接続詞(句)に率いられた副詞節**：a fim de que ～ ・para que ～「～するために」、de maneira[modo・forma・jeito・sorte] que ～「～するように・～するような方法で」、tão … que ～「～するほど」、sem que ～「～することなく」、como ～「～するように」、など。

 Eles vão repetir de maneira que os alunos possam entendê-los.
  彼らは、生徒たちが彼らの言うことを理解できるように繰り返します。
 Você não deve cantar tão alto que possa perturbar o sono deles.
  君は、彼らの睡眠をかき乱すかもしれないほど大声で歌ってはいけません。
 Vou sair da sala de aula sem que o meu professor me veja.
  私は、先生に見られないように教室から出ます。

 ＊ de maneira[modo・forma・jeito・sorte] que ～、tão … que ～ が原因・結果を示すときは、直説法が用いられる。
  Ele cometeu um erro grave, de modo que foi desempregado.
   彼は重大な過失を犯したので、解雇された。
  Esse vestido inteiro é tão caro que não posso comprá-lo.
   そのワンピースは高すぎて、私は買うことができない。

⑤ **時を表わす接続詞(句)に率いられた副詞節**：antes que ～「～する前に」、ao passo que ～「～する間に」、assim que ～ ・logo que ～ ・apenas ～「～するとすぐに」、até que ～「～するまで」、depois que ～「～した後で」、desde que ～「～して以来」、quando ～「～するときに」、sempre que ～「～するときはいつでも」、など。

 Vou sair de casa antes que seja tarde.
  遅くなる前に、私は外出します。
 Digam-lhes que não entrem na minha sala até que eu os chame.
  私が呼ぶまで私の部屋に入らないように彼らに言ってください。
 Vamos almoçar juntos logo que ela acabe seu trabalho.
  彼女が仕事を終えたらすぐに、一緒に昼食をしましょう。

＊ i) antes que ～ 以外は、過去の事実に言及するときには直説法を用いる。
  ii) 上記の接続詞(句)の従える従属節が未来の事柄を示すときには、antes que ～ と até que ～ 以外は接続法未来とともに用いることができる。
  iii) como ～ ・desde que ～ ・já que ～ ・pois que ～ ・porquanto ～ ・por isso que ～ ・porque ～ ・que ～ ・visto como ～ ・visto que ～ などの理由を示す接続詞（句）は、普通は直説法を要求するが、文語では接続法が使われることもある。

5） **主節あるいは独立節**：接続法が主節に使われるのは、命令文（→ 第 15 課 **2**
2）命令の表現）以外に次のような場合である。
① **疑惑文**：talvez・quiçá「多分、おそらく」、por acaso「もしかしたら」、possivelmente「おそらく」、quem sabe・de repente「ひょっとして」、などが動詞の前にあるとき。

Talvez ele tenha de comprar um carro novo.
　　彼は、多分、新しい車を買わなければならないでしょう。
Por acaso isso seja uma mentira.
　　もしかしたら、それは嘘であるかもしれない。

② **祈願文**：形としては、命令文におけるように接続法が主節に現れたり、「que ＋接続法」になったり、oxalá (que) 〜・tomara que 〜になったりする。

Viva Portugal !　ポルトガル万歳！
Que aproveite bem este livro !　この本をよく利用されんことを！
Oxalá (que) não neve amanhã !　明日、雪が降りませんように！
Tomara que ele não apareça !　彼が現れないといいのになあ！

2 動詞活用と弱勢代名詞の位置

この点に関しては、厳密な規則はなく、傾向が存在すると考えたほうがよい。文語では文章を弱勢代名詞（目的格代名詞・再帰代名詞）で始めることは誤りとされている。しかしながら、ブラジルの口語では、文頭に弱勢代名詞を置くことは普通になりつつある。

1） **動詞の前に置かれる場合**
① **感嘆文**

Como se fala mal aqui !　ここではなんと(人の)口の悪いことか！

② **疑問詞を伴う疑問文**

Quanto lhe custou esse vestido ?
　　そのドレスは、（あなたに）どれほどかかりましたか。

③ **主語を伴う祈願文**

Deus me proteja !　神が私をお守りくださることを！

④ 動詞の前に直接修飾する副詞がある文
   Assim se conseguiram muitas coisas.　このように多くのことが達成された。

⑤ 不定代名詞が動詞の前にある文
   Muitos se candidataram.　多くの者が志願した。

⑥ 否定語が動詞の前にある文
   Ele não me deixou falar.　彼は私に話をさせなかった。

⑦ 関係代名詞を伴う文
   O senhor de quem lhe falo é seu patrício.
   　私があなたにお話ししている人は、あなたの同郷の方です。

⑧ 主格の名詞や代名詞が動詞の前にある文
   最近のブラジルの口語の傾向としては、通常、動詞の前に置かれるが、文語では前後いずれにも見られる。
   O menino se levantou cedo.　その少年は早く起きた。
   Ela me disse nada.　彼女は私に何も言わなかった。
   Márcia contou-lhe essa história.　マルシアは彼にその話をした。

⑨ 指示代名詞が動詞の前にある文
   Isso os incomodou muito.　そのことは彼らをとても困らせた。

⑩ 従位接続詞を伴う文
   Seriam umas duas da tarde quando me telefonaram.
   　彼らが私に電話をかけてきたのは、およそ午後の2時頃だったでしょう。

2）動詞の後に置かれる場合
① 文頭に動詞のある文
   Indiquei-lhe o caminho.　私は彼に道を指し示した。

② 肯定命令文
   Garção, traga-me um café.
   　ボーイさん、私にコーヒーを一杯持ってきてください。

   ＊ ブラジルの口語では、再帰代名詞を除いて、目的格代名詞は、通常、動詞の前に置かれることが多い。
   Me dá um copo de água.　私にコップ一杯の水をちょうだい。

第 16 課

③ **ir-se embora** の表現

ブラジルの口語では、再帰代名詞は必ず動詞の後に置かれる。そして、一人称複数形では省略されるのが普通である。他の活用形でも省略されることがある。

Eu vou-me embora.　私は立ち去ります。

Não vão-se embora.　彼らは立ち去らない。

Vamos embora.　私たちは立ち去ります。

＊ 文語においては、否定語が動詞の前にある場合や従属節では動詞の前に置かれることがある。

　A menina que se vai embora é minha irmã mais nova.
　　立ち去る少女は私の妹です。

3）不定詞と活用語尾との間に置かれる場合

動詞が直説法未来か過去未来であって、しかも弱勢代名詞が動詞の前に置かれないときには、不定詞と活用語尾との間に入れられる。(→ 第13課 **1** 3）直説法未来と目的格代名詞）

Dar-lhe-emos mais uma oportunidade.
　我々はもう一回の機会をあなたに与えるでしょう。

＊ 上記のように間に挟むのは、古形になりつつある。しかし、動詞の活用語尾の後には置くことができないため、動詞の前に持っていくことによって、この形を避ける傾向が強い。

Nós lhe daremos mais uma oportunidade.
　我々はもう一回の機会をあなたに与えるでしょう。

4）不定詞の場合

① 不定詞が他の動詞にも前置詞にも依存せず、単独で用いられているときは、不定詞の後に置かれる。

Esperá-lo não vale a pena.　彼を待つことは価値がない。

Viver é adaptar-se.　生きることは順応することである。

② 動詞が不定詞を伴う、つまり **querer, poder, ir** などの不定詞から成る動詞句の場合、次のような3通りの位置が許容される。

A gente quer fazer-lhe uma proposta.

A gente quer-lhe fazer uma proposta.

A gente lhe quer fazer uma proposta.
　私たちは、あなたに１つの提案をしたい。

③ 前置詞（句）あるいは否定語の後の非人称不定詞の場合は、前でも後でもよいが、前に置かれることが多い。

Tenho interesse em não prejudicá-los.

Tenho interesse em não os prejudicar.

 私は、彼らを傷つけないことに関心がある。

 ＊ 前置詞 a と por の後の非人称不定詞に付く目的格代名詞 o・os・a・as は必ず後置される。

  Continuei a fazê-lo.　私はそれを作り続けた。

④ 人称不定詞の場合は、通常、前におかれる。とくに不定詞が複数形のときは、前置が普通である。

É preciso que saiamos de casa sem nos verem.

 我々は見られることなく家を出ることが必要である。

5）現在分詞の場合

① 原則として肯定文では後に置かれる。

Apertando-me a mão, ele foi-se embora.

 私の手を握り締めてから、彼は立ち去った。

② 前置詞 **em** あるいは現在分詞を直接に修飾する副詞があるときは、前に置かれる。

Em o nomeando, o rei ordenou isso.

 彼を選んですぐに、王はそのことを命じた。

Não me obedecendo, você sera punido.

 私に従わなかったら、君は罰せられるでしょう。

③ （進行形も含めて）助動詞とともに用いられるときは、通常、現在分詞の前後に置くことができる。しかし、否定語や疑問詞、関係代名詞、主語が先行する場合には、助動詞の前に置くこともできるが、普通は助動詞と現在分詞の間に挟むことが多い。

Os hóspedes vinham-se aproximando da mesa.

 泊り客たちはテーブルに近づいてきていた。

As águas do lago iam avolumando-se.

 湖の水は量を増していっていた。

Ela se foi retirando.　彼女は帰って行った。

Ele está me falando.　彼は私に話しているところである。

6）複合形の場合
　① 複合形が文頭にあるときは、助動詞の後に置かれる。
　　　Tinha-me preocupado muito.　　私はとても心配していた。

　　　　＊ 過去分詞の後には決して置かれない。

　② 否定語を伴うとき、上記① の場合以外は助動詞の前に置かれる。
　　　Ela não se tem deprimido por estes dois anos.
　　　　　彼女はここ２年間うつ状態になっていない。
　　　Não tinha-me esquecido de você.　　私は君を忘れてはいなかった。

　③ 関係代名詞の後では、通常、助動詞の前に置かれる。
　　　Ele tem um tio que o tem educado.　　彼には彼を教育している叔父がいる。

　④ 接続詞 **que** の後では、ほとんど助動詞の前に置かれる。例外的な位置として、後に置かれることもある。
　　　Eu não esperava que os tivéssemos encontrado lá.
　　　　　私は、向こうで彼らに会うことを期待していなかった。

　⑤ 疑問詞や副詞（句）、主語が前にあるときは、助動詞の前でも後でもよい。
　　　Quem lhe terá confessado essa bobagem？
　　　　　誰が彼にそのような余計なことを告白したのであろうか。
　　　Minha mãe me tinha dado uma bicicleta.
　　　　　母は、私に自転車を与えてくれていた。
　　　As mercadorias tinham-se esgotado.　　商品は品切れになっていた。
　　　Apesar disso, tinham-me avisado que não havia mais dinheiro.
　　　　　そのうえ、彼らは、もうお金がないと私に予告していた。

生きた会話を聞いてみよう！

[レストランにて]

À hora do jantar, o Sr. Gomes entrou num restaurante. Logo um garçom entregou-lhe o cardápio e, em seguida, trouxe-lhe pão, manteiga e azeitonas. Depois de estudar o cardápio, disse ao garçom:

Sr. Gomes	—	Traga-me creme de aspargo. Depois, um filé com legumes, por favor.
garçom	—	Que legumes o senhor deseja ?
Sr. Gomes	—	Cenoura, espinafre e palmito.
garçom	—	O senhor não quer batatas fritas ?
Sr. Gomes	—	Pode trazê-las.
garçom	—	O senhor quer o filé bem passado, mal passado, ou ao ponto ?
Sr. Gomes	—	Ao ponto.
garçom	—	Quer tomar alguma bebida ?
Sr. Gomes	—	Sim. Traga-me um vinho tinto suave[seco・doce].
garçom	—	Pois não.

Depois que o Sr. Gomes comeu o filé, o garçom retirou os pratos e perguntou-lhe：

garçom	—	O senhor quer sobremesa ?
Sr. Gomes	—	Claro que sim.
garçom	—	Temos sorvete, torta de maçã, pudim e frutas.
Sr. Gomes	—	Quais são as frutas que tem ?
garçom	—	As da estação.
Sr. Gomes	—	Traga-me abacaxi e depois, cafezinho.

Depois que comeu o abacaxi e tomou o cafezinho, disse ao garçom：

Sr. Gomes	—	A conta, por favor.
garçom	—	Pois não.

［野菜・果物］

a maçã	りんご	a verdura; o legume	野菜
a pera	西洋なし		
a ameixa	すもも	a abóbora	かぼちゃ
o pêssego	桃	a cenoura	にんじん
o abricó	あんず	o pepino	きゅうり
a cereja	さくらんぼ	o alface	レタス
o morango	いちご	a batata	じゃがいも
a uva	ぶどう	a berinjela	なす
a laranja	オレンジ	a cebola	たまねぎ
a mexerica (tangerina)	みかん	o aspargo	アスパラガス
		a couve-flor	カリフラワー
o limão	レモン	o espinafre	ほうれん草
o melão	メロン	o feijão	フェイジョン豆
a toranja	グレープフルーツ	a ervilha	えんどう豆
a melancia	すいか	a soja	大豆
a banana	バナナ	o milho	とうもろこし
o abacaxi	パイナップル	o nabo	大根
a castanha	栗	a beterraba	ビート
o figo	いちじく	o repolho	キャベツ
o mamão	パパイヤ	o quiabo	オクラ
a manga	マンゴー	o palmito	ヤシの若芽
o abacate	アボカド	a salsa	パセリ
o maracujá	パッションフルーツ	o salsão	セロリ
a uva passada	ほしぶどう	o tomate	トマト
o coco	ココヤシの実	o alho	にんにく
o pimentão	ピーマン	a abobrinha	ズッキーニ
o arroz	お米	a vagem	サヤインゲン
o trigo	小麦	o agrião	クレソン

練習問題

1. (　　) 内の動詞を接続法現在形に活用させてから、訳しなさい。

　　1) Esperamos que vocês (gostar) do presente. [　　　　　]

　　2) É preciso que eles (assistir) à reunião. [　　　　　]

　　3) Tomara que nós (ganhar). [　　　　　]

　　4) Talvez ele não (entender) francês. [　　　　　]

　　5) Eles querem que eu (lavar) todas essas roupas. [　　　　　]

　　6) Minha mãe prefere que nós (jantar) mais cedo. [　　　　　]

　　7) É possível que eles (decidir) morar aqui. [　　　　　]

　　8) Não me surpreende que eles (sofrer). [　　　　　]

　　9) Sugerem que nós (dividir) esse bolo entre nós. [　　　　　]

　　10) Espero que ele não (fazer) nenhuma besteira. [　　　　　]

　　11) É importante que nós (ter) fé. [　　　　　]

　　12) Acho que eles vão querer sair à noite, a não ser que (estar) cansados.[　　　　　]

　　13) É impossível que (haver) algum problema. [　　　　　]

　　14) Tomara que isso tudo (caber) numa só mala. [　　　　　]

　　15) Por mais caro que (ser), o quadro constitui um excelente investimento. [　　　　　]

　　16) Aonde quer que ela (ir), as pessoas a reconhece. [　　　　　]

　　17) Quer (querer) ou não, você vai ter que parar de fumar. [　　　　　]

　　18) Eu quero que você me (dizer) a verdade. [　　　　　]

2. (　　) 内の動詞の適当な（現在時制の）活用形を書き、訳しなさい。

　　1) Nos domingos, eu (dormir) até tarde. [　　　　　]

　　2) Eles exigem que nós (seguir) as instruções. [　　　　　]

　　3) Quando (tossir), meu peito dói. [　　　　　]

　　4) Eu quero que você lave e (polir) o carro. [　　　　　]

　　5) O problema se deve a motivos que (fugir) ao nosso controle. [　　　　　]

6) Espero que eles não (descobrir) a verdade. [   ]

7) Toda vez que eu preciso dele, ele (sumir). [   ]

8) Minha garganta dói quando (engolir). [   ]

9) Eu (preferir) comer alimentos saudáveis. [   ]

10) Os cientistas não acreditam que a substância (prevenir) o câncer. [   ]

3. （　）内の語句を用いて、文を完成し、訳しなさい。

　　例：Pode ser que ele ~ （voltar amanhã）
　　　→ Pode ser que ele volte amanhã.

1) Talvez vocês ~ (preferir ficar sozinho)

2) Pode ser que ~ (chover mais tarde)

3) De repente ela ~ (vir aqui hoje)

4) É possível que o voo ~ (ser cancelado)

5) É difícil que eles ~ (baixar o preço)

6) É provável que a nova lei ~ (trazer benefícios para as microempresas)

7) Será que nós ~ (chegar a tempo ?)

8) Existe a possibilidade de que a empresa ~ (falir)

4. 各文を完成するのに適切な動詞の活用形を選び、訳しなさい。

1) Gabriel espera [conseguir / consiga / consegue] uma vaga na Faculdade de Medicina.

2) Preciso muito falar com Pedrinho. Tomara que ele [está / esteja] em casa.

3) Espero que você [voltar / volta / volte] logo.

4) Tomara que não [descubram / descobrem] que fui eu.

5) Esperamos que tudo [corre / corra / correr] bem.

6) Espero [posso / possa / poder] ir ao Brasil ano que vem.

7) Eles esperam não [sejam / ser / são] despejados do apartamento.

8) Espero que não [chover / chove / chova] hoje.

5. 例のように、(　　) の語句を弱勢代名詞に変えなさい。

例：Eu dou um livro (para você) → Eu lhe dou um livro.

1) Você dá um lápis (para mim). →

2) O diretor dá flores (para a secretária). →

3) Eu dou revistas (para vocês). →

4) Ela dá chocolate (para nós). →

5) Ela dá muito trabalho (para mim). →

6) Ele sempre diz a verdade (para ela). →

7) Ela telefona todos os dias (para nós). →

8) Eu mostro o Pão de Açúcar (para vocês). →

9) Eu dou um presente (para você). →

10) João dá um carro (para Maria). →

6. 次の各文の接続法を用いた動詞を不定詞に変えて、書き直しなさい。

1) Estou torcendo para que esses dois personagens fiquem juntos no final da novela.

2) É impossível que aceitemos estas condições.

3) A possibilidade de que tal coisa aconteça é mínima.

4) Sinto muito que você não tenha gostado da apresentação.

5) Como é que ele conseguiu fugir sem que vocês percebessem?

6) Você deve ficar sentado em silêncio até que outros terminem a prova.

7) É importante que vocês digam o que acham.

8) Ele segurou a minha mão para que eu não caísse.

9) É surpreendente que ele tenha feito uma coisa dessas.

10) O policial mandou que os curiosos se afastassem.

notas

第9章

第17課

1. 接続法過去
2. 接続法現在完了
3. 接続法過去完了
4. 接続法未来
5. 接続法未来完了

第18課

1. 仮定文
2. 小数
3. 距離、期間、時間の幅、空間などの表現
4. 重要な動詞の用例：ficar・dar

第 17 課

1 接続法過去

1) 活用

	-ar (ach-**ar**)		-er (beb-**er**)	
1人称	ach-**asse**	ach-**ássemos**	beb-**esse**	beb-**êssemos**
2人称	ach-**asses**	ach-**ásseis**	beb-**esses**	beb-**êsseis**
3人称	ach-**asse**	ach-**assem**	beb-**esse**	beb-**essem**

	-ir (abr-**ir**)	
1人称	abr-**isse**	abr-**íssemos**
2人称	abr-**isses**	abr-**ísseis**
3人称	abr-**isse**	abr-**issem**

＊ 不規則動詞の場合、直説法完全過去の3人称複数形の語尾から -ram をとり、-sse、-sses、-sse、-ssemos、-sseis、-ssem を付け加えればよい。なお -e- の幹母音をもつ不規則動詞では、-e- の幹母音は開口音となり、アクセント記号をつける場合はアセント・アグードになる。

例：

ser, ir ： fosse, fosses, fosse, fôssemos, fôsseis, fossem
ter ： tivesse, tivesses, tivesse, tivéssemos, tivésseis, tivessem
ver ： visse, visses, visse, víssemos, vísseis, vissem

2) 用法

接続法過去は、主節の動詞が過去時制になったときに用いられる。その用法は、原則的には接続法現在と同じである。

① 主動詞が直説法のいずれかの過去で、それと同時かまたはそれよりも未来の事柄を表わす。

Minha mãe aconselhou-me a que não comesse muito.
　　母は、私にあまり食べないようにと忠告してくれた。

Eu estava com medo (de) que vocês não chegassem a tempo para a reunião.
　　私は、君たちがその集まりに遅刻するのではないかと心配していた。

Helena me pediu que eu pusesse algumas cartas no correio.
　　エレナは、私に郵便局で数通の手紙を出すように頼んだ。

O filme foi tão triste que não houve quem não chorasse.
その映画はとても悲しかったので、泣かなかった人はいなかった。
Pensei que ela fosse chinesa.
私は、彼女は中国人ではないかと思った。
＊ pensar・achar「思う」や supor「想像する」などは肯定文であっても、名詞節で過去の予想や事実に反したことを述べるとき、名詞節の動詞は接続法になる。
Meu primo decidiu esperar até que eu chegasse.
私の従兄弟は、私が到着するまで待つことを決めた。
＊ até que ～ 、antes que ～ 以外の「時」を示す接続詞(句)が使われた副詞節には、主動詞が直説法のいずれかの過去の場合には、直説法になることも多い。
Ele não chegaria a tempo embora andasse depressa.
彼は、たとえどんなに急いで歩いたとしても、間に合わないでしょうに。
＊ i) ブラジルのポルトガル語では、譲歩を示す接続詞(句)の動詞はつねに接続法になり、現実的な譲歩か非現実的な譲歩なのかは主動詞で判断する。
Eu não chegarei a tempo mesmo que ande depressa.
私は、どんなに急いで歩いても、間に合わないでしょう。
ii) ポルトガル語の譲歩の表現：「接続法現在＋関係詞＋接続法未来」は過去時制になると、「接続法過去＋関係詞＋接続法過去」の形になる（→ **4** 接続法未来）。
Viesse quem viesse, não mudaria de minha decisão.
誰が来ようとも、私は決心を変えないでしょう。

② 主動詞が直説法過去未来[直説法不完全過去]のとき、現在あるいは過去の事実に反する仮定を表わすか、または丁寧な表現となる。
Seria prudente que ele examinasse esta máquina antes de usá-la.
彼がその機械を使う前に調べてみると賢明だろう［だっただろう］。
Alegrar-me-ia que você deixasse o fumo.
君がタバコをお止めになったら、私はうれしく思うでしょう。
Seria melhor que ele raspasse o bigode.
彼は口ひげを剃り落とすほうがよいでしょう。
＊ 現在・過去の事実に反する比喩を表わす副詞節にも用いられる。
Essa atriz canta como se fosse uma cantora.
その女優はひとかどの歌手であるかのように歌う。

③ 主動詞が現在時制で、従属節で過去の不完了の事柄を述べる。

Duvidamos que você estivesse ausente.
　　我々は、君が留守であったことを疑っている。

Não penso que Lucas fosse aprovado no exame.
　　私は、ルーカスが試験に合格したとは思っていない。

2 接続法現在完了
1）活用

> **ter[haver]** の接続法現在 ＋ 過去分詞

＊ 助動詞として ter を使うのが普通で、2 つの過去分詞を持つ動詞は規則形を用いる。
（→ 第 10 課 **4** 1）③規則形と不規則形を持つ動詞）

2）用法

接続法現在完了は接続法現在と同じ状況で使われるが、その際、主動詞の時制はつねに直説法現在・未来で、従属節においてすでに完了した動作・状態を表わす。

Duvido que você tenha pescado um pirarucu.
　　私は、君がピラルクを釣っただろうとは思っていない。

Não acho que o efeito de estufa tenha interferido na mudança de temperatura.
　　私は、温室効果が気温の変化に影響を及ぼしたであろうとは思わない。

É provável que eles tenham visitado o Japão.
　　彼らは、おそらく日本を訪れたでしょう。

Há alguém que tenha visto o meu amigo ?
　　誰かが私の友人を見たのでしょうか。

Eu lhes entregarei as mercadorias contanto que tenham pago a conta.
　　私は、あなたがたが勘定を支払ったのであれば、商品をお渡しいたしましょう。

Todos esperam que o projeto tenha sido bem sucedido.
　　すべての人は、その計画が成功したと期待している。

＊ i) 主節や接続詞 que によって導かれる名詞節には接続法未来および未来完了は使われないことに注意が必要である（→ **4** 接続法未来・**5** 接続法未来完了）。つまりその際には、接続法現在および接続法現在完了が用いられる。

　ii) 主節あるいは独立節でも用いられ、すでに完了した動作・状態を表わす。

Por estas horas, ela talvez já tenha compreendido a situação.
　　今時分、彼女はおそらく状況を理解していることでしょう。

3 接続法過去完了
1） 活用

> ter[haver] の接続法不完全過去 + 過去分詞

＊ 助動詞として ter を使うのが普通で、2つの過去分詞を持つ動詞は規則形を用いる。
（→ 第 10 課 4 1）③規則形と不規則形を持つ動詞）

2） 用法

接続法過去完了は主動詞の時制が直説法いずれかの過去で、接続法現在と同じ状況で使われ、従属節においてそれよりも以前に完了した動作・状態を表わす。

Ele não acreditou que ela tivesse estudado Psicologia.
> 彼は、彼女が心理学を勉強したことを信じなかった。

Antônio não passou de ano ainda que tivesse esforçado muito.
> アントニオは、大いに努力したけれども、進級できなかった。

Ele poderia voltar para casa, depois que todos se tivessem retirado.
> 彼は、皆が立ち去った後に、帰宅できるでしょう。

Se eu tivesse tido bastante tempo, eu o teria convencido.
> もし私に十分な時間があったならば、彼を納得させたでしょうに。

＊ i) 最後の例文におけるように、主動詞が直説法過去未来・過去未来完了・過去完了（過去未来完了の代用）・不完全過去（過去未来の代用）であるとき、過去の事実に反する仮定を表わすことができる（→ 第 18 課 1 仮定文）。

ii) 過去の事実に反する比喩を表わす副詞節にも用いられる。
Ela testemunhou como se tivesse presenciado esses crimes.
> 彼女は、まるでそれらの犯罪を目撃したかのように証言した。

4 接続法未来
1） 活用

すべての動詞について例外なく、直説法完全過去の 3 人称複数形から語尾の **-ram** をとり、下記の語尾を付ける。直説法完全過去で規則変化する動詞の場合は、人称不定詞と同変化になる。接続法未来は他の接続法の時制とは異なり、主節にも接続詞 **que** によって導かれる名詞節にも用いられない。そして、接続法未来は、主動詞が直説法未来・現在（意味上は未来）か、あるいは命令文で、従属節において未来の事柄を述べるのに使われる。

-r, -res, -r, -rmos, -rdes, -rem

achar	:	achar, achares, achar, acharmos, achardes, acharem
beber	:	beber, beberes, beber, bebermos, beberdes, beberem
abrir	:	abrir, abrires, abrir, abrirmos, abrirdes, abrirem
ser, ir	:	for, fores, for, formos, fordes, forem
estar	:	estiver, estiveres, estiver, estivermos, estiverdes, estiverem
ter	:	tiver, tiveres, tiver, tivermos, tiverdes, tiverem
haver	:	houver, houveres, houver, houvermos, houverdes, houverem
ver	:	vir, vires, vir, virmos, virdes, virem
vir	:	vier, vieres, vier, viermos, vierdes, vierem

2）用法

① 関係代名詞・関係副詞によって導かれた形容詞節ならびに先行詞を含んだ名詞節で使われる。

Todos os que pagarem logo terão um desconto de 10%.
　すぐに支払うすべての人は10パーセントの割引がされます。

Digam palavras cordiais aos que os ajudarem.
　彼らを助けてくれる人々に友好的な言葉をかけなさい。

Vocês podem levar quem quiserem.
　君たちは望む人を連れて行ってよいです。

Eu irei aonde ela me mandar.
　私は彼女が命じる所だったら、どこへでも行きます。

Irei buscá-los onde estiverem.
　彼らがいるところに、私は迎えに行きます。

Você está proibido de comer todas as frutas que forem ácidas.
　君は、あらゆる酸性の果物を食べることを禁じられている。

＊ 関係代名詞の先行詞の数が限定されているときには、通常接続法現在が使われる。

Alguém que me ajude será bem remunerado.
　私を助けてくれる誰かは充分な報酬を与えられるでしょう。

② **se** ~「もし~ならば」、**exceto se・senão・salvo se** ~「もしも~でないならば」などを含む未来に関する単なる仮定を表わす副詞節に使われる。この場合、直説法未来は使われることはないが、直説法現在は用いられることがある。

Se chover[chove], ficaremos em casa.
　　もし雨が降ったら、私たちは家にいるでしょう。
Se Deus quiser, tudo dará certo.　恐らく、万事うまくいくでしょう。
Se os ecologistas não discutirem sobre o problema, estes animais serão extintos.
　　もし自然環境保護論者がその問題について異議を申し立てないならば、これらの動物は絶滅に追い込まれるでしょう。
Não farei nada, exceto se me prometerem uma coisa.
　　一つのことを私に約束してくれなければ、私は何もしないでしょう。

　＊　条件を示す接続詞 caso を使う場合には、条件節の動詞は接続法現在になる。
　　Caso neve, o piquenique será adiado para o próximo mês.
　　　　雪が降った場合には、ピクニックは来月に延期されるでしょう。

③ **未来に関する時を示す接続詞(句)**：assim que ～「～するとすぐに」、depois que ～「～の後に」、todas as vezes que ～「～するたびに」、enquanto ～「～の間」、logo que ～「～するとすぐに」、quando ～「～するとき」、sempre que ～「～するたびに」などに導かれる副詞節に使われる。この場合、接続法現在も用いられることもある。

Assim que o governo reduzir as despesas, sobrará mais dinheiro.
　　政府が支出を削減するとすぐに、もっと多くのお金が残るでしょう。
Depois que nós fecharmos as janelas, trancaremos todas as portas.
　　私たちは窓を閉めた後で、すべてのドアーに錠をかけるでしょう。
Enquanto o sinal estiver vermelho, não poderemos atravessar.
　　信号が赤である間は、私たちは横断できないでしょう。
Quando nós viermos, traremos um presente.
　　私たちが来るときに、プレゼントを持ってくるつもりです。
Telefone-me logo que você souber os detalhes do assunto.
　　君がその問題の詳細を知ったら、すぐに私に電話をかけてください。

④ **方法・様態を示す接続詞(句)**：à medida que ～「～にするにつれて」、à proporção que ～「～するにしたがって」、como ～「～するように」、conforme・segundo ～「～にしたがって」などに導かれる副詞節に用いられる。

Faça como quiser.　お好きなようにしてください。

　　　　＊この場合、ポルトガルでは、通常接続法現在が使われる。
　　　　Faça como **queira**.　お好きなようにしてください。
　　Conforme o trabalho que nós **fizermos**, ganharemos muito dinheiro.
　　　　我々はする仕事にしたがって、多くのお金を得るでしょう。
　　A economia brasileira ficará melhor à proporção que a inflação baixar.
　　　　インフレーションがおさまるにしたがって、ブラジル経済は良くなるでしょう。

⑤ **譲歩を示す表現「接続法現在＋関係詞＋接続法未来」**：aconteça o que acontecer「何が起ころうとも」、haja o que houver「何があろうとも」、seja quem for「誰であろうとも」、seja onde for「どこであろうとも」、quem quer que for「誰であろうとも」などの副詞節に用いられる。
　　Aconteça o que acontecer, não assistirei à cerimônia de casamento deles.
　　　　何が起ころうとも、私は彼らの結婚式には出席しないつもりです。
　　Chova quanto chover, o calor não diminuirá.
　　　　どんなに雨が降っても、暑さは和らがないでしょう。
　　Haja o que houver, continuaremos bons amigos.
　　　　何があろうとも、私たちは引き続き良き友でいましょう。
　　Seja quem for, diga que não estou aqui.
　　　　誰であろうとも、私はここにいないと言ってください。

　　　　＊過去時制では、上記の表現は「接続法不完全過去＋関係詞＋接続法過去」となる（→ **1** 接続法過去）。
　　　　aconteça o que acontecer　→　acontecesse o que acontecesse

5 接続法未来完了

1）活用

　　|　**ter[haver]の接続法未来＋過去分詞**　|

　　　　＊助動詞として ter を使うのが普通で、2つの過去分詞を持つ動詞は規則形を用いる。（→ 第10課 **4** 1) ③規則形と不規則形を持つ動詞）

2）用法

　　従属節で表わされる未来の事柄が、主節よりも以前に完了していることを強調する場合に用いられる。主節の時制は、直説法未来[未来の意味を持つ直説法現在]や命令文である。

Vou tomar um café depois que tiver escrito este artigo.
 この記事を書いてしまった後で、私はコーヒーを飲みます。
Avisaremos logo que tivermos recebido notícias.
 我々が知らせを受けたら、すぐに知らせるでしょう。
Quando eu tiver terminado o mestrado, irei trabalhar numa empresa.
 私は、修士課程を終えてしまったら、ある企業で働くつもりです。

練習問題

1. [　]の指示に従って、(　)内の動詞を活用させ、全文を訳しなさい。

1) Eu não (ver) você.［直説法完全過去］

2) Você (vir) a pé ?［直説法完全過去］

3) É preciso que você nos (dar) mais atenção.［接続法現在］

4) Nas jarras (ter) suco de laranja.［直説法現在］

5) Se você (estudar) mais, teria melhores notas.［接続法過去］

6) Quando você (ir) à Itália, irei com você.［接続法未来］

7) Se ele (trazer) o dinheiro, pagarei minhas dívidas.［接続法未来］

8) Tomara que você (saber) todas as respostas do teste.［接続法現在］

9) É bom que você (ir) ao aeroporto levando seu chefe.［接続法現在］

10) Ele não (vir) aqui ontem.［直説法完全過去］

11) Se você (vir) aqui amanhã, traga-me o CD que lhe emprestei.［接続法未来］

12) Quem (estar) aqui ontem ?［直説法完全過去］

2. 例のように、各文を書き換えなさい。
　　例： Espero que você seja compreensivo com seu filho.
　　　　→ Espero que você tenha sido compreensivo com seu filho.

　1) Espero que você faça um bom teste.

　2) Receio que ela fique doente.

　3) Espero que o jantar seja bom.

　4) Espero que ela ganhe o concurso de dança.

　5) Tomara que eu seja promovido.

　6) Receio que ele desista do concurso literário.

　7) Talvez Elise arrume um emprego.

　8) Espero que eu pague meu carro antes do fim do ano.

　9) É provável que Roberto abra uma loja.

10) É possível que Cristina venha à festa.

3. (　　) 内の動詞を接続法過去形にして、訳しなさい。
　1) Eles queriam que nós (deixar) as bolsas na entrada. [　　　　]
　2) Se eu (vender) o meu carro, obteria dinheiro bastante para viajar. [　　　　]

3) Acho que seria bem melhor se vocês (imprimir) o documento usando o computador. [   ]

4) Por mais que ele (insistir), ela não cedeu. [   ]

5) Que o senhor acha se a gente (pintar) o banheiro de azul ? [   ]

6) O povo exigia que as autoridades (prender) o suspeito. [   ]

7) Era inevitável que a eleição (coincidir) com o feriado. [   ]

8) O professor pediu aos alunos para avisá-lo quando (terminar) a prova. [   ]

9) Ela não gostava que nós nos (meter) na vida dela. [   ]

10) Se eu (poder), ajudaria você. [   ]

11) Por mais frio que (fazer), ele estava sempre de camiseta. [   ]

12) Ele disse que ligaria para mim quando (ter) tempo. [   ]

13) Eu queria que você (pôr) um pingo de leite no meu café. [   ]

14) Se não (haver) seu ato de coragem, eu não estaria aqui hoje. [   ]

15) As crianças talvez (estar) com medo. [   ]

16) Eu esperava que vocês (vir) para cá. [   ]

17) Eles preferiam que nós (dar) a nossa opinião. [   ]

18) O cachorro avançou, como se (ir) me morder. [   ]

4. (   ) の動詞を接続法未来形にして、訳しなさい。

1) Se vocês (precisar) de ajuda, podem me chamar. [   ]

2) Quem (desistir) da viagem terá que pagar uma taxa. [   ]

3) Se eu (acordar) cedo amanhã, vou à feira comprar peixes. [   ]

4) Quando nós (decidir) o que vamos fazer, avisamos a você. [   ]

5) Se (chover), eu não vou sair. [   ]

6) Se os senhores (permitir), gostaria de fazer um comentário a esse respeito. [   ]

7) Nós vamos mandar notícias assim que (chegar). [   ]

8) Isso depende do que eles (responder). [   ]

9) Vocês podem ficar aqui, se (querer). [   ]

10) Quando eles lhe (dizer) alguma coisa, me telefone. [   ]

11) Qualquer pessoa que você (trazer) será bem-vindo. [   ]

12) Haja o que (haver), eu estarei sempre ao seu lado. [   ]

13) Eles vão rejeitar qualquer coisa que nós (propor). [   ]

14) Meu pai vai ficar bravo quando (saber) disso. [   ]

15) Se vocês (estar) com fome, podem fazer um lanche. [   ]

16) Se você (ver) a Cristina, fala para ela me ligar. [   ]

17) Seja quem (ser), o próximo líder do país terá que enfrentar muitos problemas. [   ]

18) Os meus pais vão ficar surpresos quando (saber) disso. [   ]

19) Quando você (ir) à praia, avise-me. [   ]

20) Se você (vir) de táxi, eu pagarei. [   ]

21) Se você (fazer) sua cama todos os dias, poderá trazer seus amigos. [   ]

22) Quando você (ter) tempo, poderemos ir ao teatro. [   ]

23) Quando você (pôr) o vinho na mesa, não se esqueça das taças. [   ]

24) Quando você (poder) viajar, avise-me. [   ]

25) Quando ele (dar) comida aos animais, sua esposa ficará surpresa. [   ]

第 18 課

1 仮定文

1）現実的な仮定：未来に関する単なる仮定

> se + 接続法未来［直説法現在］～、直説法未来［直説法現在・命令文］～

Se o senhor for uma pessoa honesta, ganhará muitos votos.
　もしあなたが正直な人ならば、たくさんの票を獲得するでしょう。

Se eu tiver que sair de casa, deixarei um recado.
　私が外出しなければならなくなったら、伝言を残していきます。

Se essa tentativa for mal sucedida, ele é capaz de abandonar tudo.
　その試みが失敗に終わるならば、彼はおそらくすべてを放棄するかもしれない。

Vamos marcar o voo para o dia 8, se tiver[houver] lugar.
　席があるのならば、8日にフライトを決めましょう。

2）事実に反する仮定

① 現在および（確定的な）未来の事実に反する仮定

> se + 接続法過去～、直説法過去未来［直説法不完全過去］～

Se amanhã fosse domingo, eu não iria à escola.
　もし明日が日曜日ならば、私は学校へ行かないのですが。

Se você estivesse em meu lugar, recusaria essa proposta?
　もし君が私の立場にいるならば、その提案を拒絶するでしょうか。

Se os operários não fossem esforçados, o trabalho não estaria acabado.
　もし職人たちが勤勉でなかったら、その仕事は出来上がらないでしょう。

Esse tipo de crime não aconteceria se houvesse mais policiamento.
　もしもっと警察の取締りが行われているならば、この種の犯罪は起こらないでしょう。

② 過去の事実に反する仮定

> se + 接続法過去完了～、直説法過去未来完了～

Se eu tivesse sabido[soubesse] disso, não teria dito[diria] nada.
　もし私がそのことについて知っていたならば、何も言わなかったでしょう。

Se ele tivesse enviado[enviasse] o presente, você já o teria recebido[receberia] ontem.
　彼がそのプレゼントを贈ったのならば、昨日、君はそれを受け取ったでしょうに。

* i) 上記の２例文において、括弧内の形に動詞を変えることができる。つまり過去の事実に反する仮定は状況的に許される範囲で 1) の形式の仮定文でも表わすことができる。
    ii) 帰結節の直説法過去未来完了はしばしば直説法過去未来・不完全過去・過去完了で代用される。
        Se o senhor me tivesse convidado[convidasse] para o churrasco, teria ido[iria・ia・tinha ido] com vontade.
        もしあなたがシュラスコ(バーベキュー)に私を招いてくれていたら、喜んで行ったでしょうに。
    iii) 状況によっては、しばしば条件節が省略される。
        Teríamos comprado o carro mas não gostamos da cor.
        我々はその車を買おうとしたが、その色が気に入らなかった（ので買わなかった）。

2 小数

小数点には、「virgula(,)」を用いる。読み方は、「基数＋**e**＋基数＋序数」となる。

0,1　　　zero e um décimo
0,3　　　zero e três décimos
2,2　　　dois e dois décimos
0,54　　 zero e cinquenta e quatro centésimos
0,789　　zero e setecentos e oitenta e nove milésimos

3 距離、期間、時間の幅、空間などの表現

Daí até o[ao] aeroporto são[é] apenas uns dez minutos a pé.
　そこから空港まで歩いて、わずか 10 分くらいです。
Vou começar a trabalhar nesta loja daqui a cinco meses.
　今から 5 ヵ月したら、この店で私は働き始めます。
Do edifício até o[ao] correio central é 1 km[quilômetro] de carro.
　そのビルから中央郵便局まで車で 1 キロです。
São[É] vinte minutos de ônibus até o meu escritório.
　私のオフィスまでバスで 20 分です。
A faculdade é quinze minutos de metrô.
　大学まで地下鉄で 15 分です。

Eles trabalham a mais ou menos trinta metros do banco.
> 彼らはその銀行からおよそ 30m のところで働いています。

A sala de visita tem[mede] 7 metros de largura ×[por] 5,5 de comprimento ×[por] 6,2 de altura.
> その応接間は、幅 7 メートル、長さ 5.5 メートル、高さ 6.2 メートルあります。

O ônibus circula das seis até as dez horas da noite.
> バスは 6 時から夜の 10 時まで循環しています。

Daqui a pouco vamos sair para almoçar.
> これからすぐに、昼食をするために出かけましょう。

Daqui em diante ela vai te visitar às segundas.
> 今後は、彼女は毎週月曜日に君を訪れるでしょう。

Voltarei para casa daqui a poucos minutos.
> これから数分したら、私は帰宅するつもりです。

Desde as três até as seis horas eu não parei de trabalhar.
> 3 時から 6 時まで、私は仕事を止めなかった。

```
*  i) de … até ~   são[é] …      … から ~ まで… の距離です
   ii) daqui : de + aqui          ここから、今から、この理由から
       daqui a pouco              すぐに、間もなく
       daí : de + aí              そこから、その時から、その理由から
       dali : de + ali            あそこから、あの時から、あの理由から
   iii) desde … até ~             … から ~ まで（時間、期間）
        desde ontem até hoje      昨日から今日まで
        desde as três até as cinco horas
        = das três às cinco horas  3 時から 5 時まで
   iv) a partir de …              … から、以来、以降
```

4 重要な動詞の用例：ficar・dar

1）ficar

Onde fica o Banco do Brasil?　ブラジル銀行はどこにありますか。「位置する」
É melhor ficar quieto.　黙っているほうがいいです。「〜のままでいる」
O hospital onde fiquei era bom.　私が入院した病院はよかった。「滞在する」
Ontem eu fiquei nervoso quando vi que ele estava em perigo.
> 昨日、彼が危機に瀕しているのが分かったとき、私は神経質になりました。
> 「…になる」

第18課

Em quanto fica tudo?　全部でいくらですか。　　　　（＋em）「～の値段である」
Eles ficam-me fazendo as mesmas perguntas.
　　彼らは私に同じ質問をし続けている。　　　　（＋現在分詞）「…し続ける」
Se pedirmos oito pastéis, ficamos com dois cada um.
　　私たちが8つのサモサ（小型のパイ）を頼むと、各自、2つずつになる。
　　　　　　　　　　　　　　　　　　　　　　（＋com）「…を手にする」
Ficamos de nos ver amanhã.　私たちは、明日、会うことになっている。
　　　　　　　　　　　　　　　　　　　　（＋de＋不定詞)「…することを了解する」

2） **dar**

É possível que ela dê este livro para Ana.
　　彼女はこの本をアナにあげるかもしれない。「与える」
Eles voltaram desanimados porque o projeto deu errado.
　　その計画が失敗に終わったので、彼らは落胆して戻った。「…になる」
Não gosto deste baile porque nele só dá crianças.
　　子供たちがいるだけだから、私はこのダンスパーティーが好きではありません。
　　　　　　　　　　　　　　　　　　　　　　　　　　　　「…から成る」
Com o dinheiro que tenho, só dá para comprar um apartamento pequeno.
　　私が持っているお金では、小さなアパートを買えるだけです。
　　　　　　　　　　　　　　　　　　（＋para＋不定詞）「…するのに十分である」
Dá para você entender quando eu falo inglês？
　　私が英語を話したら、君は分かりますか。（＋para＋不定詞）「…できる」
Eu o avisei mas ele não me quis ouvir. Aconteceu o que eu esperava: e não deu outra.
　　私はそのことを知らせたが、彼は私の言ったことに耳を貸さなかった。私が予測したとおり的中した。　　（não ~ outra）「予想通りになる」
Por favor, professor, dê-me uma colher de chá！
　　先生、お願いですから、もう一度、チャンスをください！
　　　　　　　　　　（~ uma colher de chá）「機会を与える、便宜を図る」
Como a questão era muito difícil, o professor nos deu uma colher de chá para achar a resposta.
　　問題はとても難しかったので、先生は我々が答えを見つけるのを助けてくれた。
Este hotel dá para a praça.　このホテルは広場に面している。
　　　　　　　　　　　　　　　　　　　　　　　（＋para）「…に面している」

Desculpe, só agora eu me dei conta de que já é tão tarde.
　すみません、今はじめて、もう非常に遅いことに私は気がつきました。
(~ conta de)「…について知る、…の世話をする」
Ela dá conta da família.　彼女は家族の面倒を見ています。
Dei uma espiadinha pelo buraco da fechadura.　私は鍵穴を通して一寸のぞいた。
(＋動詞から派生した名詞)「…する」

［コンピュータ・メールの用語］

abertura / slot	スロット
arquivo	ファイル
arquivo de texto	テキストファイル
abrir um arquivo	ファイルを開く
cabo	ケーブル
colar	ファイルにコピーする、貼り付ける
copiar	コピーする
criar e-mail	Eメールを作成する
disco rígido	ハードディスク
editar	編集する
encaminhar	転送する
endereço	アドレス
enviar / receber	送信する / 受信する
ferramentas	ツール
formatar	初期化する、フォーマットする
impressora	プリンター
imprimir	印字する
inserir	挿入する
precisa de senha para acessar o site	サイトにアクサセスするにはパスワードが必要です
responder	応答する、こたえる
senha	パスワード
teclado	キーボード

練習問題

1. （　）に [　] のうちの正しい方を選択して挿入し、訳しなさい。

   1) Se lhe (　　　　) o emprego, você vai aceitar ? [oferecerem / oferecem]
   2) Vai ver que o bar (　　　　) lotado, aí aonde vamos ? [esteja / está]
   3) Imagina que você (　　　　) deitada numa praia deserta. [esteja / está]
   4) Vamos supor que (　　　　) a nossa proposta, quando vamos começar o trabalho ? [aceitem / aceitam]
   5) Supondo que (　　　　) ricos, como é que você passaria o seu tempo ? [sejamos / fôssemos]
   6) Se você (　　　　) que escolher, você ia para a China ou para a Índia ? [tivesse / tiver]
   7) Vamos supor que o senhor (　　　　) um empréstimo de R$10.000,00. A prestação fica em R$200,00 por mês. [toma / tome]
   8) Imagine que você (　　　　) fazer qualquer tipo de trabalho, o que você faria ? [possa / pudesse]

2. （　）に [　] 内の動詞を適切な形に変えて、入れなさい。

   1) Se (　　　　) sol amanhã, vamos à praia. [fazer]
   2) Eu vou te ajudar se (　　　　). [poder]
   3) Se vocês (　　　　), podem ligar a televisão. [querer]
   4) Se você (　　　　) ao supermercado, compra leite. [ir]
   5) Vou ficar contente se eu (　　　　) uma boa nota. [tirar]
   6) Se (　　　　) agora, chegamos lá no final da tarde. [sair]
   7) Se os alunos não (　　　　) tempo para estudar, não passariam na prova. [ter]
   8) Se a nova lei (　　　　) aprovada, será mais difícil entrar no país. [ser]

3. 左の条件節と適切な帰結節の番号を入れて、結びなさい。

1) Se o livro fosse menos caro,　　　[　] ① vamos visitar uma escola de samba.
2) Se você precisar de ajuda,　　　　[　] ② íamos terminar mais rápido.
3) Se ele estudasse mais,　　　　　　[　] ③ fala que você não sabe de nada.
4) Se tivermos tempo,　　　　　　　　[　] ④ eu o comprava.
5) Se todos ajudassem,　　　　　　　[　] ⑤ vamos para outro lugar.
6) Se ela perguntar,　　　　　　　　　[　] ⑥ não ia confiar nele.
7) Se o bar estiver muito cheio,　　　[　] ⑦ tiraria melhor notas.
8) Se eu fosse você,　　　　　　　　　[　] ⑧ pode contar comigo.

4. 事実に反する仮定文に書き換えなさい。

　　例： Você não estudou o suficiente e foi reprovado na prova.
　　　　→ Se você tivesse estudado o suficiente, você não teria sido reprovado na prova.

1) Ele colou na prova e foi expulso da faculdade. ［colar　不正行為をする］

2) Nós nos atrasamos e perdemos o voo.

3) Vocês beberam muito ontem e hoje vocês estão de ressaca.
　　　　　　　　　　　　　　　　　　［de ressaca　二日酔いして］

4) Eu estacionei em lugar errado e levei multa.

5) Você não fez a prova com calma e errou muito.

6) Eles não jogaram bem e saíram da competição.

7) Ela não avisou que vinha e nós não preparamos nada.

8) Eu não passei protetor solar e agora minha pele está ardendo.

[protetor solar　日よけクリーム]

5. 日本語に訳しなさい

1) Ontem fiquei acordado até as 2 horas da madrugada, por isso estou com sono agora.
2) Se eu fosse você, eu não ficaria na beira do rio, de papo para o ar pescando o dia inteiro.
3) Depois do trabalho, as mãos do mecânico ficam pretas como carvão.
4) Ela ficou achatada com a notícia.
5) A rua sempre ficava deserta.
6) Fiquei surfando na Internete o dia inteiro.
7) Elas ficam no mesmo hotel quando estão em São Paulo.
8) Você vai ficar com estas revistas velhas ?
9) A casa vai ficar um espetáculo quando terminarem a reforma.
10) Dê quanto der, você nunca pagará sua dívida.
11) A loja está fehada. Agora só dá para olhar as vitrinas.
12) Ele é tão engraçado que não dá para ficar triste ao seu lado.
13) Antes de construírem aquele prédio, a gente dava para ver o mar daqui.
14) Estamos todos contentes porque nossa idéia deu certo.
15) Vou dar uma saída à tarde.
16) Dá uma buzinada quando você chegar.
17) É melhor dar uma mexida na panela de vez em quando.
18) Ele deu uma cotovelada no jagador adversário.

notas

第10章

第19課
1. 話法
2. 主語と動詞

第20課
1. 分詞構文
2. 2009年の新正書法

第 19 課

1 話法

1）直接話法と間接話法

他人や自分の言ったこと、考えたことをそのまま伝える方法を**直接話法**といい、内容を自分の言葉に直して間接的に伝える方法を**間接話法**という。

ⓐ Ela disse：— Estou ocupada. （直接話法）
ⓑ Ela disse que estava ocupada. （間接話法）
　　彼女は、「私は忙しい」と言った。

ⓐの文の Ela disse を伝達部、disse を伝達動詞、伝えられる内容を表わす Estou ocupada. を被伝達部という。

＊ このほかに、直接話法と間接話法との中間に位置する描出話法あるいは自由間接話法という混成的な話法もある。これは、直接話法的な面を残しながら、間接話法の特質も残すもので、文学作品にはよく使われる手法であり、正統な話法から少し離れることによって、独特な文体的効果を狙ったものである。

2）話法の転換の方法

直接話法から間接話法に転換するときには、被伝達部の人称を伝達者の立場から変化させるだけでなく、時制の一致にも留意する必要がある。

① 被伝達部が平叙文のとき

伝達動詞には、通常、dizer「言う」を用いる。文意によっては、その他に confessar「告白する」、contar「語る」、declarar「打ち明ける」、explicar「説明する」、insistir「主張する」、repetir「繰り返す」、recordar「思い出す」、responder「答える」なども用いられる。

a) 時制の一致

伝達動詞が直説法の過去時制：完全過去・不完全過去・過去完了・過去未来のいずれかであるときには、目的語になる名詞節の中の動詞の時制は以下のようになる。

| 直説法現在 | → | （原則的に）**直説法不完全過去**（ただし直後の場合は直説法現在も使う） |

Meu amigo disse：— Estou com fome.
Meu amigo disse que estava com fome.
　　私の友人は「おなかが空いている」と言った。

| 直説法不完全過去 | → 直説法不完全過去 |
| 直説法完全過去 | → （原則的に）直説法過去完了（ただし直後の場合は直説法完全過去も使う） |

Minha mãe me respondeu：— Gostei muito da nossa casa nova.
Minha mãe me respondeu que tinha gostado da nossa casa nova.
　　母は「新しい我が家がとても気に入った」と私に答えた。

| 直説法現在完了・過去完了 | → 直説法過去完了 |

Ele nos confessou：— Eu tenho estudado muito.
Ele nos confessou que ele tinha estudado muito.
　　彼は「大いに勉強している」と告白した。

| 直説法未来 | → （原則的に）直説法過去未来（ただし現在から見てもなお未来の事柄は直説法未来も使う） |

Ele declarou para todos：— Resignarei o meu cargo amanhã.
Ele declarou para todos que resignaria o seu cargo no dia seguinte.
　　彼は、「明日、自分の職を辞する」と表明した。
Ela disse：— Voltarei para o Brasil daqui a 2 anos.
Ela disse que voltaria para o Brasil daí a 2 anos.
　　彼女は「2年後にブラジルへ戻る」と言った。

| 直説法過去未来 | → 直説法過去未来 |
| 接続法現在・未来 | → 接続法過去 |

Antônio me disse：— Seja quem for, não o encontrarei.
Antônio me disse que fosse quem fosse, não o encontraria.
　　アントニオは、「誰であろうとも、会わない」と私に言った。

| 接続法過去 | → 接続法過去 |
| 接続法現在完了・未来完了 | → 接続法過去完了 |

Jorge me disse：— Espero que você tenha realizado o seu sonho.
Jorge me disse que esperava que eu tivesse realizado o meu sonho.
　　ジョルジは、「私が夢を実現したことを期待している」と私に言った。

267

＊時制の一致の例外。
 i) 被伝達部が一般的真理を表わす場合には、時制の一致の必要はない。
　　O professor sempre nos dizia：— A história se repete.
　　O professor sempre nos dizia que a história se repete.
　　　先生はいつも私たちに、「歴史は繰り返す」と言っていた。
 ii) 被伝達部が非現実的な仮定文であるときは、時制および法の変化はない。
　　Meu pai disse：— Se ganhasse muito dinheiro, te daria a metade.
　　Meu pai disse que se ganhasse muito dinheiro me daria a metade.
　　　父は、「大金を儲けたら、お前に半分をやるのになあ」と言った。

b) 副詞・指示詞などの変え方
　以下の規則は絶対的ではなく、実際には伝達者と発話者との位置関係や発話時と動作の時間との関係に従って、柔軟に転換が行われるべきである。
　(1) 時の副詞（句）
　　　agora　今　　　　→　então, naquele momento　そのときに
　　　hoje　今日　　　 →　naquele dia　その日に
　　　ontem　昨日　　　→　no dia anterior　前日に
　　　amanhã　明日　　 →　no dia seguinte　翌日に
　　　há[faz] ~ dias　→　havia[fazia] ~ dias, ~ dias atrás　その~日前に
　(2) 場所の指示副詞
　　　aqui・aí　ここに・そこに　→　ali・lá　あそこに・むこうに
　(3) 指示形容詞・代名詞
　　　este・esse　この［これ］・その［それ］　→　aquele　あの［あれ］
　　　isto・isso　これ［それ］　　　　　　　　→　aquilo　あれ

② 被伝達部が疑問文のとき
　a) 疑問詞のない疑問文は、接続詞 que の代わりに se を置く。
　　Minha mãe me disse：— Você já tomou o café da manhã？
　　Minha mãe me perguntou se eu já tinha tomado o café da manhã.
　　　母は、私に「もう朝食を食べましたか」と尋ねた。
　b) 疑問詞のある疑問文は、その疑問詞を用いる。
　　Um transeunte nos disse：— Que horas são？
　　Um transeunte nos perguntou que horas eram.
　　　一人の通行人が、「何時ですか」と聞いた。

③ 被伝達部が感嘆文・祈願文のとき

伝達動詞は、dizer「言う」、exclamar「叫ぶ」、gritar「叫ぶ」、bradar「叫ぶ」、rogar「祈願する」、rezar「祈願する」などを用い、場合に応じて適当な修飾語（句）を付け加える。

Eles disseram：— Oxalá que Deus os proteja !

Eles rogaram a Deus que os protejasse.

 彼らは、「神に彼らをお守りください」と願った。

Os estudantes disseram：— Opa ! Não terá aulas amanhã !

Os estudantes gritaram com alegria que não teria aulas no dia seguinte.

 学生たちは、「やった！明日は授業が休みだ！」と言った。

④ 被伝達部が命令文のとき

伝達動詞として、dizer「言う」、mandar「命じる」、ordenar「命じる」、aconselhar「助言する」、pedir「頼む」などを用いる。

Estou dizendo：— Você, estuda mais aplicadamente.

Estou lhe mandando que estude mais aplicadamente.

 私は、君に「もっと熱心に勉強するように」と言っているのです。

Ele me disse：— Não faça tanto barulho.

Ele me mandou que não fizesse tanto barulho.

 彼は、私に「そんなに騒がないように」と言った。

2 主語と動詞

1） 主語の位置

① 通常、動詞の前

Pedro e eu somos amigos íntimos.　ペドロと私は親友です。

② 動詞の後に置かれる場合

 a） 疑問詞で始まる疑問文

  Que disseram eles ?　彼らは何を言いましたか。

  ＊疑問詞を伴わない疑問文では、前でも後ろでもよい。

 b） 主語が強調されるとき

  Mando eu.　命じているのは私である。

c) 命令文

　　Cantem vocês.　君たち、歌いなさい。

　d) 引用の場合

　　"Faz muito calor", disse ele.　とても暑い、と彼は言った。

　e) 特定の動詞：aparecer, existir, faltar, ficar(=restar), restar, sobrar, sumir, surgir など

　　Não existem tais vilas.　そのような村は存在しない。

　　Faltam cinco para as oito.　8時5分前です。

2）主語と動詞の一致

原則として、動詞は主語の数と人称に一致する。

① 主語が1つの場合

　a) 主語が部分を示す表現（parte de「一部の」、uma porção de「一部の、たくさんの」、o grosso de「大部分の」、o resto de「残りの」、metade de「半分の」など）と複数形の名詞［代名詞］から成り立つとき、動詞は単数形でも複数形でもよい。

　　Metade de pessoas vai[vão] à igreja.　人々の半分が教会へ行く。

　　＊主語を1つの集合体として示したいときは単数形、全体を構成する要素を強調したい場合には複数形になる。

　b) 主語が概算の数量を示すとき

　　(1) cerca de「およそ」、mais de「〜以上の」、menos de「〜以下の」などの後に複数の数字が続くと、動詞は複数形となる。

　　　Mais de cem vacas morreram nesse incêndio.
　　　　100頭以上の牛がその火事で死んだ。

　　(2) mais de um[uma], mais que um[uma] の後に単数名詞が続くと、動詞は単数形となる。

　　　Mais de um soldado conseguiu fugir.
　　　　1人以上の兵が逃げることができた。

　c) 主語を関係代名詞 que が導く節が修飾しているとき

　　(1) 動詞は先行詞の数と人称に一致する。

　　　Sou eu que tenho calor.　暑いのは私です。

(2) 主語と同格の先行詞が指示代名詞 aquele(-les, -la, -las) や o(os, a, as) である場合、que の後の動詞は主語の数と人称に一致する。
   Não somos nós aqueles que abandonamos os deveres.
     我々は義務を放棄した者ではありません。

(3) que の前に um dos 複数名詞、uma das 複数名詞の表現があるとき、それを受ける動詞は、通常、三人称複数形をとる。
   Ela era uma das pessoas que mais contavam conosco.
     彼女は、我々を最も当てにしていた人々のひとりであった。

(4) um dos que(=um daqueles que) に続く動詞は、通常、三人称複数形となる。
   Carlos era um dos que não obedeciam à ordem.
     カルロスは命令に従っていない者のひとりであった。

d) 主語が関係代名詞 quem のとき
 (1) quem に続く動詞は、一般的には三人称単数形となる。
   Sou eu quem manda.　命じるのは私である。

 (2) 主語を強調・明確化したいときに、主節の主語に動詞が一致することがある。
   Não sou eu quem pago.　支払うのは私ではない。

e) de[dentre] nós[vós] の前に複数形の疑問代名詞や不定代名詞があるとき
 (1) 疑問代名詞 quais・quantos, 不定代名詞 alguns・muitos・poucos・quaisquer・vários などが主語として現れた場合、動詞は三人称複数形[二人称複数形]をとる。
   Alguns de nós não desejavam jantar.
     我々の幾人かは夕食をとることを望んでいなかった。
   Quantos dentre vós não tereis tomado parte.
     お前たちのすべてが加わらなかったでしょう。

 (2) 疑問代名詞、不定代名詞が単数形のとき、動詞も単数形になる。
   Qual de nós vai ser campeão ?
     我々の内の誰がチャンピオンになるのだろうか。

f) 主語が複数形の地名・作品名などを示す固有名詞のとき
 (1) 冠詞を伴わない場合、単数として扱われる。
   Três Corações é uma cidade de Minas Gerais.
     トレス・コラソンエスはミナス・ジェライス州の都市である。

(2) 複数形の冠詞を伴う場合、複数として扱われる。
> Os Estados Unidos não penetraram nessa região.
> 合衆国はその地域に進出しなかった。

g) 主語が不特定な人の場合
(1) 動詞は三人称複数形となり、主語は現れない。
> Comem muito no jantar naquele país.
> あの国では夕食にたくさん食べます。

(2) 不特定な人が se で示されるとき、動詞は三人称単数形をとる。
> Não se trabalha aos domingos.　日曜日には働きません。

② 主語が2つ以上の場合
原則として複数の主語が e で結ばれているとき、動詞は複数形となる。

a) 動詞の後に2つ以上の主語が来るとき、動詞は最も近くの主語に一致する。
> Ouviu-se um estouro, um gemido, um grito.
> 炸裂音、うめき声、叫び声が聞こえた。

b) 同義の主語や段階的に列挙された主語が併記されているときは、動詞は単数形でも複数形でもよい。
> Um furacão, um vento, uma brisa levou[levaram] tudo.
> ハリケーン、風、そよ風がすべてを持ち去った。

c) 2つ以上の不定詞が主語であるとき、動詞は単数形でも複数形でもよい。しかし、動詞が ser である場合には、通常、補語となる名詞の数に一致する。
> Ler, falar e escrever são os meus divertimentos prediletos
> 読み、話し、書くことは、私のお気に入りの気晴らしです。

d) tudo, nada, ninguém, nenhum, nenhuma に2つ以上の主語が集約されている場合、動詞は単数形となる。
> A sociedade, os amigos, os trabalhos, tudo é inútil.
> 社会、友人たち、仕事、すべてが無駄である。

e) 主語が ou あるいは nem で結ばれている場合
(1) 主語が単数形の名詞であるとき、動詞は、通常、単数形をとる。
> Nem Pedro nem Carlos foi nomeado presidente da companhia.
> ペドロもカルロスもその会社の社長に指名されなかった。

(2) 主語の人称が異なる場合、一人称と二人称は一人称複数形、二人称と三人称は二人称複数形、一人称と三人称は一人称複数形、三人称と三人称は三人称複数形となる。

  Ou eu ou ela temos que fazer muitas coisas.
   私か彼女かが、たくさんのことをしなければならない。

f) um ou outro, nem um nem outro の表現が不定代名詞句あるいは不定形容詞句として用いられると、動詞は、通常、単数形をとる。
 Um ou outro acontecimento ia-lhes dar a ilusão extraordinária.
  どちらか一方の出来事が、彼らに異常な幻想を引き起こしていった。

g) 主語が um e outro の場合、動詞は、通常、複数形をとる。
 Um e outro são sagazes e espertos.　両者とも狡猾で抜け目がない。

h) 2つ以上の主語が com で結ばれている場合
 (1) それぞれの主語が対等に扱われているとき、つまり協同や同時性が強調されるとき、動詞は複数形となる。
  O rei com os seus soldados atacaram o forte.
   配下の兵士たちと共に王はその要塞を攻撃した。

 (2) 最初の主語を強調するとき、動詞は単数形となる。
  O general com toda a sua tropa atacou os inimigos.
   将軍は、彼の全部隊を率いて、敵を攻撃した。

i) 2つの主語が、como、assim ~ como、bem ~ como、do mesmo modo que、não só ~ mas também、tanto ~ como、などの比較の表現で用いられるとき、動詞は単数形でも複数形でもよい。
 Tanto eu como ele voltou[voltamos] vivo[vivos].　私も彼も生還した。

j) cada um が主語の後に来るとき、動詞は単数形をとる。
 O professor, o médico, o aluno, cada um fazia o que podia.
  先生、医者、生徒は、それぞれ、できることをしていた。

k) 各主語に cada がついているとき、動詞は単数形となる。
 Cada aldeia, cada cidade, cada estado, era uma base de ataque.
  各集落、各都市、各州が攻撃の基地であった。

③ 主語と動詞 ser

補語に一致する場合

(a) ser の主語が代名詞 isto, isso, aquilo, tudo, o(=aquilo)あるいは o resto, o mais などの集合名詞で表わされ、補語が複数形の名詞であるとき
Tudo eram [まれに era] sonhos.　すべては夢であった。

(b) 非人称の文
Seriam onze horas da noite.　夜の 11 時であった。

　＊時刻の表現で用いられる動詞 bater, dar, soar などは ser と同じように使われるが、主語が relógio, sineta, sino などである場合は、動詞はそれに一致する。
　O sino bateu seis horas.　鐘が 6 時を打った。

(c) 主語が人名あるいは人称代名詞であるならば、補語の数に関係なく、動詞は、通常、主語の人称と数に一致する。
Ele era símbolos e aspirações nacionais desse tempo.
　彼はその時代の象徴であり国民的な願望であった。

(d) 主語が数(的表現)で成り立っているとき、それを全体として 1 つと考える場合、動詞は三人称単数形をとる。
Quarenta minutos não é muito tempo.　40 分は大した時間ではない。

　＊日付の表現の場合には、2 つの呼応が可能である。
　Hoje é[são] 12 de janeiro.　今日は 1 月の 12 日です。

(e) é que の表現を含む文では、それに先行する主語に動詞は一致する。
Eu é que o compreendi.　私自身はそのことを理解した。

第19課

読みましょう！ CD-37

[ブ ラ ジ ル の 気 候 ①]

O Brasil é um país essencialmente tropical. A linha do equador passa pela região norte do país, na cidade de Macapá. O Trópico de Capricórnio passa pelos estados de São Paulo e Paraná.

A zona temperada da região sul compreende os estados do Rio Grande do Sul, Santa Catarina, grande parte do Estado do Paraná, e o extremo sul dos estados de São Paulo e do Mato Grosso do Sul.

Há cinco tipos de clima no Brasil: equatorial, tropical, semi-árido, tropical de altitude e subtropical.

Na região amazônica o clima é equatorial. A temperatura média anual é elevada acima de 24 graus centígrados. A diferença de temperatura entre o mês mais quente e o mais frio é menos de dois graus e meio.

＊o Trópico de Capricórnio　南回帰線
　menos[mais]　que ～　～より以下[以上]

> 読みましょう！ CD-38

[ブラジルの気候 ②]

O clima tropical inclui o planalto central, o Norte e a parte do litoral que se estende do Rio Grande do Norte até o Rio de Janeiro. A temperatura média anual varia entre 19 e 26 graus. Os meses mais frios são junho e julho e os mais quentes são janeiro e dezembro. Na região do Mato Grosso, durante o inverno, há infiltrações de massas de ar frio que baixam a temperatura para menos de zero grau.

O clima semi-árido ocorre no sertão nordestino, e também no litoral do Ceará e do Rio Grande do Norte. A média anual de chuva nessa região é inferior a 700 mm. Para os habitantes da região, 'inverno' é o período das chuvas. Esse período é curto e irregular. A estação da seca dura mais de seis meses. Às vezes não tem 'inverno' e o período seco dura um ano ou mais. Esses períodos de seca causam terríveis consequências econômicas e sociais. As temperaturas médias anuais ultrapassam 23 graus.

A região sudeste tem um clima mais ameno. Julho é o mês mais frio e a temperatura desce para menos de 18 graus. Às vezes ocorrem geadas que afetam a agricultura. O período das chuvas é de outubro a março.

Quase toda a região sul do Brasil tem clima sub-tropical. Suas características são: invernos brandos, verões quentes nas regiões baixas e verões frescos nas serras. As chuvas são bem distribuídas. A temperatura média anual é inferior a 18 graus. Em alguns lugares mais elevados e no sul do Rio Grande do Sul a neve cai esporadicamente durante o inverno.

* **que se estende**　広がっている（que → 関係代名詞）
　que baixam　下げる（que → 関係代名詞）
　é inferior[superior] a ~　~より以下[以上]である

練習問題

1. 「　」内の時制を用いて、**ser** か **ir** のいずれかの活用形を（　）内に入れて、訳しなさい。

   1) Exijo que esta lei (　　　) assinada pelos prefeitos.「接続法現在」
   2) Alguns candidatos (　　　) à agência de empregos.「直説法完全過去」
   3) Eles talvez (　　　) os únicos a receber o fundo de garantia por tempo de serviço.「接続法過去」
   4) Um deles (　　　) ao banco mais tarde.「直説法現在」
   5) Saberemos o que fazer se os trabalhadores (　　　) contra a legislação.「接続法未来」
   6) Os moços (　　　) para São Paulo para trabalhar na indústria automobilística.「直説法過去完了単純形」
   7) Se (　　　) ao banco hoje, vamos arranjar o financiamento.「接続法未来」
   8) As despesas (　　　) maiores nas grandes cidades.「直説法不完全過去」
   9) Se os operários não (　　　) esforçados, o trabalho não estaria pronto.「接続法過去」
   10) Os diretores querem que eu (　　　) ao Rio.「接続法現在」
   11) O gerente da empresa (　　　) a Santos ontem.「直説法完全過去」
   12) Os funcionários queriam que o salário mínimo (　　　) reajustado.「接続法過去」

2. 各文を直接話法に直しなさい。

   1) Ele disse que não trabalhou[tinha trabalhado] ontem.

   2) Ele disse que não estaria cansado.

   3) Ele perguntou onde eu pus[tinha posto] seus sapatos.

4) Eu perguntei quem você tinha visto.

5) Eu perguntei se eles iriam à praia.

6) Ela me perguntou se eu estava gostando do filme.

3. 各文を間接話法に直しなさい。

1) O garçom disse：— Quem quer mais cerveja ?

2) José me disse：— Vocês fizeram uma boa viagem ?

3) Ela me disse：— Você está gostando da bebida ?

4) Pedro me disse：— Onde fica Minas Gerais ?

5) Ana me disse：— Eu irei a Tóquio.

6) Eles me disseram：— O moço está gostando do Japão ?

第 20 課

1 分詞構文

現在分詞、過去分詞を主要素として、それらが接続詞の役割を兼ねながら、主文全体を修飾する働きをするものを分詞構文という。この構文においては、分詞構文の主語と主文の主語と異なるときには、通常、分詞の後に主語が置かれる。

1） 現在分詞による分詞構文

単純形は主文の動詞の時と同時か、またはそれ以前の行為を表わす。複合形（**tendo[havendo]** ＋ 過去分詞）は主文の動詞の時よりも以前に完了した行為を示す。

① 時を示す

Explicando [Antes que explicou] esse projeto, o presidente voltou para casa almoçar.

　社長は、その計画を説明する前に、昼食をとるために帰宅した。

Tendo ganhado[Depois que ganhamos] nós muito dinheiro, tornou-se mais fácil administrar nossa empresa.

　我々が多くのお金を得てからは、わが社の経営はより容易になった。

＊ i） 現在分詞が主文よりも後にあるときは、主文よりも後の行為を示していることが普通である。

Minha esposa me chamou, explicando a grande despesa do dia.

　家内は私を呼び、その日の多額の出費を説明した。

ii） em ＋ 現在分詞 ～ 「～するとすぐに」の表現もある。

② 譲歩を示す

Ainda não conseguindo se formar[Embora ainda não conseguisse se formar] em engenharia, ele queria ser empregado como engenheiro numa empresa.

　彼は、まだ工学部を卒業できなかったけれども、ある企業に技師として雇用されることを望んでいた。

③ 様態・付帯状況を示す

O italiano falou cantando[como se estivesse cantando].

　そのイタリア人は歌うように話した。

④ 原因・理由を示す

Garoando[Como garoava] na hora de partida, ela desistiu de sair de casa.
彼女は、出発のときに霧雨が降っていたので、外出するのを止めた。

⑤ 条件を示す

Correndo[Se correr] mais rápido, você poderá pegar o trem.
もっと速く走れば、列車に乗れるでしょう。

２) 過去分詞による分詞構文

一般に受身の意味を持つ副詞句を示す。主節よりも時制が前の場合は「**tendo[havendo] sido** ＋ 過去分詞」の形になる。過去分詞は主語の性・数に一致する。

① 時を示す

Acabada a aula[Depois que a aula foi acabada], fomos para o centro da cidade.
授業が終わった後で、私たちは町の中心街へ行きました。

② 原因・理由を示す

Gasto todo o dinheiro[Como todo o dinheiro foi gasto], fui obrigado a voltar para casa.
お金をすべて使ってしまったので、私は帰宅しなければならなくなった。

③ 譲歩を示す

Algumas concessões feitas[Embora fossem feitas algumas concessões], eu ainda não aceitaria essa proposta.
いくつかの譲歩がされたとしても、私はそれでもその提案を受け入れないでしょう。

④ 条件を示す

O contrato concluído[Se o contrato fosse concluído], ele assinaria o documento com vontade.
契約が締結されたならば、彼は喜んで書類に署名するだろう。

2 2009年の新正書法

2013年現在の時点で、世界でポルトガル語を公用語としている諸国から成るポルトガル語諸国共同体には、ポルトガルとブラジルを含めて、8カ国（アンゴラ、モザンビーク、ギニアビサウ、サントメ・プリンシペ、カーボ・ヴェルデ、東チモール）が加盟している。2009年からブラジルでは最新の正書法が発効した。主要な改正点は以下のとおり。

1）ハイフン **(hífen)** の用法が、母音で終わる接頭辞に関して、次のように変更された。

① 接頭辞に続く語が同じ母音で始まる場合には、ハイフンを用いる。

arquiinimigo → arqui-inimigo
microondas → micro-ondas

② 接頭辞に続く語が別の母音で始まる場合には、廃止される。

auto-estrada → autoestrada
aero-espacial → aeroespacial

③ 接頭辞に続く語が、**s, r** で始まる場合にはハイフンが除かれ、その代わりに、その **s, r** は、それぞれ、**ss, rr** と表記される。

anti-semita → antissemita
ultra-som → ultrassom
semi-real → semirreal

＊ ただし、例外として、接頭辞の最後の文字が r である場合は、従来どおりハイフンを用いる。

inter-racial, super-revista など。

2）トレーマ **[ü]** は廃止される。ただし、固有名詞とその派生語の場合は例外として残す。

lingüiça → linguiça

＊ Hübner, Müller, mülleriano(<Müller), Schülman, Zürich などの固有名詞にはそのまま残る。

3） 次のような場合のアセント・アグードは省かれる。
   ① 最後から2番目の音節にある二重母音 **éi, ói**
assembléia	→	assembleia
européia	→	europeia
bóia	→	boia
jibóia	→	jiboia

   ② 最後から2番目の音節にあり、その直前に二重母音のある **í, ú**
feiúra	→	feiura
baiúca	→	baiuca

   ③ 語幹にアクセントのある動詞の活用形で、アクセントのある **u** あるいは **i** に続いていて、**e** または **i** の前に来る場合
averigúe	→	averigue (averiguar の活用形)
argúi	→	argui (arguir の活用形)

4） 次のような場合のアセント・スィルクンフレクソは省かれる。
   ① **crer, dar, ler, ver, descrer, rever** などの直説法現在3人称複数形およびdarの接続法現在3人称複数形における **e** が重なる母音接続の場合
crêem	→	creem (<crer)
dêem	→	deem (<dar)
lêem	→	leem (<ler)
vêem	→	veem (<ver)
descrêem	→	descreem (<descrer)

   ② **enjoar, perdoar, voar** などの直説法現在1人称単数形における母音接続 **ôo** で終わる語
enjôo	→	enjoo (<enjoar)
perdôo	→	perdoo (<perdoar)
vôo	→	voo (<voar)

5） 同じ綴り字で、区別するためのアクセント記号は省かれる。
   文字と発音 **7** アクセント：**7-2** アクセント記号の意味、⑤を参照のこと。

[サッカー用語]

o futebol	サッカー	o campo de futebol	サッカーグランド
o meio tempo	ハーフタイム	o time	チーム
o jogador de futebol	サッカー選手	o juiz / o árbitro	主審
o capitão do time	チームのキャプテン	o goleiro	ゴールキーパー
o técnico	監督	o bandeirinha	ラインズマン
o treinador	トレーナー	o campo	ピッチ
a baliza	ゴールポスト	o gol	ゴール
o passe	パス	o impedimento	オフサイドの反則
a grande área	ペナルティエリア	a pequena área	ゴールエリア
a linha lateral	タッチライン	a linha do fundo	ゴールライン
o centroavante	センターフォワード	o atacante	フォワード
o volante	ボランチ	o artilheiro	ストライカー
o lateral direito	右サイドバック	o lateral esquerdo	右サイドバック
o zagueiro	ディフェンダー	a meia direita	右ミッドフィルダー
a ponta direita	右ウイング	a ponta esquerda	左ウイング
o lateral	スローイン	o drible	ドリブル
a finta	フェイント	a cabeçada	ヘディング
o pontapé inicial	キックオフ	o chute	キック
o chute em gol	ゴールキック	o chute de pênalti	ペナルティキック
o chute livre	フリーキック	o chute de escanteio	コーナーキック
o lançamento	シュート		

練習問題

1. 各文の（　）に、下記の［　］内の適切な接続詞（句）を選んで入れ、訳しなさい。

1) Ela anda muito triste (　　　　) o cachorro dela morreu.
2) (　　　　) você vai ao supermercado, pode comprar umas coisas para mim ?
3) (　　　　) escuto essa música, penso em você.
4) Eu gosto do meu trabalho, (　　　　) seja estressante às vezes.
5) Choveu muito, (　　　　) as ruas ficaram alagadas.
6) Ordenei os livros por autor, (　　　　) você pediu.
7) Gonçalo lavou a louça, (　　　　) Margarida arrumava a cozinha.
8) Eu queria muito ir, (　　　　) estou sem dinheiro.
9) (　　　　) chegamos em casa, tivemos que sair de novo.
10) A prova foi mais fácil (　　　　) eu esperava.
11) O avião não pode sair (　　　　) todos os passageiros estejam a bordo.
12) (　　　　) você treina o seu italiano, tanto melhor.

[① até que　② de forma que　③ assim como　④ quanto mais　⑤ só que　⑥ mal
⑦ desde que　⑧ já que　⑨ do que　⑩ se bem que　⑪ toda vez que　⑫ enquanto]

2. 日本語に訳しなさい。

1) Chegamos no aeroporto a tempo apesar do trânsito intenso.
2) Apesar de ter apenas dez jogadores, o nosso time ganhou o jogo.
3) Eu gostei de Londres apesar de ter chovido o tempo todo.
4) Apesar de a palestra durar três horas, achei o conteúdo extremamente interessante.
5) Apesar de tudo, não me arrependo de ter saído da empresa.
6) Apesar de eles saberem espanhol, não entendem o português falado.

7) Apesar de ser magro, André tem muita força.

8) Ela conseguiu sair do carro, apesar de estar gravemente ferida.

3. ポルトガル語にしなさい。

1) 彼は自分の仕事を終えてしまっていたら、パーティに来たでしょう。

2) その手紙を読んでしまったら、君の印象を私に言ってください。

3) 毎日、あなたは練習をしてきていますか。

4) 私は、その日が彼女の誕生日であったことを忘れていました。

5) 君は鍵をなくしたかもしれない。

6) 私は、彼らが無事に着いたことを願っています。

7) 2050年までには、人口は2倍になっていることでしょう。

8) 彼はその本の代金を支払ったのに、盗んだと告発された。

9) その若者は、車を盗んだ嫌疑を受けた。[ser indiciado por～：～の嫌疑を受ける]

10) 私は、カイオ（Caio）の家で君に会ったことを覚えている。

[lembrar-se de～：～を記憶している]

11) その2人の男は、そのコンビニエンスストアに強盗に入ったという嫌疑で逮捕された。[loja de conveniência：コンビニエンスストア、sob suspeita de～：～の嫌疑で]

12) 彼は指定された本さえ読んでいなかったのに、歴史の試験に合格した。

[os livros prescritos：指定された本、passar em ~：~に合格する]

4. 各文の［　］に、**contanto que, além de, ao invés de, apesar de, enquanto** のいずれかを入れ、訳しなさい。

1) Ela foi ao médico porque estava se sentindo mal. [　　　] gripe, tinha febre, tosse e pneumonia.
2) Eu gosto muito de você, [　　　] tudo que você me fez.
3) Você pode ir à praia, [　　　] não entre na água.
4) Eu vou tirar ferias no verão [　　　] tirar no inverno.
5) Ela é muito bonita. [　　　] bonita, ela é simpática e educada.
6) O verão aqui [　　　] quente, é seco.
7) Pedro trabalha à noite. Ele dorme de dia [　　　] dormir à noite.
8) Você pode sair cedo, [　　　] termine o trabalho.
9) [　　　] você lava o banheiro, eu limpo a cozinha.
10) [　　　] eu preparo este relatório, você faz o café.

5. 譲歩の文を訳しなさい。

1) Gostamos muito deste carro. Nós o compramos custe o que custar.
2) Talvez eu perca meu trabalho. Mas viajarei para o Brasil, aconteça o que acontecer.
3) O presidente despedirá todos que não vierem ao trabalho amanhã, seja o que for.
4) Haja o que houver, eles não querem despedir muitas pessoas.
5) Amanhã, eu farei a apresentação, venha quem vier.
6) Todos podem entrar neste restaurante, seja quem for.
7) Muitas coisas estão para acontecer no meu casamento. Mas aconteça o que acontecer, serei forte.
8) Por mais que pense, não consigo achar uma solução.

補　遺

■「ポルトガル語の諺(ことわざ)」
■「世界の主要国・民族・首都名①②③」
■ 練習問題解答
■ 生きた会話を聞いてみよう！・読みましょう！　各日本語訳例

[ポルトガル語の諺]

　　　　　　　　　　　　　　　　　　　　　　　日本語で対応することわざ

(1) A afeição cega a razão.　　　　　　　　「恋は思案のほか」
　　愛情は理性を盲目にする。
(2) A certeza da vida é a morte.　　　　　　「生者必滅」
　　人生で確かなことは死である。
(3) Água mole em pedra dura, tanto bate　　「点滴石を穿つ」
　　até que fura.
　　軟らかい水でも固い石に何度となく当たれば、
　　ついには穴をあける。
(4) Além de queda, coice.　　　　　　　　　「踏んだり蹴ったり」
　　落馬したうえに蹴られる。
(5) Alfaiate mal vestido, sapateiro mal calçado.　「紺屋の白袴」
　　粗末な服を着た仕立て屋、粗末な靴をはいた靴屋。
(6) Amigo de todos, amigo de ninguém.　　「八方美人頼むに足らず」
　　みんなの友達は、誰の友達でもない。
(7) Amor sem dinheiro não é bom companheiro.　「金の切れ目が縁の切れ目」
　　金のない愛はよい伴侶ではない。
(8) À porta do farol faz escuro.　　　　　　「灯台下暗し」
　　灯台の戸口は暗い。
(9) A prática ensina mais que os livros.　　「習うよりも慣れろ」
　　実践は本より多くのことを教える。
(10) Até os sábios se enganam.　　　　　　「弘法にも筆の誤り」
　　賢人でも誤る。
(11) Ausência de notícias, boas notícias.　　「便りのないのは良い便り」
　　便りのないのは良い便り。
(12) A vida é cheia de altos e baixos.　　　「楽あれば苦あり」
　　人生は上りと下りに満ちている。
(13) Cada coisa em seu lugar.　　　　　　　「適材適所」
　　物にはそれぞれ置く場所がある。
(14) Cada ovelha com sua parelha.　　　　　「類は友を呼ぶ」
　　どの羊にも似合いの連れ合い。
(15) Cair sete vezes e levanter oito.　　　　「七転び八起き」
　　七度転んで八度起き上がる。
(16) Cão que ladra não morde.　　　　　　　「ほえる犬は噛まない」
　　ほえる犬は噛まない。

(17) Comprar barato é perder dinheiro.　　　　　「安物買いの銭失い」
　　　安い買い物をするのは銭を失うことだ。
(18) Cortesia obriga cortesia.　　　　　　　　　「礼は往来を尊ぶ」
　　　礼儀は礼儀を強いる。
(19) De grão em grão a galinha enche o papo.　　「塵も積もれば山となる」
　　　一粒ずつ食べて鶏はおなかを満たす。
(20) Dos feridos se fazem os mestres.　　　　　　「失敗は成功のもと」
　　　傷から名人が生まれる。
(21) Em Roma, como os romanos.　　　　　　　　「郷に入りては郷に従え」
　　　ローマではローマ人のするようにせよ。
(22) Entre marido e mulher, não metas a colher.　「夫婦喧嘩は犬も食わぬ」
　　　夫婦の間にさじを突っ込むな。
(23) Erva ruim cresce muito.　　　　　　　　　　「憎まれっ子、世にはばかる」
　　　雑草は良く伸びる。
(24) Escapei do trovão e dei no relâmpago.　　　「一難去ってまた一難」
　　　雷を逃れて稲妻に打たれた。
(25) Gostos não se discutem.　　　　　　　　　　「タデ食う虫も好き好き」
　　　好みは議論にならない。
(26) Lobo não come lobo.　　　　　　　　　　　「同類相憐れむ」
　　　狼は共食いせず。
(27) Longe dos olhos, longe do coração.　　　　　「去る者は日々に疎し」
　　　見えなくなれば、忘れられる。
(28) Nunca é tarde para aprender.　　　　　　　　「六十の手習い」
　　　学問に遅いということは決してない。
(29) O grande peixe come os pequenos.　　　　　「弱肉強食」
　　　大魚が小魚をくらう。
(30) O hábito não faz o monge.　　　　　　　　　「人は見掛けによらぬもの」
　　　法衣を着ただけでは、僧にはなれない。
(31) O peixe que foge do anzol parece sempre maior.　「逃がした魚は大きい」
　　　釣り針から逃げる魚は、いつも実際より大きく見える。
(32) O que se aprende no berço dura até à sepulture.　「三つ子の魂百まで」
　　　ゆりかごで覚えたことは墓場まで変わらない。
(33) Para bom mestre, não há má ferramenta.　　「弘法筆を選ばず」
　　　優れた匠に悪い道具はない。
(34) Pedra que rola, não cria limo.　　　　　　　「転石苔を生せず」
　　　転がる石には藻は生えない。
(35) Quando uma porta se fecha, outra se abre.　「捨てる神あれば、拾う神あり」
　　　一方のドアが閉じれば、他方が開く。

(36) Quem é pobre de desejos é rico de contentamento. 「足るを知る者は富む」
欲の少ない者は、満足で富む。
(37) Quem muito fala, a si dana. 「口は災いのもと」
口数の多い者は、自分を害する。
(38) Quem não tem cão, caça com gato. 「身の程を知れ」
猟犬のいない人は、猫を使って狩をせよ。
(39) Quem semeia ventos, colhe tempestade. 「因果応報」
風を蒔く者は嵐を収穫する。
(40) Querer é poder. 「成せば成る」
願うことはできることである。

[世界の主要国、民族、首都名 ①]

(a América do Norte)　　　　　　　　　（北アメリカ）
os Estados Unidos da América,　　　　　アメリカ合衆国、
　　americano, Washington　　　　　　　　　～人、ワシントン
o Canadá, canadense, Ottawa　　　　　　カナダ、～人、オタワ
o México, mexicano, Cidade do México　メキシコ、～人、メキシコシティ

(a América Central)　　　　　　　　　（中央アメリカ）
El Salvador, salvadorenho,　　　　　　　エルサルバドル、サルバドル人、
　　San Salvador　　　　　　　　　　　　　　サンサルバドル
Cuba, cubano, Havana　　　　　　　　　　キューバ、～人、ハバナ
a Guatemala, guatemalteco,　　　　　　　グアテマラ、～人、
　　Cidade de Guatemala　　　　　　　　　　グアテマラシティ
a Costa Rica, costa-riquenho, San José　コスタリカ、～人、サンホセ
a Jamaica, jamaicano, Kingston　　　　　ジャマイカ、～人、キングストン
a República Dominicana, dominicano,　　ドミニカ共和国、～人、
　　Santo Domingo　　　　　　　　　　　　　サントドミンゴ
a Nicarágua, nicaraguense, Manágua　　ニカラグア、～人、マナグア
o Haiti, haitiano, Porto Principe　　　　ハイチ、～人、ポルトープランス
o Panamá, panamenho, Cidade de Panamá　パナマ、～人、パナマシティ
Honduras, hondurenho, Tegucigalpa　　　ホンジュラス、～人、テグシガルパ

(a América do Sul)　　　　　　　　　（南アメリカ）
a Argentina, argentino,　　　　　　　　　アルゼンチン、～人、
　　Buenos Aires　　　　　　　　　　　　　ブエノスアイレス
o Uruguai, uruguaio, Montevidéu　　　　ウルグアイ、～人、モンテビデオ
o Equador, equatoriano, Quito　　　　　エクアドル、～人、キト
a Colômbia, colombiano, Bogotá　　　　　コロンビア、～人、ボゴタ
o Chile, chileno, Santiago　　　　　　　チリ、～人、サンチアゴ
o Paraguai, paraguaio, Asunção　　　　　パラグアイ、～人、アスンシオン
o Brasil, brasileiro, Brasília　　　　　ブラジル、～人、ブラジリア
a Venezuela, venezuelano, Caracas　　　ベネズエラ、～人、カラカス
o Peru, peruano, Lima　　　　　　　　　ペルー、～人、リマ
a Bolívia, boliviano, La Paz　　　　　　ボリビア、～人、ラパス

[世界の主要国、民族、首都名②]

(Europa) （ヨーロッパ）

Portugal, português, Lisboa	ポルトガル、〜人、リスボン
A Espanha, espanhol, Madri	スペイン、〜人、マドリード
A França, francês, Paris	フランス、〜人、パリ
A Alemanha, alemão, Berlim	ドイツ、〜人、ベルリン
A Itália, italiano, Roma	イタリア、〜人、ローマ
A Bélgica, belga, Bruxelas	ベルギー、〜人、ブリュッセル
A Holanda, holandês, Amsterdam	オランダ、〜人、アムステルダム
A Suíça, suíço, Berna	スイス、〜人、ベルン
A Áustria, austríaco, Viena	オーストリア、〜人、ウイーン
A Dinamarca, dinamarquês, Copenhague	デンマーク、〜人、コペンハーゲン
A Finlândia, finlandês, Helsínqui	フィンランド、〜人、ヘルシンキ
A Suécia, sueco, Estocolmo	スウェーデン、〜人、ストックホルム
A Noruega, norueguês, Oslo	ノルウェー、〜人、オスロ
A Polônia, polonês, Varsóvia	ポーランド、〜人、ワルシャワ
A Checa, checo, Praga	チェコ、〜人、プラハ
A Hungria, húngaro, Budapeste	ハンガリー、〜人、ブダペスト
A Albânia, albanês, Tirana	アルバニア、〜人、チラナ
A Romênia, romeno, Bucareste	ルーマニア、〜人、ブカレスト
A Burgária, búrgaro, Sofia	ブルガリア、〜人、ソフィア
A Grécia, grego, Atenas	ギリシャ、〜人、アテネ
A Rússia, russo, Moscou	ロシア、〜人、モスクワ

[世界の主要国、民族、首都名③]

(a Ásia)　　　　　　　　　　　　　　　（アジア）

o Japão, japonês, Tóquio　　　　　　　　日本、日本人、東京
o Afeganistão, afegão, Cabul　　　　　　アフガニスタン、〜人、カブール
a Índia, indiano, Nova Délhi　　　　　　インド、〜人、ニューデリー
a Indonésia, indonésio, Jacarta　　　　インドネシア、〜人、ジャカルタ
a Coreia do Sul, sul-coreano, Seul　　　韓国、〜人、ソウル
a Coreia do Norte, norte-coreano, Pyongyan　北朝鮮、〜人、平壌
a China ,chinês, Pequim　　　　　　　　中国、〜人、北京
Taiwan, taiwanês, Taipé　　　　　　　　台湾、〜人、台北
Sri Lanka, cingalês, Colombo　　　　　　スリランカ、〜人、コロンボ
Cingapura, cingapurense,　　　　　　　シンガポール、〜人、
　Cingapura　　　　　　　　　　　　　　シンガポール
a Tailândia, tailandês, Bangcoc　　　　タイ、〜人、バンコク
o Nepal, nepalês, Kathmandu　　　　　　ネパール、〜人、カトマンズ
o Paquistão, paquistanês, Islamabad　　パキスタン、〜人、イスラマバード
o Bangladesh, bangladeshiano, Daca　　バングラデシュ、〜人、ダッカ
Timor Leste, timorense, Dili　　　　　東ティモール、〜人、ディリ
as Filipinas, filipino, Manila　　　　フィリピン、〜人、マニラ
o Vietnã, vietnamita, Hanói　　　　　　ベトナム、〜人、ハノイ
Malásia, malásio, Kuala Lumpur　　　　マレーシア、〜人、クアラルンプール
Myanmar, myanmense, Yangum　　　　　　ミャンマー、〜人、ヤンゴン
a Mongólia, mongol, Ulan bartor　　　モンゴル、〜人、ウランバートル
o Laos, laosiano, Vientian　　　　　　ラオス、〜人、ビエンチャン

(o Oriente Médio)　　　　　　　　　（中近東）

os Emirados Árabes Unidos, árabe,　　アラブ首長国連邦、アラビア人、
　Abu Dhabi　　　　　　　　　　　　　アブダビ
o Iêmen, iemenita, Sanaa　　　　　　イエメン、〜人、サヌア
Israel, israelense ou israelita, Telavive　イスラエル、〜人、テルアビブ
o Iraque, iraquiano, Bagdá　　　　　イラク、〜人、バグダッド
o Irã, iraniano, Teerã　　　　　　　イラン、〜人、テヘラン
Omã, omani, Mascate　　　　　　　　オマール、〜人、マスカット
o Qatar ou Catar, catarense, Doha　　カタール、〜人、ドーハ
o Kuwait, kuwaitiano, Cidade do Kuwait　クウェート、〜人、クウェート市
a Arábia Saudita, árabe-saudita, Riad　サウジアラビア、〜人、リヤド
a Síria, sírio, Damasco　　　　　　　シリア、〜人、ダマスカス

o Barein, bareinita, Manama 　バーレーン、〜人、マナーマ
a Jordânia, jordaniano, Amã 　ヨルダン、〜人、アンマン
o Líbano, libanês, Beirute 　レバノン、〜人、ベイルート

(a Oceânia) 　（オセアニア）
a Austrália, australiano, Canberra 　オーストラリア、〜人、キャンベラ
Samoa, samoano, Ápia 　サモア、〜人、アピア
Tuvalu, tuvaluano, Funafuti 　ツバル、〜人、フナフティ
Tonga, tonganês, Nukualofa 　トンガ、〜人、ヌクアロファ
a Nova Zelândia, neozelandês, Wellington 　ニュージランド、〜人、ウェリントン
Vanuatu, vanuatense, Porto Vila 　バヌアツ、〜人、ポートビラ
Papua Nova Guiné, papuásio, Port Moresby 　パプアニューギニア、〜人、ポートモレスビー
Palau, palauense, Koror 　パラオ、〜人、コロール
Fidji, fidjiano, Suva 　フィジー、〜人、スバ

(a África) 　（アフリカ）
a Argélia, argelino, Argel 　アルジェリア、〜人、アルジェ
Angola, angolano, Luanda 　アンゴラ、〜人、ルアンダ
a Uganda, ugandense, Campala 　ウガンダ、〜人、カンパラ
o Egito, egípcio, Cairo 　エジプト、〜人、カイロ
a Etiópia, etíope, Adis Abeba 　エチオピア、〜人、アディスアベバ
Gana, ganense, Acra 　ガーナ、〜人、アクラ
Cabo Verde, cabo-verdiano, Praia 　カーボベルデ、〜人、プライア
a Guiné, guineano, Conacri 　ギニア、〜人、コナクリ
a Guiné Bissau, guineense, Bissau 　ギニアビサウ、〜人、ビサウ
o Quênia, queniano, Nairobi 　ケニア、〜人、ナイロビ
a República Popular do Congo, congolês, Brazzaville 　コンゴ共和国、〜人、ブラザビル
A República Democrática do Congo, congolês, Kinshasa 　コンゴ民主共和国、〜人、キンシャサ
São Tomé e Príncipe, são-tomeense, São Tomé 　サントメ・プリンシペ、〜人、サントメ
Serra Leoa, serra-leonês, Freetown 　シエラレオネ、〜人、フリータウン
o Sudão, sudanês, Cartum 　スーダン、〜人、ハルツーム

o Senegal, senegalês, Dacar　　　　セネガル、〜人、ダカール
a Somália, somali, Mogadíscio　　　ソマリア、〜人、モガディシオ
a Tunísia, tunisiano, Túnis　　　　　チュニジア、〜人、チュニス
a Nigéria, nigeriano, Abuja　　　　ナイジェリア、〜人、アブジャ
o Niger, nigerense, Niamei　　　　　ニジェール、〜人、ニアメ
a África do Sul, sul-africano, Pretória　南アフリカ、〜人、プレトリア
Moçambique, moçambicano, Maputo　モザンピーク、〜人、マプト
o Marrocos, marroquino, Rabat　　　モロッコ、〜人、ラバト
a Líbia, líbio, Trípoli　　　　　　　リビア、〜人、トリポリ
a Libéria, liberiano, Monróvia　　　リベリア、〜人、モンロビア
a Ruanda, ruandês, Kigali　　　　　ルアンダ、〜人、キガリ

練習問題解答

文字と発音

1. 1) cha-ve 2) a-que-le 3) ma-nhã 4) em-ble-ma 5) a-bra-ço 6) fla-ge-lo 7) dra-ma 8) a-tle-ta 9) cor-rer 10) des-çam 11) pas-sar 12) Pa-ra-guai 13) sa-ú-de 14) ra-i-nha 15) en-jo-o 16) núp-cias 17) téc-ni-ca 18) pers-pi-caz 19) pneu-má-ti-co 20) psi-co-lo-gi-a

2. 1) contami<u>na</u>do 2) <u>pa</u>pel 3) san<u>gri</u>a 4) situa<u>ção</u> 5) <u>sen</u>tem 6) ale<u>mã</u> 7) <u>pin</u>guim 8) can<u>ta</u>ram 9) espera<u>rei</u> 10) canta<u>rão</u> 11) a<u>rroz</u> 12) <u>nen</u>huns 13) simpa<u>ti</u>zam 14) gua<u>ra</u>ni 15) chu<u>chus</u>

3. 付属の CD の発音を参照のこと。

第1課

1. 1) galo 2) rei 3) zangão (abelha-macha, abelhão) 4) égua 5) tia 6) cantora 7) inglesa 8) judia 9) embaixariz 10) estudante 11) cristã 12) pintor 13) cabra 14) funcionária 15) princesa 16) padrasto 17) condessa 18) colega 19) duquesa 20) leoa 21) aluno 22) menino 23) diretor 24) juiz 25) português 26) ator 27) imperador 28) presidenta 29) parente 30) espanhola

2. 1) meses 2) mães 3) chinês 4) hotéis 5) barril 6) anzóis 7) botões 8) raiz 9) bambu 10) talheres 11) caneta 12) mãos 13) países 14) mulher 15) opinião 16) fósseis 17) cão 18) pão 19) irmãs 20) bem 21) pires 22) fuzil 23) órfãos 24) jardins 25) ônibus 26) répteis 27) móveis 28) estrangeiros 29) espanhóis 30) pé

3. 1)女性名詞・女性 2)女性名詞・テーブル 3)男性名詞・地図 4)男性名詞・髪の毛 5)女性名詞・市 6)女性名詞・旅行 7)女性名詞・月 8)女性名詞・駅 9)男性名詞・車 10)女性名詞・手 11)女性名詞・人々 12)女性名詞・日本人女性 13)男性名詞・兄弟 14)男性名詞・婿 15)男性名詞・歯 16)男性名詞・父 17)女性名詞・従姉妹 18)女性名詞・女優 19)男性名詞/女性名詞〔その人の性別による〕・芸術家 20)男性名詞・気候 21)男性名詞・表意文字 22)女性名詞・服 23)男性名詞・山 24)男性名詞・主題 25)女性名詞・扁桃腺 26)女性名詞・大学 27)男性名詞・強盗 28)女性名詞・夜 29)男性名詞・庭 30)女性名詞・混乱 31)男性名詞・大型ランプ 32)女性名詞・起源 33)女性名詞・心 34)男性名詞・食器棚 35)男性名詞・北

4. 1) mesa 2) ação 3) museu 4) barraca 5) nação 6) mão 7) pão 8) fácies 9) sondagem 10) gol 11) flor 12) lençol 13) luz 14) míssil 15) lápis 16) ponte 17) barril 18) milhão 19) túnel 20) quadro-negro 21) coquetel 22) guarda-roupa 23) cartaz 24) calça 25) tira-manchas

5. 1)女性名詞・アセロラ 2)男性名詞・パイナップル 3)女性名詞・バナナ 4)男性名詞・アボカド 5)女性名詞・クリ 6)女性名詞・サクランボ 7)男性名詞・ヤシの実 8)男性名詞・イチジク 9)女性名詞・オレンジ 10)男性名詞・レモン 11)女性名詞・リンゴ 12)女性名詞・マンゴ 13)女性名詞・スイカ 14)男性名詞・パパイア 15)女性名詞・イチゴ 16)男性名詞・メロン 17)女性名詞・マンダリンオレンジ 18)女性名詞・ナシ 19)男性名詞・パッションフルーツ 20)男性名詞・モモ

6. 1)カ 2)オ 3)ケ 4)ク 5)キ 6)コ 7)エ 8)ウ 9)ア 10)イ

第２課

1. 1) marrons 2) pequena 3) larga 4) estreita 5) superáveis 6) chatos 7) ampla 8) acesas 9) fraco 10) bonitas 11) grandes 12) pequenas 13) salgada 14) curtos 15) afiadas 16) brancas 17) comprido 18) altas

2. 1)カ 2)コ 3)サ 4)シ 5)セ 6)ケ 7)ス 8)イ 9)ウ 10)エ 11)オ 12)ク 13)ア 14)キ

3. 1) 私(女性)はオーストラリア人です。
   2) あなた(男性)は日本人です。
   3) 彼はベルギー人です。
   4) あなた(女性)は中国人です。
   5) 彼はカナダ人です。
   6) 彼女たちは独身です。
   7) リスボンはポルトガルにあります。
   8) その素敵な車は日本製です。
   9) その橋は木製です。
   10) その大きな家はメンデス博士のものです。

4. 1) uns・車 2) umas・市 3) um・日 4) uns・制度 5) uns・泥棒 6) um・レンジ 7) uma・部族 8) um・地図 9) uma・旅行 10) um・切手 11) umas・種 12) umas・写真 13) uma・テレビ 14) uma・手 15) uns・メガネ 16) uma・文房具店

5. 1) um leão feroz 獰猛なライオン   2) um ator famoso 有名な俳優
3) um escritor afegão アフガニスタンの作家   4) um herói espanhol スペイン人の英雄
5) um imigrante irlandês アイルランド人移民   6) um príncipe belga ベルギーの皇太子
7) um imperador romano ローマ皇帝   8) um poeta europeu ヨーロッパの詩人
9) um professor brincalhão 冗談好きの先生   10) o maior maestro もっとも偉大な指揮者

6. 1) Tóquio é a capital do Japão.
   2) Elé não é professor mas pintor.
   3) Eu sou de Osaka.
   4) Você é enfermeira e ela é balconista.
   5) Você não é católico.
   6) Eles são budistas.
   7) Elé não é bombeiro nem comerciante.
   8) Mário é motorista.
   9) Nós somos solteiros e elas são casadas.
   10) As mesas são de ferro.

第３課

1. 1) esta   2) essas   3) aquela   4) aqueles   5) estes   6) esse   7) aquelas   8) este   9) este   10) Aquela / Aquilo   11) Este

2. 1)   espero, esperas, espera, esperamos, esperais, esperam
   2)   chego, chegas, chega, chegamos, chegais, chegam

3) telefono, telefonas, telefona, telefonamos, telefonais, telefonam
4) encontro, encontras, encontra, encontramos, encontrais, encontram
5) amo, amas, ama, amamos, amais, amam
6) conheço, conheces, conhece, conhecemos, conheceis, conhecem
7) entendo, entendes, entende, entendemos, entendeis, entendem
8) escrevo, escreves, escreve, escrevemos, escreveis, escrevem
9) aprendo, aprendes, aprende, aprendemos, aprendeis, aprendem
10) elejo, eleges, elege, elegemos, elegeis, elegem
11) resisto, resistes, resiste, resistimos, resistis, resistem
12) dirijo, diriges, dirige, dirigimos, dirigis, dirigem
13) distingo, distingues, distingue, distinguimos, distinguis, distinguem
14) discuto, discutes, discute, discutimos, discutis, discutem
15) cumpro, cumpres, cumpre, cumprimos, cumpris, cumprem

3.
1) joga　その子どもはサッカーをする。
2) come　君はサンドイッチを食べる。
3) abrem　彼女らは扉を開ける。
4) tomamos　私たちは食堂で朝食をとる。
5) respondem　君たちは質問に答える。
6) parto　私は明日リオへ出発する。
7) atende　私の友人はすぐに電話にでる。
8) aplaudem　きっとみんなはペドロの考えに賛成する。
9) pago　私はいつも料金をきちんと支払う。
10) gostam　彼らは音楽を聴くのが好きだ。
11) ligamos　私たちはその歌を聴くためにラジオをつける。
12) compreendo　私は君のことがわからない。
13) almoça　君は正午に昼食をとる。
14) estuda　パウロの友人はオランダ語を勉強する。
15) começa　明日、その映画はロンドンで上映が始まる。
16) deixa　彼は今日からずっとタバコを吸うのをやめる。
17) voltamos　授業後、私たちは家に帰る。
18) resiste　あなたは暑さに強いですか。
19) fica　ブラジルは北アメリカにありますか。
20) neva　この地方ではめったに雪は降らない。

4. 1) estes/esses/aqueles　2) este/esse/aquele　3) este/esse/aquele　4) esta/essa/aquela
5) estes/esses/aqueles　6) estas/essas/aquelas　7) estas/essas/aquelas　8) estas/essas/aquelas
9) estas/essas/aquelas　10) estas/essas/aquelas　11) estes/esses/aqueles　12) esta/essa/aquela

5.
1) 私はいつも朝、オレンジジュースを飲む。
2) それは冷蔵庫です。
3) 彼女は決してコーヒーに砂糖を入れません。
4) 時々、私たちはレストランで昼食をとります。

5) 彼はめったに自転車に乗りません。
6) スイスは美しい。
7) たいてい、私たちは飛行機で旅行します。
8) あれは化粧石鹸です。
9) 私たちは家でいつもテレビを見る。
10) この男の子は夕食後すぐに寝ます。
11) 私は家をでる前に昼食をとる。
12) あの医師はとても有能です。
13) その生徒たちは教室に入る。
14) アリセはすぐに家に帰ります。
15) 彼は毎日入浴する。
16) 君はその果物をオレンジと呼びますか。
17) その若者たちはその映画を見る。
18) 誰もそれらの無礼を許しません。
19) 彼らはその辞書を必要としている。
20) 私はそれらの曲を聴くのが大好きです。

第4課

1. 1) As mesas são grandes. 2) Os hotéis são confortáveis. 3) Os papéis são grossos.
4) As janelas são marrons. 5) Os bares estão cheios. 6) Os gatos são pretos. 7) Os casais são felizes.
8) Os quintais estão limpos. 9) As canções são bonitas. 10) Os testes são fáceis.
11) Os ônibus chegam logo. 12) Os cantores cantam muito bem. 13) Os anéis são de ouro.
14) Os hotéis são ruins. 15) Os pires estão em cima da mesa. 16) As cadernetas são azuis.
17) Nós comemos muito pão. 18) Os trens são muito rápidos. 19) Estes jogadores são muito bons.
20) Aqueles países são frios.

2. 1) em　マリアはキューバにいる。
2) na　ペドロは中国にいる。
3) nos　彼女らは合衆国にいる。
4) no　マリアはリオ・デ・ジャネイロにいる。
5) no　私はメキシコにいる。
6) no　君たちはブラジルにいる。
7) em　ジョアンはパリにいる。
8) no　アンドラデは飛行機にいる。
9) na　その本はテーブルにある。
10) na　その水はそのビンにある。
11) na　そのペンは箱にある。
12) na　その紙はイスの上にある。
13) no　その犬はソファーにいる。
14) na　その猫はベッドにいない。
15) no　彼は浴室にいる。

3. 1) é, é　これは何ですか。－それは冷蔵庫です。
2) está　今日は暑い（寒い）。
3) estamos　私たちは満足している。
4) estão, são　それらのコップはテーブルの上にあって、クリスタルガラスでできている。
5) é　ポルトガルは美しい国だ。
6) é, é　それは何ですか。－これは携帯電話です。
7) está　テレザ、コーヒーはできていますか。
8) é　このハンカチはマリアのです。
9) é, é　あれは何ですか。－あれは手帳です。
10) é, é　あの医師は優秀ですか。－はい。彼女はとても優秀です。
11) está　その部屋はまだ掃除されていない。
12) estão　その娘たちは橋の上に立っている。
13) é, é　この犬は悪い犬ですか。－いいえ。とてもやさしい犬です。
14) está　ウエーターは仕事中（休暇中）です。
15) está　そのバスは出発するところです。
16) está　彼は試験のことで神経質になっている。
17) é　あなたは何にでも満足する人です。
18) é　週の最初の日は日曜日です。
19) está　ペドロは喉が渇いている。
20) são　彼女たちはとても背が低いです。
21) está　今日はとてもいい天気です。
22) está, está　部屋は暗いです。というのも灯りが消えているからです。
23) estão　彼らはメガネをかけています。
24) é　そのイスは小さくありません。
25) estão　その生徒たちは先生の部屋にいます。
26) é　12月は一年の最後の月です。
27) é　リベルダデ通りは狭いです。
28) está　その本はノートのそばにあります。
29) é　今日は木曜日です。
30) está　朝食はテーブルにあります。
31) está　この冬はとても寒いです。
32) é, está　彼はアルゼンチン人ですが、スペインにいます。
33) está　黒板は本棚の前にあります。
34) está　コップは一杯ですか、空ですか。
35) é, está　その時計はジョゼので、10分遅れています。
36) estão　ご飯とフェイジョン豆と鶏肉が平皿の上にあります。
37) são　文法の授業は易しいですか、難しいですか。
38) é　ブラジルは共和国です。
39) é　君は背が高いですか、低いですか。
40) está　扉は閉じていますか、開いていますか。
41) está　君は英語の授業に出ていますか、それともフランス語の授業ですか。

42) está　あの同級生は生徒たちに反対していません。
43) estão　君たちは天井の下に、そして床の上にいます。
44) estamos　私たちはその家の屋根の下にいます。
45) está, está　彼女は元気ですか。－いいえ。少し風邪をひいています。

第 5 課

1. 1) os 2) o 3) o 4) × 5) a 6) a 7) o 8) × 9) × 10) o 11) a 12) o 13) o 14) a 15) o 16) o 17) a 18) o 19) a 20) × 21) a 22) a 23) o 24) a 25) o 26) a 27) a 28) a 29) a 30) a 31) a 32) a 33) a 34) a 35) a 36) a 37) a 38) a 39) o 40) a 41) a 42) a 43) a 44) × 45) a 46) o 47) o 48) o 49) as 50) o 51) a 52) ×

2. 1) Ele os lava.　2) O garçom a atende.　3) Nós as compramos.　4) Você os leva para casa? 5) Ela as vende?　6) Eu não as pego.　7) Ela o espera.　8) Ela a compra.

3. 1) Nós a ligamos.　2) Eu não o compreendo.　3) Eles as abrem.　4) Eu a visito todos os dias. 5) Ela o estuda.　6) Elas a encontram.　7) Vocês precisam comprá-lo.　8) Conheço-o.　9) Ele os emprega. 10) Não as conheço.　11) Elas visitam a São Paulo no carro dele.　12) Desejo resolvê-lo. 13) Ele as planta.　14) Eles nos socorrem.　15) Ela não os fabrica.

4. 1) por, por　2) por　3) pelos　4) pelos　5) pela　6) por　7) por　8) pelo

5. 1) 白　2) 黒　3) 赤　4) 黄色　5) 青　6) 茶色　7) 緑　8) ベージュ 9) 灰色　10) 金色　11) 紫色　12) ピンク

第 6 課

1. 1) ク　2) オ　3) コ　4) サ　5) セ　6) ウ　7) シ　8) エ　9) キ　10) ス 11) カ　12) ア　13) イ　14) ケ

2. 1) têm 2) têm 3) Há 4) tem 5) há 6) temos 7) temまたは há

3. 1) há　私たちは日本に 11 年間住んでいる。
2) a　一ヵ月後、私たちはその国の南東部を訪れます。
3) há　彼らはずいぶん前からここにいます。
4) a　私は 6 ヵ月後に卒業証書を受け取ります。
5) Há　私はこの店で長年買い物をしています。
6) a　お祭りは 40 日後に始まります。

4. 1) a minha irmã 2) a nossa mesa 3) a sua carroça 4) os nossos inimigos 5) o meu avô 6) o seu violão 7) o nosso país 8) o meu espelho 9) os seus pais 10) a sua mão 11) o meu peito 12) os meus pêssegos

5. 1) dezesseis cadernos
　　2) trezentos e quarenta e três livros
　　3) oitenta e nove professores
　　4) quinhentas e sessenta e sete alunas
　　5) duas mil, quatrocentas e noventa e três bicicletas

6) seis mil, oitocentos e noventa e dois soldados
7) nove milhões, setecentas e setenta e duas mil, seiscentas e trinta e uma pessoas
8) Essas chaves são suas ou deles?
9) O menino não para de chorar.
10) Eu moro em Quioto, mas não sou de Quioto.
11) Raramente neva no Brasil?
12) A chácara fica a um quilômetro daqui.
13) Ele sempre me convida ao jantar.
14) Eu tenho vinte anos de idade.
15) Ele vende esta casa e eu a compro.
16) Este chapéu é meu.
17) Eu lhe telefono hoje à noite.
18) O carro dele fica em frente da praça e o meu está na garagem.
19) Tenho que sair de casa de manhã cedo.
20) Há cinco anos que eu trabalho em Tóquio.
21) 870 の学校
22) 1,104 個のリンゴ
23) 3,500 ポンド
24) 4,750 キロメートル
25) 3,450,000 人の人々

6. 1) sou, estou 2) é, está 3) está 4) têm 5) são 6) está 7) está 8) é 9) temos 10) está

第7課

1. 1) ～を利用する   2) ～を納得する   3) ～を忘れる   4) ～を思い出す   5) ～について不平を言う
6) ～をあざ笑う   7) ～することを決める   8) ～に慣れる   9) ～と結婚する   10) ～をからかって楽しむ
11) ～と似ている   12) ～を心配する   13) ～に驚く   14) ～を扱う

2. 1) Agora eu estou bebendo vinho.
2) Agora você está comprando um jornal.
3) Agora nós estamos pagando a conta.
4) Agora ela está abrindo a porta.
5) Agora ele está fechando a janela.
6) Agora eles estão chegando de carro.
7) Agora eu estou olhando para uma moça bonita.
8) Agora eu estou pensando em Margarida.
9) Agora ele está indo para lá.
10) Agora eu estou trabalhando muito.
11) Agora Rosa está comendo pizza na sala de jantar.
12) Agora Mônica está cantando bem.

3. 1) 私たちは引越しをしています。
2) 私は少しずつ彼女の秘密を明らかにしていくだろうと思います。

3) 彼らは管理費を支払っています。
4) 夜がゆっくりと明けていきます。
5) 彼女はいつも新しい職を探しています。
6) ゆっくりそして静かに夜の帳(とばり)が落ちていきます。
7) 私たちはいつもその問題の解決策を探しています。
8) 彼はアパートを探しています。
9) 彼はいつまでもここ日本に留まることを望んでいます。
10) 私は個人教授の先生を探すことを考えています。

4. 1) o décimo segundo vagão / o vagão doze 2) a sétima lição / a lição sete
3) a terceira dinastia 4) o século vinte e um 5) o século terceiro

5. 1) faço 私はそのホテルに予約を入れます。
2) faz 彼女は報告書を作成します。
3) fazemos 私たちは荷造りをします。
4) faz 彼はベッドを整えません。
5) fazem 彼らはいつもサラダを作ります。
6) faço 私は毎日体操をします。
7) faz 君はとてもおいしいケーキを作ります。
8) faz 彼女は決して揚げ物を作りません。
9) faço 私は宿題をします。
10) faz 彼女はたくさんのうわさ話をします。

6. 1) se casam 彼らはその教会で結婚する。
2) nos divertimos 私たちはそのパーティーでとても楽しむ。
3) se preocupa 私の友人は家族を心配する。
4) se parece 私の兄は父に似ている。
5) se queixam その生徒たちはいつもその本について不平を言う。
6) me deito 私は夜の12時に床につく。

7. 1) Faz dez anos que trabalho como enfermeira.
2) Faz três anos que conheço o marido dela.
3) Faz seis meses que estudo alemão.
4) Faz oito semans que faço ioga.
5) Faz quatro meses que tenho computador em casa.

8. 1) Tem / Há ロッカーにタオルがあります。
2) faz / há 私たちは5年間サンパウロに住んでいます。
3) Faz ここは冬寒いです。
4) Tem / Há その問題については多くの説があります。
5) Faz / Há 私は2時間待ち続けています。

9. 1) 私の傘を少し持っていてもらえませんか。
2) 私と席を替わっていただけませんか。
3) かんたんなアンケートに記入していただけませんか。

  4) 床で寝ていただけませんか。
  5) 靴を脱いでいただけませんか。
  6) ここで私を待っていただけませんか。
  7) 私にあなたの電子メールをいただけませんか。
  8) 私がダイビングしている間、私の持ち物を見ていていただけませんか。

第8課

1. 1) あなたが読んでいるその本は何の本ですか。
  2) この女の子には自発性がほとんどない。
  3) ここには友人が一人もいない。
  4) 私自身が彼の代わりに登記所に行きます。
  5) この家の雰囲気にはなにか妙なものを感じます。
  6) どの生徒も教室を出て行くことはできません。
  7) 誰かが私を探しに来ていますか。
  8) 私は英語のさまざまな雑誌を読みます。

2. 1) sabe 2) posso 3) sabe 4) podem 5) poder 6) sabe 7) pode 8) poder

3. 1) Quando 2) Como 3) Onde 4) Quando / Aonde / Por que 5) Quanto 6) Onde 7) Quantos 8) Aonde / Por que 9) Como 10) O que / Como

4. 1) todo ブラジル全体で約300の有料道路があります。
  2) tudo 全部をカバンにしまいましょう。
  3) todos 車を借りるのに、すべての運転者は免許証を持つ必要があります。
  4) todas シーズンオフにはすべてのレンタル店がバーゲンをします。
  5) toda 私たちは一週間ずっと働きます。
  6) todos 彼らは領事館を通じてすべての書類を入手するでしょう。
  7) todo, toda 私たちは毎日、何時でも食事を提供します。
  8) Todo 渋滞を避けるためにみんなが早く出発することを好みます。
  9) todo いずれにせよ、ここで車を借りて、ポルト・アレグレで返却することは可能です。
  10) tudo 何よりもまず君は倹約すべきだ。

5. 1) algum, nenhum 君はどこかのチームを応援するつもりですか。－いいえ、どこも応援するつもりはありません。
  2) alguma, nenhuma または nada 君たちはアドリアノについて何か消息はありますか。－いいえ、何もありません。
  3) ninguém 彼は家でサッカーを見て過ごすでしょう。なぜなら誰も彼をパーティーに招待しないからです。
  4) ninguém, alguém 誰も家に入れてはいけません。扉を開けてくれる誰かを呼びに行きます。
  5) algumas すみません。いくつか知りたいことがあるのですが。

6. 1) Alguém, ninguém 2) Alguém, ninguém 3) algum, nenhum 4) todas, todas 5) Todas, todas 6) Tudo, tudo 7) alguém, ninguém 8) alguém, alguém

7. 1) おなかがすいています。何か食べ物を持ってきてくれますか。

2) この中はとても息苦しいです。窓を開けてもらえますか。
3) そのスープは塩気が足りません。塩を（私に）取ってもらえますか。
4) あのドキュメンタリーが見たいのです。テレビをつけてもらえますか。
5) 一番上の棚に手が届きません。あの腰掛を持ってきてくれますか。
6) 財布にお金がありません。10レアル貸してもらえませんか。
7) 写真を君に送りたいのです。君のEメール（アドレス）を私にもらえますか。
8) 彼らが言っていることが理解できません。彼らが私に言っていることを訳してもらえますか。

第9課

1. 1) duas e vinte e cinco da manhã   2) uma e trinta e dois da tarde   3) seis e quarenta da tarde
4) sete e meia [trinta] da manhã   5) dez para as três da tarde   6) dezessete e quinze [um quarto]
7) (o dia) primeiro de abril   8) (o dia) oito de novembro   9) (o dia) trinta e um de março
10) (o dia) três de outubro

2. 1) Eu sempre peço guaraná no restaurante.
2) Ela sai de casa muito cedo.
3) Eu sempre digo a verdade à mamãe.
4) Paulo traz muitos livros para a escola.
5) Ele põe um lápis na escrivaninha [carteira].
6) Eu, muitas vezes [frequentemente], perco a chave do carro.
7) Nós pomos xícaras de café na mesa.
8) Eu ouço música após jantar de vez em quando (às vezes).
9) Nós sempre nos divertimos no baile.
10) A fruta se chama graviola em português.
11) Eles se amam muito.
12) Eles só pensam em si.
13) Ela nunca se culpa pelo atraso.
14) Eu sempre sinto saudade de você.
15) Pedro odeia o estudo.

3. 1) sobe   階段を上ると、彼女はとても疲れます。
2) minto   必要なときに、私はうそをつきます。
3) descobre   寝るとき、ジョゼはいつも布団をかけません。
4) foge   彼は猫から逃げ出します。なぜならアレルギーがあるからです。
5) serve, serve   君はいつも家で夕食を給仕しますか、それとも各自が給仕するのですか。
6) sacode   彼女は、飲む前に、オレンジジュースのビンを振りません。
7) durmo   私はいつも早く寝ます。
8) penteio   私は週に一度、美容院で髪をセットします。
9) clareia   君は窓に白いカーテンをつけて、この部屋を明るくします。
10) nomeia   彼は能力のない人たちをこの職務に選びません。
11) barateamos   各シーズンの終わりに、私たちはすべての商品を値下げします。
12) alteamos   パウロは耳がよく聞こえないので、彼が私たちと一緒にいるときはいつでもラジオの音を大きくします。

13) semeiam　彼らは毎年小麦の種をまきます。
14) receiam　君たちは試験に失敗することを恐れている。
15) esbofeteiam　あの男の子たちはけんかはしますが、決して手は出しません。
16) confia　君はその人たちをあまり信用していないと私には思われます。
17) dá　彼は貧しい人たちに一銭も与えません。
18) atrai　君のその態度では、人々の同情〔好感〕を得られません。
19) prefiro　私は朝よりも、夜、勉強するほうが好きだ。
20) cai　私の息子は冬によく病気になる。

4.　1) quem　こちらは私がいつも心に思っている若い女性です。
　　2) que　彼女がいつも考えているその旅行は不可能です。
　　3) que　ショーウィンドーにあるそのブラウスの値段はいくらですか。
　　4) quantos　あちらにいる全員が水を求めている。
　　5) que　誰もが働いている場所の近くに住むことができる。
　　6) o que, o que　彼らは言いたいことを言う。したがって聞きたくないことを聞く。
　　7) o que　彼はとても腹を立てており、それは大変よくないことです。
　　8) Quem　質問する人は修得する。
　　9) a qual　彼女には歴史の授業があり、その中で世界史を学びます。
　　10) quem　私がいつも一緒に旅行するその若者は外国人です。

5.　1) São duas e vinte e cinco.
　　2) Vou ao cinema às oito e quarenta e cinco [aos quinze para as nove] da tarde.
　　3) Vai à escola às quatorze e quinze [um quarto].
　　4) Vão à praça às dezenove e meia [trinta].
　　5) Ele abre o consultório às treze e cinco.
　　6) Almoçamos à uma da tarde.
　　7) Vai partir às dezessete e trinta e cinco.
　　8) Vai começar às vinte e duas e meia [trinta].
　　9) Vou chegar em Londres ao meio-dia.
　　10) Prefere jantar à meia-noite.

6.　1) leio, lê, leem　2) despeço, despede, despedem　3) odeio, odeia, odeiam　4)sorrio, sorri, sorriem
　　5) perco, perde, perdem　6)reduzo, reduz, reduzem　7)ouço, ouve, ouvem　8)venho, vem, vêm

7.　1) para os quais　彼らが融資を行うそれらの計画はすばらしい。
　　2) para a qual　血液が提供されたその患者は若い女学生です。
　　3) pelo qual [para o qual]　我々が懸命に努力したそのプロジェクトは実現不可能だ。
　　4) da qual　私たちはわが社の将来がかかっている回答を待っています。
　　5) entre os quais　彼らは何でも打ち明け合う幼な友達です。

第 10 課

1.
   1) Uma torta é comida por Adálio.
   2) O bolo de casamento é partido por Jorge.
   3) O bolo é feito por Cecília.
   4) Muito dinheiro é gasto por José.
   5) A conta é paga por ele no restaurante.
   6) Essa casa é vendida por Graça.
   7) O guisado é feito por Maria.
   8) Uma garrafa de vinho é aberta por Luís.
   9) Neto é visto por André.
   10) Uma bicicleta é comprada por Pedro.

2.
   1) (onde)：彼が働いているあの店で、私はシャツを一枚買うつもりです。
   2) (onde)：大野氏は、たくさんの仕事がある会社で働いています。
   3) (cujas)：明かりが消えている車はアメリカ製です。
   4) (cuja)：母親が病気に罹っている私の友人はベロ・オリゾンテの出身です。
   5) (como)：私は、彼の歌い方が好きではありません。
   6) (quando)：明日は我々がリスボンへ行く日です。
   7) (onde)：これは、時々私が散歩する植物園です。
   8) (Onde)：あまり水のないところでは、植物がよく育ちません。
   9) (cujo)：ある大きな会社の経営者が所有者である家はあの角にあります。
   10) (onde)： 選手たちが宿泊しているホテルは山にあります。

3. 1) posta　2) limpa　3) feitos　4) entregues　5) aberta

4.
   1) [comi]：あちらで君は何を食べましたか。私はパテを食べました。
   2) [bebeu], [bebi]：君はワインを飲みましたか、あるいはカイピリーニャを飲みましたか。私は赤ワインを飲みました。→「カイピリーニャ：サトウキビを原料とした地酒ピンガにレモン、砂糖、氷を入れたカクテル」
   3) [ganhou], [ganhou]：ヴェラはたくさんのプレゼントをもらいましたか。はい、もらいました。
   4) [começou], [Começou], [terminou]：何時にパーティーは始まりましたか。10 時に始まり明け方の 4 時に終わりました。
   5) [esperei]：私は 3 時まで君を待ちました。
   6) [gastou]：昨日、彼女はその店でたくさんのお金を使いました。
   7) [perdi]：私はラスベガスでたくさんのお金を失いました。
   8) [viajaram]：先週、彼らはドイツへ旅行した。
   9) [precisou]：君はビザを取得するためにフランス領事館へ行く必要がありましたか。
   10) [pagou]：誰がレストランでの勘定を支払いましたか。

5.
   1) 君は家の主人に別れを告げましたか。
   2) 彼女はナイフで怪我をしました。
   3) 君ははやく服を着ますか。
   4) アリシアは学校で行儀良くしましたか。

5) 君たちは君たちのチームの敗北に甘んじましたか。
   6) マリアは昨年に卒業しました。
   7) いつ彼女たちはこの市へ引越しましたか。
   8) 君は君の最初の（女の）先生を覚えていますか。
   9) 私は裏庭で怪我をしました。
   10) 君たちはパーティーで楽しみましたか。

6. 1) Ele nunca nos ofereceu ajuda.
      彼は決して我々を助けてはくれませんでした。
   2) Alguém me cumprimentou.
      誰かが私に挨拶をしてくれました。
   3) Quem lhes vendeu a casa ?
      誰が彼らにその家を売ったのですか。
   4) Assim que recebi os documentos os assinei.
      それらの書類を受け取ると、すぐにそれらに署名をしました。
   5) Hoje nos entregaram as chaves do carro.
      今日、（彼らは）我々に車のキーを手渡した。

7. 1) (onde): 我々が滞在したホテルは非常に良かった。
   2) (quem): 我々がインタビューをした大臣はサンパウロ州の出身です。
   3) (que): 君たちが必要としている薬は政府によって支払われます。
   4) (que): 我々が受け取る家族手当のお金で我々は食料を買います。
   5) (onde): 私たちが歩いていくその市はとても遠い。

8. 1) (cujos): 飢餓と貧困の撲滅を目的とする計画とは家族手当です。
   2) (cujas): オズヴァルド・クルス研究所において開発されたワクチンを使って、その病院は2万人の患者に対応した。
   3) (cujo): 青色の背広を着ている人は文部大臣です。
   4) (cuja): 診察を取り消しされるあなたは、明日、必ずもう一度来てください。
   5) (cujo): 君たちは門の開いているあの大きな家を見てもいいです。

第11課

1. 1) [fui]: 先週、私は海岸へ行きました。
   2) [trouxe]: 昨日、彼女は私の本を持ってきてくれました。
   3) [disse]: 彼女は私に真実を言った。
   4) [vim], [veio]: 一昨日私は車で着ましたが、彼はバスで来ました。
   5) [pôs]: 彼女は机にその本を置きました。
   6) [soube]: 君はすべてについて知りましたか。
   7) [estivemos]: 我々は昨日ここにいませんでした[来ませんでした]。
   8) [tive]: 私は頭痛がしました。
   9) [deu]: 君は私にとても良いワインをくれました。
   10) [fiz]: 私はベルギーへ楽しい旅行をしました。
   11) [pude]: 私はパーティへ行けませんでした。

12) [viu]: アンドレは海岸でジュリアに会いませんでした。
13) [fez]: あの方は先週手術をしました。
14) [fizemos]: 私たちはできるだけのことをしましたが、彼とは話せませんでした。
15) [foi]: ペドロはこの職を解雇された。

2. 1) lido　私は毎日その新聞を読んでいます。
   2) estado　彼らは旅行し続けています。
   3) saído　彼女は最近家から出掛けていません。
   4) comido　私はここでたくさんの果物を食べています。
   5) perdido　君が到着して以来、私は君と一緒にいて多くの時間を浪費している。
   6) vindo　最近マノエルは週に2回ここに来ています。
   7) feito　その若者は最近商売の調子がいいので喜んでいます。
   8) escrito　彼は近年たくさんの本を書いています。

3. 1) (temos viajado): 我々は最近あまり旅行していない。
   2) (têm visto): 彼らはこの数ヶ月たくさんの映画を観ている。
   3) (têm saído): 彼女たちはテニスをするために毎朝出かけている。
   4) (tem caminhado): 私の叔父は毎日よく歩いている。
   5) (tenho dormido): 私はこの数日あまり眠れない。
   6) (tenho sentido): 私は元気であるとは感じていない。
   7) (tenho visto): 私は一昨日から彼らを見ていない。
   8) (temos tido): 今世紀に我々はたくさんの戦争を行っている。
   9) (tem visitado): 君はしばしば彼の祖父母を訪れている。
   10) (têm almoçado), (têm jantado): 彼らは別々に昼食を取っているが一緒に夕食を取っている。

4. 1) José tem tantos carros como [quanto] Gilberto.
   2) José tem tanto dinheiro como [quanto] Pedro na carteira.
   3) O carro de João é tão rápido como [quanto] o de Carlos.
   4) Carlos tem mais bicicletas (do) que João.
   5) Pedro ganha por dia menos (do) que José.

5. 1) Jorge é mais rico do que López.
   2) Cachorro é tão amigo como [quanto] gato.
   3) São Paulo é mair do que Santos.
   4) Belo Horizonte é menor do que São Paulo.
   5) Verão é mais quente do que primavera.

6. 上から (8), (6), (1), (4), (2), (5), (3), (7)

7. 1) Ele comeu tanto como [quanto] eu.
   2) Ela não tem tantos amigos como [quanto] eu.
   3) O custo de vida no Brasil não é tão caro como [quanto] nos EUA.
   4) Nós sofremos tanto como [quanto] eles.
   5) Eu não acertei tantas perguntas como [quanto] ele.
   6) O Gomes não é tão forte como [quanto] eu.

7) O português do Brasil não é tão difícil como [quanto] o de Portugal.
8) Hoje não tem tanto trânsito como [quanto] ontem.

8. 1) Marta é vinte anos mais velha (do) que Silva.
2) Maria não é tão rica como [quanto] Vicente.
3) Meu carro não tem tantos problemas como [quanto] o dele.
4) Esta moça é menos simpática (do) que aquela.
5) Ele é tão talentoso como [quanto] Gilberto.
6) Senna se tornou o campeão mundial pela primeira vez em 1988.
7) Pedro é mais [antes] sagaz (do) que inteligente.
8) O taxista dirigiu o carro lenta e cuidadosamente.

第12課

1. 1) (fui): 先月、私は東京へ行きました。
2) (Nevava): 私たちが映画館から出たとき、少し雪が降っていました。
3) (cozinhava/cozinhou): 昨夜、私の妻は料理をしていた[料理をした]。
4) (acordávamos): 私たちは青年時代にはずっと朝早く起きていました。
5) (comia): 彼女は子供の頃は、たくさんのチョコレートを食べていました。
6) (levava): 私の父は我が家の近くの公園へいつも私たちを連れて行ってくれたものです。
7) (ligou): 私がお風呂に入っていたとき、突然私の姉が私に電話を掛けてきました。
8) (íamos): 毎朝、私の兄と私は海岸に行っていました。
9) (fazia): 京都では、冬の間は恐ろしいほど寒かった。
10) (levantamos): 一昨日、私たちはとても遅く起きました。

2. 1) [estava] [jantando]   2) [estava] [dormindo]   3) [estava] [comprando]   4) [estava] [tomando]
5) [estava] [almoçando]   6) [estávamos] [trabalhando]   7) [estávamos] [jogando]
8) [estavam] [nadando]

3. 1) saber(eu) → sei, sabia, soube   2) dizer(você/ele/ela)→diz, dizia, disse
3) ir(vocês/eles/elass)→vão, iam, foram   4) pôr(nós)→pomos, púnhamos, pusemos
5) dar(eu)→dou, dava, dei   6) provir(você/ele/ela)→provém, provinha, proveio
7) poder(você/ele/ela)→pode, podia, pôde   8) trazer(eu)→trago, trazia, trouxe
9) ter(vocês/eles/elas)→têm, tinham, tiveram   10) fazer(você/ele/ela)→faz, fazia, fez
11) vir(nós)→vimos, vínhamos, viemos   12) ver(nós)→vemos, víamos, vimos
13) estar(eu)→estou, estava, estive   14) dispor(você/eles/elas)→dispõem, dipunham, dispuseram
15) querer(você/ele/ela)→quer, queria, quis

4. 1) [a maior]   サンパウロは南アメリカで最大の都市です。
2) [o], [mais extenso]   アマゾン河はブラジルで一番長い河です。
3) [a], [mais alta]   エベレスト山は世界で一番高い山です。
4) [a], [se parece mais]   イタリア語はラテン語に一番よく似たロマンス語です。
5) [a], [mais populosa]   南東部ブラジルで一番人口の多い地域です。
6) [o], [come mais peixes]   日本人は世界で一番多く魚を食べる民族です。
7) [Os melhores]   世界で最良のワインはフランスワインです。

8) [chove menos]　アタカマ砂漠は地球上で一番雨が少ない場所です。

5.
1) André é o mais gordo da classe.
2) Este hotel é o melhor desta cidade.
3) Esta casa é a maior desta rua.
4) Ela é a mais alegre da classe.
5) Fernanda é a pior jogadora.

6.
1) [era],[gostava]: 私は子供のとき、牛乳が好きでした。
2) [viajava]: 昔は、彼女は大いに旅行をしていました。
3) [tínhamos]: 私たちはたくさんの友人がいました。
4) [moravam]: 昔は、彼らはここの近くに住んでいました。
5) [éramos],[íamos]: 私たちが子供のとき、一緒に海岸へ行ったものでした。
6) [estava],[fazia]: 君が大学で勉強をしていたとき、何をしていましたか。
7) [era],[estava]: 君が高等学校にいたとき、君の恋人は誰でしたか。
8) [travalhava]: 去年、君はここで働いていましたか。
9) [tínhamos]: 去年、私たちは毎日ポルトガル語の授業がありました。
10) [comiam]: あの頃、彼らはたくさんのチーズを食べていました。

7.
1) Os pais de Rodrigues falavam italiano.
2) O avaiador brasileiro Santos era homem admirável.
3) Nós moramos[morávamos] em Campinas por 5 anos.
4) Maria nasceu em Santos onde seu pai trabalhava como professor.
5) Quando eu morava na França, visitei [visitava] Paris muitas vezes.
6) Esse livro é mais interessante do que esperava.
7) Essa loja sempre abria às nove horas, mas nesse dia abriu um pouco mais tarde.
8) Carlos é o tenista mais famoso do Brasil.
9) A feijoada é o prato mais conhecido do Brasil.
10) Ela é a melhor cantora de Fado de Portugal.
11) Brasília é a cidade mais moderna da América Latina.
12) Futebol é o esporte mais popular do Brasil.

第13課

1.
1) Ontem José comprou um vestido.
   Amanhã José comprará um vestido.
2) Ontem Maria fez a bainha do vestido.
   Amanhã Maria fará a bainha do vestido.
3) Ontem João foi à festa também.
   Amanhã João irá à festa também.
4) Ontem eu vim aqui.
   Amanhã eu virei aqui.
5) Ontem ele deu flores à esposa.
   Amanhã ele dará flores à esposa.

2. 1) 一昨日、彼らはドイツ語の小試験をした。
   2) 彼女たちはその小さな部屋で生徒たちにいつも数学を教えます。
   3) 私たちにはこの大きな本をしまうためのスペースがありません。
   4) その大金持ちは町の中心に大きな家を買いました。
   5) 彼はレシーフェの近くの小さな町で生まれました。

3. 1) Ele terá comprado esse carro daqui a um mês.
   2) Não sei se o cientista preparou o seu discurso para amanhã.
   3) Você já terá recebido o roteiro até quando eu voltar.
   4) Esse avião já terá pousado às oito horas da noite.
   5) Nós já teremos acabado de assistir esse filme até a meia-noite.

4. 1) Eu vi alguém na praça.
   2) Você já não tem medo deste cachorro.
   3) Ela nunca telefona à noite.
   4) Eles não estão fazendo nenhuma coisa.
   5) Lula encontrou algo em casa.
   6) Minha mãe nunca vai ao supermercado.
   7) Eu já acabei de ler este livro.
   8) Nós ainda não fomos ao banco.
   9) Eu a vi em algum lugar.
   10) Não tem ninguém na sala.

5. 1) Não, eu não falo holandês.
   2) Não, eu ainda não deixo nenhuma coisa para arrumar.
   3) Não, eu nunca viajei pela Europa.
   4) Não, ele nunca sai com ninguém no sábado à noite.
   5) Não, Claudio não deixou nenhum recado.
   6) Não, eu nunca tenho nada a reclamar.
   7) Não, Maria ainda não esquiou nenhuma vez.
   8) Não, eu não contei o segredo para ninguém.

6. 1) 君（女）は顔色が悪いですよ。どこも悪くないですか。
       [7]: 私はあまり気分がよくありません。
   2) クルミのアイスクリームはどうですか。
       [3]: とても美味しいです。
   3) 受けられた応対に満足されましたか。
       [6]: 普通です。一寸遅いと思いました。
   4) あなたが頼まれたのはそれですか。
       [8]: 違います。欲しかったのはコーラです。
   5) あなたはホテルをどのように思いましたか。
       [1]: 良いとは思いませんでした。
   6) あなたはお元気ですか。
       [2]: 非常に元気です。

7) 私はエアコンを一番強くしました。これでいいですか。
   [4]: ありがとう。最高です。
8) 今、私は職を失いました。それがあなたが望まれたことですか。
   [5]: もちろん違います。

第14課

1. 1) (ao), (para)　私は銀行へ行き、その後で仕事に行きます。
   2) (por)　その講座は登録の不足のために中止されました。
   3) (por)　1週間だけ海岸の家を借りることは出来ますか。
   4) (à)　彼らはメインストリートへ一緒に下って行った。
   5) (por)　彼は1時間で500レアル稼いでいる。
   6) (por)　ずっと速いから、この道を通って行こう。
   7) (por)　私は他のものとそれを取り替えたいのですが。
   8) (ao), (à)　君は映画に行きたいのですか。私は海岸へ行くほうがいいのですが。
   9) (pelo)　君は車の賃借料にいくら払いましたか。－とんでもない額を支払いました。
   10) (por)　私はこの白いシャツを青色のシャツと取替えたいのですが。
   11) (pelo), (pela)　君は公園を通りましたか、あるいは大通りを通ってきましたか。
   12) (por)　あなたに電話でニュースを伝えます。
   13) (por)　このサンバはノエル・ローザによって作曲されました。
   14) (por)　私は君を愛しています。君のためには何でもします。
   15) (por)　あなたの名前を省略せずに書いてください。

2. 1) 彼らは登記申し込み用紙に記入したであろうが、どのようにしたらよいか知らなかった。
   2) その紳士は庭園のついてない家を賃借しないでしょう。
   3) 彼女は不動産仲介業者に、契約に署名すると言いました。
   4) 私は長い賃借を望んでいるのです。そのようにすれば、私に(とって)ずっと少ない費用で済むでしょうから。
   5) 昨日、彼女らは引越しをすることになっていましたが、休日でした。

3. 1) (tinha partido): 私が空港に着いたとき、エレナはもう出発してしまっていました。
   2) (tinha saído): 加藤氏が家に着いたとき、加藤夫人はすでに外出してしまっていました。
   3) (tinha assistido): 君が見た映画を私はもう見ていました。
   4) (tinham jantado): マリアナが着いたとき、彼女の両親はもう夕食を済ませてしまっていました。
   5) (tinha visitado): ジョアンとマリアがオウロ・プレトへ行ったとき、カルロスはすでに訪れたことがありました。
   6) (tinha comprador): ルシアが新年のパーティーに行ったとき、彼女は新しいドレスを買っていました。
   7) (tinha saído): 君が私に電話をかけたとき、私はすでに外出してしまっていました。
   8) (tinha descoberto): カブラルがブラジルを発見したとき、コロンブスはアメリカをすでに発見していました。

4. 1) [eleito]: 彼は大統領に選ばれた。
   2) [aceso]: 電気スタンドは点いていた。
   3) [dito]: その先生は同じことを言っていた。
   4) [surpreso]: 彼は簡単に警察によって現場で取り押さえられた。

5) [escrito]: 彼は書いておいた郵便はがきを投函しに行った。
6) [salvo/salvado]: 彼は消防士によって救われた。
7) [sido]: 彼女は、最近、私にとても気配りをしてくれている。
8) [abertas]: 窓は一日中空いています。
9) [conversado]: 私は、長い時間、彼らと話をしていた。
10) [cobertas]: 山々は雪に覆われていた。

5. 1) O ministro explicou que o trem-bala ligaria Campinas ao Rio de Janeiro.
大臣は、超特急列車がカンピーナスをリオ・デ・ジャネイロと結ぶだろうと説明した。
2) Ele acrescentou que os trens fariam paradas nos aeroportos de Guarulhos e Galeão.
彼は、列車がグアルーリョス空港とガレオン空港で停車することになるだろうと付け加えた。
3) Segundo o ministro os trens viajariam a uma velocidade de 300km/h.
大臣によれば、時速300キロメートルの速さで運行することになるだろうとのことだ。
4) Ou seja a viagem Rio − São Paulo levaria apenas 90 minutos.
すなわちリオとサンパウロ間の旅行はわずか90分かかるだけになるであろう。
5) O ministro expressou a certeza de que muitas pessoas prefeririam o trem ao avião.
大臣は、多くの人が飛行機よりも列車を好むだろうという確信を表明した。

6. 1) 私はその知らせにとても満足した。
2) 我々は地下鉄で行く方がよい。
3) 私たちは5月3日に着きました。
4) その銀行はここから3街区のところにあります。
5) ブラジル史についての講演があります。
6) そのおもちゃは3から5歳の子供用です。
7) いったい、それらの二つの事実の間には何かの関連が存在するのでしょうか。
8) あのメガネをかけている方は私の先生です。
9) 人種偏見に対して我々は闘わなければならない。
10) 冷蔵庫に入っていた若鶏に一体何が起こったのでしょうか。
11) 彼は5年間アルゼンチンに住みました。
12) 家族全員が合衆国へ移転します。
13) 彼らは少しの気兼ねもなくその微妙な事柄について話しています。
14) そのパーティーは土曜日になるでしょう。
15) その代金を支払うために月末まで私たちは働かなければなりません。
16) 私はジョルジェ・アマードの小説を読んでいるところです。
17) 私はこれから3日したら戻ります。
18) ニュースによれば、その犯罪の張本人はすでに捕らえられました。
19) 私は故意にドアを開けたままにした。
20) その仕事は私の監督の下で行われる。
21) 賃貸料はその地区にしては妥当である。
22) 今日の朝、私は医者に行った。
23) 誰も潮に逆らって漕ぐのを好まない。
24) 若い頃、レナタはまったく勉強しなかった。
25) その子どもたちはその犬を追いかけて走った。

第 15 課

1. －すみません、遅れてしまいました。
－たいしたことではありません。
－君は、随分前から、私を待ってくださっているのですか。
－いいえ、少し前からです。何時に夕食をとるために出かけましょうか。
－9時に（出かけましょう）。君はとてもお腹が空いていますか。
－いいえ、大丈夫です。

2. 1) (a)   2) (em)   3) (de)   4) (a)   5) (de)   6) (a)   7) (em)
8) (de)   9) (a)   10) (para)

3. 1) (eles fazerem)   2) (o presidente introduzir)   3) (nós colocarmos)
4) (você vender)   5) (elas chegarem)

4. 1) [③]   2) [⑤]   3) [⑦]   4) [⑥]   5) [①]   6) [⑧]   7) [②]   8) [④]

5. 1) 止まれ！   2) 私をそっとして置いてくれ！   3) 私を自由にしてくれ！
4) 黙れ！   5) 私から手を離せ！   6) ここから出て行け！
7) 気にするな！   8) 地獄へ落ちろ！

6. 1) 正しいことを言いなさい、そうすればあなたの言葉が誠実な人々を感動させるでしょう。
2) 必要としているあの物を食べなさい、そうすれば優れた健康を得られるでしょう。
3) 朝早く家を出なさい、地区を一回りしなさい、そして洋服ダンスの中に入っているあの大きな本を持ってきなさい。
4) 我々のお金を倹約しましょう。何故ならば、将来がどのようになるか我々は知らないからです。
5) あの男の子が大きな歯をしているだけという理由で、その子を笑ってはいけません。
6) 怒りをあなたの心の中に抑えておきなさい、あなたの考えを人生の素晴らしい物にまで高めなさい。
7) 小さな袋を空にしなさい、そしてその中にある物を見なさい。
8) 梯子をよじ登りなさい、そして一番上の棚にある小瓶を取りなさい。
9) 子犬を刺激しないように注意しなさい、そうしないとあなたに咬みつきますよ。
10) 大きな鼻をした警察官の言うことを聞きなさい、そして赤信号を無視して進まないようにしなさい。

7. 1) (Coloque), (quebre)   2) (Acrescente), (misture)   3) (Derreta), (deixe)
4) (Encha), (despeje)   5) (mexa)   6) (Frite), (vire)
7) (Espere), (tire)   8) (Esprema), (adoce)

第 16 課

1. 1) [gostem]: 私たちは、君たちがそのプレゼントを気に入ってくれることを期待しています。
2) [assistam]: 彼らがその集会に出席することは必要です。
3) [ganhemos]: 我々が勝ちますように。
4) [entenda]: おそらく彼はフランスが分からないでしょう。
5) [lave]: 彼らは、私がそれらの服を全部洗うことを望んでいる。
6) [jantemos]: 私の母は、私たちがもっと早く夕食をとってもらった方がいいと思っている。
7) [decidam]: 彼らはここに住むことを決めることができるかもしれない。
8) [sofram]: 彼らが悩んでも、私は驚きません。

9) [dividamos]: 我々が我々の間でそのケーキを分けるよう提案されています。
10) [faça]: 彼がいかなる馬鹿なこともしないことを私は期待しています。
11) [tenhamos]: 我々が信仰を持つことが重要です。
12) [estejam]: 彼らは疲れていない限り、夜に外出することを望むと思います。
13) [haja]: 何か問題があるというはずはありません。
14) [caiba]: それすべてがたった1つのトランクに入りますように。
15) [seja]: どんなに高価でも、その絵画は素晴らしい投資になる。
16) [vá]: 彼女がどこへ行っても、人々は彼女であることが分かります。
17) [queira]: 好むと好まざると、君はタバコを吸うことを止めなければならないでしょう。
18) [diga]: 私は君が私に本当のことを言うことを望んでいます。

2. 1) [durmo]: 日曜日には、私は遅くまで寝ます。
2) [sigamos]: 彼らは、我々が指示に従うことを要求している。
3) [tusso]: 咳をすると、私の胸は痛みます。
4) [pula]: 私は、君がその車を洗って磨くことを望んでいます。
5) [fogem]: 問題は、我々が制御できない理由に原因がある。
6) [descubram]: 私は、彼らが事実を明らかにしないことを期待している。
7) [some]: 私が彼を必要とする場合には、いつも姿が見えなくなる。
8) [engulo]: 私の喉は、物を飲み込むときに痛みます。
9) [prefiro]: 私は健康的な食べ物を食べることを好みます。
10) [previna]: 科学者はその物質がガンを予防することを信じていない。

3. 1) Talvez vocês prefiram ficar sozinhos.
おそらく君たちは孤独でいる方を好むでしょう。
2) Pode ser que chova mais tarde.
もっと後で雨が降るかもしれません。
3) De repente ela venha aqui hoje.
ひょっとすると、彼女はここに今日来るかもしれません。
4) É possível que o voo seja cancelado.
そのフライトはキャンセルされるかもしれません。
5) É difícil que eles baixem o preço.
彼らが値段を下げることは難しい。
6) É provável que a nova lei traga benefícios para as microempresas.
おそらく今度の法律が中小企業に恩恵をもたらすでしょう。
7) Será que nós cheguemos a tempo ?
我々は間に合うでしょうか。
8) Existe a possibilidade de que a empresa fala.
その企業が倒産する可能性は存在する。

4. 1) [conseguir]: ガブリエルは医学部に在籍できることを望んでいます。
2) [esteja]: 私はペドリーニョと大いに話をする必要がある。彼が在宅していますように。
3) [volte]: 私は、君が直ぐに戻って来ることを期待しています。
4) [descubram]: 私であったことを明らかにされませんように。

5) [corra]: すべてがうまくいくように私たちは期待しています。
6) [poder]: 私は来年にブラジルへ行けることを期待しています。
7) [ser]: 彼らはアパートから立ち退かされないことを望んでいます。
8) [chova]: 今日、雨が降らないことを期待しています。

5. 1) Você me dá um lápis.
2) O diretor lhe dá flores.
3) Eu lhes dou revistas.
4) Ela nos dá chocolate.
5) Ela me dá muito trabalho.
6) Ele sempre lhe diz a verdade.
7) Ela nos telefona todos os dias.
8) Eu lhes mostro o Pão de Açúcar.
9) Eu lhe dou um presente.
10) João lhe dá um carro.

6. 1) Estou torcendo para esses dois personagens ficarem juntos no final da novela.
2) É impossível aceitarmos estas condições.
3) A possibilidade de tal coisa acontecer é mínima.
4) Sinto muito você não ter gostado da apresentação.
5) Como é que ele conseguiu fugir sem vocês perceberem.
6) Você deve ficar sentado em silêncio até outros terminarem a prova.
7) É importante vocês dizerem o que acham.
8) Ele segurou a minha mão para eu não cair.
9) É surpreendente ele ter feito uma coisa dessas.
10) O policial mandou os curiosos se afastarem.

第17課

1. 1) [vi]: 私は君を見なかった。
2) [veio]: 君は歩いて来たのですか。
3) [dê]: 君は私たちにもっと注意を払うことが必要です。
4) [tem]: 水差しの中にオレンジジュースが入っています。
5) [estudasse]: 君はもっと勉強したら、より良い点数を得られるのに。
6) [for]: 君がイタリアへ行く時には、君と一緒に私は行くつもりです。
7) [trouxer]: 彼がお金を持ってきたら、私の借金を払います。
8) [saiba]: 君がテストのすべての答えを分かりますように。
9) [vá]: 君は君の上司を連れて空港へ行くのが良い。
10) [veio]: 彼は昨日ここへ来ませんでした。
11) [vier]: もし君が明日ここに来るのなら、君に貸したCDを私に持ってきてください。
12) [esteve]: 誰が昨日ここに来ましたか。

2. 1) Espero que você tenha feito um bom teste.
2) Receio que ela tenha ficado doente.

3) Espero que o jantar tenha sido bom.
4) Espero ela tenha ganho[ganhado] o concurso de dança.
5) Tomara que eu tenha sido promovido.
6) Receio que ele tenha desistido do concurso literário.
7) Talvez Elise tenha arrumado um emprego.
8) Espero que eu tenha pagado[pago] meu carro antes do fim do ano.
9) É provável que Roberto tenha aberto uma loja.
10) É possível que Cristina tenha vindo à festa.

3. 1) [deixássemos]: 彼らは、私たちが入り口にバッグを置いておくことを望んだ。
2) [vendesse]: もし私が自分の車を売ったならば、旅行するのに十分なお金を手に入れられるのに。
3) [imprimissem]: 私は、君たちがコンピュータを使って書類を印刷するならば、ずっと良いだろうと思います。
4) [insistisse]: どんなに彼が力説しても、彼女は屈しなかった。
5) [pintasse]: 私たちが浴室を青く塗ったら、あなたはどのように思いますか。
6) [prendessem]: 人々は、当局が容疑者を捕らえることを要求している。
7) [coincidisse]: 選挙が休日と同じ日であることは避けられなかった。
8) [terminasse]: 先生は、試験が終わったときに生徒たちにそれを知らせるように頼みました。
9) [metêssemos]: 彼女は、我々が彼女の生活に干渉することを好まなかった。
10) [pudesse]: もしできれば私は、君を助けてあげたいのですが。
11) [fizesse]: どんなに寒くても、彼はいつもTシャツでいた。
12) [tivesse]: 彼は、時間ができたときに私に電話をかけると言った。
13) [pusesse]: 私は、彼が私のコーヒーにごく少しのミルクを入れることを望んだ「入れて欲しいのですが」。
14) [houvesse]: 君の勇気のある行いがなかったら、私は今日ここにいないであろう。
15) [estivessem]: 子供たちはおそらく怖がっていたでしょう。
16) [viessem]: 私は君たちがここへ来るだろうと期待していた。
17) [déssemos]: 彼らは私たちが私たちの意見を表明することを望んでいた。
18) [fosse]: その犬は、あたかも私を噛もうとするかのように襲い掛かった。

4. 1) [precisarem]: 君たちは助けを必要になれば、私を呼びなさい。
2) [desistir]: 旅行を断念する人は規定料金を支払わなければならないでしょう。
3) [acordar]: 明日、早く目を覚ましたら、私は露天市へ魚を買いに行きます。
4) [decidirmos]: 私たちが何をするかを決めたら、君に知らせます。
5) [chover]: 雨が降ったら、私は外出しません。
6) [permitirem]: あなた方がお許しくだされば、私はその点に関して論評をしたいのですが。
7) [chegarmos]: 私たちは、到着したらすぐに情報を送ります。
8) [responderem]: それは彼らの返答することによります。
9) [quiserem]: よろしければ、君たちはここにいることができます。
10) [disserem]: 彼らがあなたに何かを言ったときには、私に電話をかけてください。
11) [trouxer]: 君が連れて来る誰でも歓迎されるでしょう。
12) [houver]: どんなことがあっても、私は常にあなたの味方です。
13) [propusermos]: 彼らは、我々が提案する如何なることも拒絶するでしょう。
14) [souber]: 私の父はそのことについて知ったときには怒るでしょう。

15) [estiverem]: 君たちはおなかが空いたら、軽食を作ってください。
16) [vir]: もし君がクリスチナを見かけたら、彼女に私に電話をするように言ってください。
17) [for]: 誰であろうとも、国の次の指導者は多くの問題に直面しなければならないでしょう。
18) [souberem]: 私の両親はそのことについて知ったとき、びっくりするでしょう。
19) [for]: 君が海岸へ行くときには、私に知らせてください。
20) [vier]: 君がタクシーで来るならば、私が支払います。
21) [fizer]: 毎日、君が自分のベッドを整えるならば、あなたの友人たちを連れてきてもいいでしょう。
22) [tiver]: 君に時間があるならば、私たちは劇場へ行くことができるでしょう。
23) [puser]: 君がテーブルにぶどう酒を置くときは、グラスを忘れないでください。
24) [puder]: 君が旅行できるようになったとき、私に知らせてください。
25) [der]: 彼が動物に食べ物を与えると、彼の奥さんは驚くでしょう。

第18課

1. 1) [oferecerem]: もし君に職が与えられるならば、君は受け入れますか。
2) [esteja]: おそらくスナックバーは一杯でしょう、そのときはどこへ行きましょう。
3) [esteja]: ある誰もいない海岸で横になっていることを想像しなさい。
4) [aceitem]: 我々がその仕事を始めるときに、我々の計画が受け入れられることを推測してみよう。
5) [fôssemos]: 我々が金持ちであると仮定してみて、君は自分の時間をどのように過ごしますか。
6) [tivesse]: 君が選択しなければならないならば、中国かあるいはインドどちらへ行きますか。
7) [tome]: あなたが1万レアルの借り入れを受けると仮定してみましょう。分割払いは月に2万レアルになります。
8) [pudesse]: いかなるタイプの仕事もすることができると想像して、君は何をするでしょうか。

2. 1) fizer　　2) puder　　3) quiserem　　4) for
5) tirar　　6) sairmos　　7) tiverem　　8) for

3. 1) ④　2) ⑧　3) ⑦　4) ①　5) ②　6) ③　7) ⑤　8) ⑥

4. 1) Se ele não tivesse colado na prova, não teria sido expulsado da faculdade.
2) Se nós não tivéssemos atrasado, não teríamos perdido o voo.
3) Se vocês não tivessem bebido muito ontem, hoje vocês não estariam de ressaca.
4) Se eu não tivesse estacionado em lugar errado, não teria levado multa.
5) Se você tivesse feito a prova com calma, não teria errado muito.
6) Se eles tivessem jogado bem, não teriam saído da competição.
7) Se ela tivesse avisado que vinha, nós teríamos preparado algo.
8) Se eu tivesse passado protetor solar, agora minha pele não estaria ardendo.

5. 1) 昨日、私は明け方の2時まで起きていましたので、今眠いです。
2) もし私が君だったら、一日中何もしないで釣りをしながら川岸にいないでしょう。
3) 仕事の後で、修理工の手は真っ黒に[石炭のように黒く]なります。
4) 彼女はその知らせで打ちのめされた。
5) その通りはいつも人影がなかった。
6) 私は一日中ネットサーフィン[インターネットのウェブページを次々に表示して閲覧]をしていた。

7) 彼女たちはサンパウロにいるときは同じホテルにいます。
8) 君はこれらの古雑誌を持っていきますか。
9) その家はリフォームを終えたら、人目を引く物になります。
10) どんなに与えても、君は決して借金を支払わないだろう。
11) その店は閉まっている。今はショーウインドーを見られるだけです。
12) 彼はとても面白い人なので、彼のそばで悲しむことはできない。
13) あの建物が建てられる前は、我々はここから海を見ることができた。
14) 我々の考えが的中したので、私たち皆が満足しています。
15) 午後に私は出かけます。
16) 君が到着したとき、クラクションを鳴らしなさい。
17) 時々、鍋の中でかき混ぜるとよい。
18) 彼は対戦相手の選手に肘打ちをした。

第19課

1. 1) (seja): この法律が市長たちによって署名されることを私は要求しています。
2) (foram): 数名の応募者が、職業紹介所へ行きました。
3) (fossem): 彼らは就業年限補償基金をおそらく受け取った唯一の人々であった。
4) (vai): 彼らの一人がもっと後で銀行へ行きます。
5) (forem): 労働者たちがその法律に反対であるならば、何をするかを我々は知るでしょう。
6) (foram): 若者たちは自動車工業で働くためにサンパウロへ行っていました。
7) (formos): 今日、銀行へ行くならば、融資を取り決めましょう。
8) (eram): 出費は大都会ではより多かった。
9) (fossem): 職人たちが勤勉でなかったら、仕事はすぐには仕上がらないでしょう。
10) (vá): 重役たちは私がリオへ行くことを望んでいます。
11) (foi): 会社の支配人は昨日サントスへ行きました。
12) (fosse): 従業員たちは最低賃金が再調整されることを望んでいました。

2. 1) Ele disse ：— Não trabalhei ontem.
2) Ele disse ：— Não estarei cansado.
3) Ele disse ：— Onde você pôs meus sapatos ?
4) Eu disse ：— Quem você viu ?
5) Eu disse ：— Eles irão à praia.
6) Ela me disse：— Você está gostando do filme ?

3. 1) O garçom perguntou quem queria mais cerveja.
2) José me perguntou se nós tínhamos feito uma boa viagem.
3) Ela me perguntou se eu estava gostando da bebida.
4) Pedro me perguntou onde ficava Minas Gerais.
5) Ana me disse que ela iria a Tóquio.
6) Eles me perguntaram se o moço estava gostando do Japão.

第 20 課

1.
1) (⑦desde que): 彼女は、彼女の犬が死んで以来とても悲しんでいる。
2) (⑧Já que): 君はスーパーへ行くのだから、私のためにいくつかのものを買ってくれますか。
3) (⑪Toda vez que): その音楽に耳を傾けるたびに、私は君のことを考えています。
4) (⑩se bem que): 私は、時にはストレスを引き起こすが、自分の仕事が好きです。
5) (②de forma que): 雨がたくさん降ったので、通りが水浸しになった。
6) (③assim como): 君が依頼してすぐに、私は著者別に本を整理しました。
7) (⑫enquanto): マルガリーダが台所を整理してる間に、ゴンサロは皿を洗った。
8) (⑤só que): 私はとても行きたいが、お金がありません。
9) (⑥Mal): 私たちは家に着くとすぐに、再び外出しなければならなくなった。
10) (⑨do que): 試験は私が思っていたよりもずっと簡単だった。
11) (①até que): その飛行機は乗客すべてが乗り込むまで出られません。
12) (④Quanto mais): 君が君のイタリア語を練習すればするほど、良い。

2.
1) ひどい交通ラッシュにもかかわらず、私たちは時間内に空港に着いた。
2) わずか 10 人の選手しかいなかったが、我がチームは試合に勝った。
3) ずっと雨が降っていたが、私はロンドンが好きになりました。
4) 講演は 3 時間にわたったにもかかわらず、その内容は非常に興味深いと思った。
5) あらゆることを考えても、私はその会社を辞めたことを後悔していません
6) 彼らはスペイン語を知っているが、口語のポルトガル語は分かりません。
7) 痩せているけれども、アンドレはとても力があある。
8) 彼女はひどい怪我をしていたが、車から出ることができた。

3.
1) Se ele tivesse terminado o seu trabalho, teria aparecido na festa.
2) Depois que você tiver lido essa carta, me diga suas impressões.
3) Todos os dias, o senhor aparece aqui depois do treinamento ?
4) Eu me esquecia de que esse dia era o aniversário dela.
5) Pode ser que você tenha perdido a chave.
6) Espero que eles tenham chegado sem novidade.
7) Até o ano 2050, a população terá dobrado.
8) Ele comprou esse livro, mas ele foi denunciado por roubá-lo.
9) Esse rapaz foi indiciado por ter roubado um carro.
10) Eu me lembro de que encontrei você na casa de Caio.
11) Esses dois homens foram presos sob suspeita de terem assaltado a loja de conveniência.
12) Ele não leu os livros prescritos, mas passou no exame de História.

4.
1) [Além de]: 彼女は気分が悪かったので、医者へ行きました。インフルエンザだけでなく、熱と咳があり、肺炎にも罹っていた。
2) [apesar de]: 私は、君が私にしたすべてのことにもかかわらず、君が大好きです。
3) [contanto que]: もし水の中に入らないならば、君は海岸へ行ってもいいです。
4) [ao invés de]: 私は冬の（休暇の）代わりに夏に休暇を取るつもりです。
5) [Além de]: 彼女はとても綺麗です。綺麗であるだけでなく、彼女は感じが良く教育があります。
6) [além de]: 暑いだけでなく、ここの夏は乾燥しています。

7) [ao invés de]: ペドロは夜に働いています。彼は夜に寝る代わりに昼間に寝ます。
8) [contanto que]: 仕事を終えれば、君は早く出掛けてもいいです。
9) [Enquanto]: 君が浴室を洗っている間に、私は台所を掃除します。
10) [Enquanto]: 私がこの報告書を準備している間に、君はコーヒーを入れます。

5. 1) 私たちはこの車が大好きです。私たちはどんなに費用が掛かってもそれを買います。
2) おそらく私は仕事を失うでしょう。しかし、私はどんなことが起ころうともブラジルへ旅行します。
3) 何であろうと、社長は明日仕事に来ないすべての人々を解雇するでしょう。
4) 何があろうとも、彼らはたくさんの人々を解雇することを望んでいません。
5) 明日、誰が来ようとも、私は発表をいたします。
6) 誰であろうとも、すべての人がこのレストランへ入ることができます。
7) 多くのことが私の結婚（式）で起ころうとしています。しかし何が起ころうとも、私は強くなります。
8) どれだけ考えても、解決策は見つかりません。

生きた会話を聞いてみよう！・読んでみましょう！　各日本語訳例

［幼な友達］（P.91）

アンドレとジョゼは町の中心街近くの下宿に住んでいます。彼らは幼な友達です。アンドレは大学生で外国語を学ぶことが大好きです。ジョゼはスーパーの従業員で勉強も仕事も好きではありません。

アンドレ　－おはよう、ジョゼ。
ジョゼ　　－おはよう、アンドレ。元気かい？
アンドレ　－元気だよ。ありがとう。君のほうは？
ジョゼ　　－僕もとても元気だよ。ありがとう。
アンドレ　－この通りの家は全部とても大きいね。ところであの素敵な家は誰のだい？
ジョゼ　　－あの家はギマランエスさんの家だよ。彼はとても金持ちなんだ。彼はセメント会社の社長だよ。
アンドレ　－ああそうなの。彼はどこの出身かな？
ジョゼ　　－彼はこの町の出身だよ。
アンドレ　－本当かい。僕もだよ。そういえば、ジョゼ、君はなぜあまり働かないんだい？
ジョゼ　　－あまりお金を稼ぐ必要がないからだよ。君のほうは？　勉強するのが好きかい？
アンドレ　－うん、大好きだよ。僕は学生だから勉強するよ。
ジョゼ　　－君はスペイン語は上手なの？
アンドレ　－うん。スペイン語は上手いよ。僕はドイツ語も好きなんだ。
ジョゼ　　－アンドレ、ドイツ語は学ぶのが難しいかい？
アンドレ　－日本語ほどじゃないよ。日本語はとても難しいと思う。
ジョゼ　　－ドイツが大好きなんだ。いつかあの国を訪れたいな。
アンドレ　－もっと話がしたいんだけど、学校に行く時間だ。またね。

［人体］（P.149）

人間には頭と胴体と四肢があります。頭には頭蓋と顔面があります。胴体は二階建ての家に似ています。上部が胸部で、下部は腹部です。胸部も二つの部分があります。胸と背中です。腹部も barriga と ventre の二つの名前を持っています。四肢とは手足のことです。腕は四肢の上部であり、足は四肢の下部です。
頭蓋には髪の毛があります。顔面には、目、耳、においを嗅いだり呼吸したりするための鼻があります。口には物を咀嚼するための歯と、味を感じたり、食べ物を飲み込んだり、話したりするための舌があります。
位置を特定してみましょう。　　　目は額の下にあります。
　　　　　　　　　　　　　　　　あごは首の上にあります。
　　　　　　　　　　　　　　　　鼻は額と口の間にあります。
　　　　　　　　　　　　　　　　口は鼻とあごの間にあります。

［電話でご招待］（P.195）

リタ	－もしもし。
カズコ	－グラサと話がしたいのですが。
リタ	－今彼女はいません。
カズコ	－どなたがお話しですか。
リタ	－彼女の母親のリタです。
カズコ	－リタさん、戻ったらすぐ私に電話するよう彼女に頼んでもらえませんか。話しているのはカズコです。
リタ	－わかりました。あなたの伝言を伝えますよ。

数分後

カズコ	－もしもし、グラサ。元気？
グラサ	－元気よ、カズコ。それで何かあったの？
カズコ	－今度の土曜日一緒に動物園に行くようあなたを招待したいんだけど。
グラサ	－いいわね。ちょっと気晴らしが必要なの。ここのところ働きすぎで。何時に？
カズコ	－9時に。いいかしら。
グラサ	－いいわ。待ってるわ。
カズコ	－それじゃあ、その時まで。
グラサ	－さよなら。

［レストランにて］（P.236）

夕食の時間にゴメス氏はあるレストランに入りました。すぐにウエイターが彼にメニューを渡し、続いてパンとバターとオリーブの実を持ってきました。メニューをよく見た後で、ウエイターに言いました。

ゴメス氏	－アスパラガスのポタージュスープを持ってきてください。その後でステーキの野菜添えをお願いします。
ウエイター	－どのような野菜をお望みですか。
ゴメス氏	－ニンジンとホウレンソウとヤシの若芽を。
ウエイター	－フライドポテトはいかがですか。
ゴメス氏	－それもお願いします。
ウエイター	－ステーキはウエルダンですか、レアですか、それともミディアムですか。
ゴメス氏	－ミディアムで。
ウエイター	－お飲み物はいかがですか。
ゴメス氏	－はい。中口[辛口・甘口]の赤ワインをお願いします。
ウエイター	－承知しました。

ゴメス氏がステーキを食べた後で、ウエイターは皿を下げて、彼に尋ねました。

ウエイター	－デザートはいかがですか。
ゴメス氏	－もちろんいただきます。

ウエイター	－アイスクリームとアップルパイとプリンと果物があります。
ゴメス氏	－どのような果物がありますか。
ウエイター	－季節の果物です。
ゴメス氏	－パイナップルをお願いします。その後でデミタスコーヒーを。

パイナップルを食べ、デミタスコーヒーを飲んだ後で、ウエイターに言いました。

ゴメス氏	－会計をお願いします。
ウエイター	－承知いたしました。

[ブラジルの気候①] (P.275)

ブラジルは、本質的に熱帯の国です。赤道の線が、国の北の地方のマカパ市を通っています。南回帰線がサンパウロ州とパラナ州を通っています。
南部地方の温帯は、リオ・グランデ・ド・スル州やサンタ・カタリナ州、パラナ州の大部分、サンパウロ州最南部とマット・グロッソ・ド・スル州を含んでいます。
ブラジルには、5つの気候帯すなわち赤道地帯、熱帯、半乾燥地帯、高地の熱帯、亜熱帯があります。
アマゾン地方は、赤道気候です。年平均気温は摂氏24℃以上で高いです。最も暑い月と最も寒い月との間の気温差は2度半以下です。

[ブラジルの気候②] (P.276)

熱帯性気候は、中央高原や北部地方、リオ・グランデ・ド・ノルテ州からリオ・デ・ジャネイロ州まで広がっている沿岸地帯を含んでいます。年平均気温は、19℃から26℃まで幅があります。最も寒い月は6月と7月で、最も暑い月は1月と12月です。冬の間のマット・グロッソ地域では、寒気団の浸透が起こり、零度以下に気温が下がります。
半乾燥の気候は、北東部の内陸部のセルトンと呼ばれる地域やセアラ州やリオ・グランデ・ド・ノルテ州の沿岸地方においても発生します。同地方の年平均の降雨量は、700ミリ以下です。同地方の住民にとって、「冬」は雨期です。その時期は短く、不規則です。旱魃（かんばつ）の季節は6ヶ月以上に及びます。時として「冬」がなく、旱魃の期間は一年以上も続きます。その旱魃の時期は経済的・社会的に悲惨な結果を引き起こします。年平均気温は23℃を超えます。
南東部地方はより温暖な気候に恵まれています。6月は最も寒い季節で、気温は18℃以下に下がります。時々、農業に影響を与える降霜が発生します。雨期は10月から3月までです。
ブラジルのほとんどすべての地方は、亜熱帯気候を有しています。その特徴は、低地地方では穏やかな冬と暑い夏、山地ではさわやかな夏です。雨はまんべんなく降ります。年平均気温は18℃以下です。もっと高い若干の場所やリオ・グランデ・ド・スル州の南部などでは、まれに冬には雪が降ります。

[著者紹介]
富野 幹雄（とみの　みきお）
東京外国語大学大学院修士課程修了。
サンパウロ大学留学
現在：南山大学名誉教授
主な著書—『現代ブラジル・ポルトガル語の要点』（共著）、『ブラジル・ポルトガル語の入門』（共著）、『スペイン語からポルトガル語へ』、『ポルトガル語からガリシア語へ』、『現代ポルトガル語辞典』（共編）など。

伊藤 秋仁（いとう　あきひと）
京都外国語大学大学院修士課程修了。
フルミネンセ大学留学
現在：京都外国語大学外国語学部ブラジルポルトガル語学科准教授（ポルトガル語学・ブラジル地域研究）
主な著書—『現代ブラジル・ポルトガル語の要点』（共著）など。

総合ブラジル・ポルトガル語文法

検印省略

© 2013年5月25日　　初版発行

著　者　　　　　　　富　野　幹　雄
　　　　　　　　　　伊　藤　秋　仁

発行者　　　　　　　原　　雅　久
発行所　　　　株式会社　朝　日　出　版　社
　　　　101-0065　東京都千代田区西神田3-3-5
　　　　　　　　　電話　03-3263-3321
　　　　　　　　振替口座　00140-2-46008
　　　　　　http://www.asahipress.com/
　　　組版　クロス・コンサルティング（株）/印刷　図書印刷

乱丁、落丁本はお取り替えいたします。
ISBN978-4-255-00712-0　C0087